V&R Academic

Claudia Ansorge / Cora Dietl /
Titus Knäpper (Hg.)

Gewaltgenuss, Zorn und Gelächter

Die emotionale Seite der Gewalt in Literatur
und Historiographie des Mittelalters
und der Frühen Neuzeit

V&R unipress

Bibliografische Information der Deutschen Nationalbibliothek

Die Deutsche Nationalbibliothek verzeichnet diese Publikation in der Deutschen Nationalbibliografie; detaillierte bibliografische Daten sind im Internet über http://dnb.d-nb.de abrufbar.

ISBN 978-3-8471-0257-1
ISBN 978-3-8470-0257-4 (E-Book)

Gedruckt mit freundlicher Unterstützung der Deutschen Forschungsgemeinschaft (FOR 1101/02).

Inhalt

Vorwort

Quæ tunc spectaculi latitudo! quid admirer? quid rideam? ubi gaudeam, ubi exultem, spectans tot ac tantos reges qui in cœlum recepti nuntiabuntur, cum ipso Jove et ipsis suis testibus in imis tenebris congemiscentes? item præsides, persecutores dominici nominis, sævioribus, quam ipsi contra Christianos sævierunt, flammis insultantibus, liquescentes? (cap. XXX)[1]

Wie groß wird da das Spektakel sein? Worüber werde ich staunen? Worüber werde ich lachen, worüber mich freuen, worüber jubeln? Wenn ich sehe, wie so viele Könige, von denen verkündet worden ist, dass sie in den Himmel eingingen, zusammen mit Jupiter selbst und ihren eigenen Zeugen in der äußersten Finsternis seufzen und wenn die obersten Verfolger des Namens Gottes in schrecklicheren Flammen als denen, mit denen sie spottend gegen die Christen wüteten, zugrunde gehen.

Gewalt, ihre Ausübung, ihr Erleiden wie auch ihre Betrachtung – wie hier von Tertullian beschrieben – sind häufig von Emotionen begleitet. Gewalt wird durch Emotionen vorbereitet, vorangetrieben und inszeniert und erweckt ihrerseits Emotionen, die zu einer Eskalation von Gewalt, zu Kontrollverlust und im Fall von kollektiv verübter, kollektiv erlittener oder kollektiv wahrgenommener Gewalt zu einer Intensivierung des Gemeinschaftsgefühls führen können. Die Emotionalisierung erstreckt sich hierbei gleichermaßen auf Täter, Opfer und Zuschauer. Gewalterfahrungen sind in der Regel mit einem Bündel gemischter Emotionen verbunden, die von Zorn und Schmerz sowie Rachebedürfnis bis hin zu Genugtuung und Genuss reichen können. Literatur und Kunst bereiten zudem Gewalt oft so auf, dass sie zu einem ästhetischen Genuss wird, der als solcher zu einer Positionierung des Rezipienten in der Gemengelage der Gewalt beitragen kann. Ein Genuss von Gewalt etwa kann mit ihrer Wertung als gerecht und von höherer Seite legitimiert einhergehen und ein Überlegenheitsgefühl der Gewaltakteure oder der auf ihrer Seite stehenden Gewaltzeugen unterstreichen. Das Mitgefühl mit dem Leidenden geht umgekehrt oft mit Un-

---

1 Tertullian, De spectaculis. PL 1, 701–738, hier 736 A.

rechtsempfinden einher und kann in Furcht oder aber in Hass gegen die Gewalttäter umschlagen.

In der Moderne wird die Vorstellung eines ästhetisierten ‚Gewaltgenusses‘
häufig mit dem Begriff des ‚Horrors‘ in Verbindung gebracht, der zwischen
einem ‚Wonneschauer‘ und einem ‚Gruseln‘ changiert.[2] Die Sicherheit, die der
Rezipient von Horrorliteratur besitzt, dass die Schrecken ein absehbares Ende
haben und er nicht tatsächlich bedroht wird, ist konstitutiv für die eigentliche
„Angstlust“;[3] durch den Fiktionalitätskontrakt zwischen Rezipient und Erzähler
ist das Furchterregende gefesselt und können reale Ängste oder aber Gewaltphantasien im kontrollierten Raum durchgespielt werden. Was dabei entsteht,
ist nichts elementar anderes als ein klassischer Katharsis-Effekt, verbunden mit
einer Schwellenerfahrung. Inwiefern diese Form des Gewaltgenusses eine his-
torisch und kulturell bedingte ist und ob sie für ältere Zeiten in ähnlicher Weise
angenommen werden kann, ist umstritten.[4] Deutlich ist jedenfalls, dass sie eine
kontextbedingte ist. Jenseits der für den ‚Horror‘ konstitutiven Fiktionalität und
Sinnlosigkeit der Gewalt nimmt Gewaltgenuss eine ganz andere Qualität ein, wie
etwa in der eingangs zitierten Beschreibung des Spektakels des Jüngsten Ge-
richts bei Tertullian, das für die Gerechten zu einem Genuss wird, der sie ihrer
rechten Position versichert und der sie für die ihnen entgangenen Freuden im
Leben entschädigt.

Literatur, Historiographie und Publizistik haben die Möglichkeit, Gewalt
nicht nur zu beschreiben und zu ästhetisieren und damit einen Gewaltgenuss auf
der Handlungsebene darzustellen und auf Rezeptionsebene zu ermöglichen,
sondern auch durch eine Sinnzuweisung die Gewalt und den Genuss derselben
zu werten und den Gewaltgenuss ebenso wie andere mit der Gewalt verbundene
Gefühle zu lenken. Welche Strategien hierzu verschiedene Texte des Mittelalters
und der Neuzeit eingeschlagen haben und wie sie das Verhältnis von Emotionen
und Gewalt werten, ist Leitfrage des vorliegenden Sammelbands. Am Beispiel
ausgewählter Vertreter unterschiedlicher Textsorten, die sich weder eindeutig
im fiktionalen Raum bewegen noch eindeutige Faktenwahrheit beanspruchen,
sondern zu den Historie und Heilsgeschichte deutenden Textsorten zählen, wird
der Frage nach der Abhängigkeit von Gewaltdarstellungen von historischen,
kulturellen und soziologischen ebenso wie von gattungsspezifischen Faktoren
nachgegangen.

Der Band ist im Kontext der Gießener DFG-Forschergruppe ‚Gewaltgemeinschaften‘ entstanden, die ihr Augenmerk auf Gruppen richtet, die gemeinsam Gewalt üben und nicht etwa wie stehende Heere durch äußere insti-

---

2 Hans D. Baumann, Horror. Die Lust am Grausen. Weinheim, Basel 1989, 29.
3 Baumann (wie Anm. 2), 33.
4 Noël Carroll, The Philosophy of Horror or Paradoxes of the Heart, New York, London 1990, 57.

tutionelle Bedingungen, sondern durch das gemeinsame Ausüben von Gewalt zusammengehalten werden.[5] Daher richtet sich im vorliegenden Band der Blick auch besonders intensiv auf gemeinschaftlich verübte Gewalt und auf die Frage, ob eine kollektive emotionale Gewalterfahrung Gewaltgemeinschaften stabilisieren kann, ob Gewaltgenuss, ob Zorn und Hass (die zunächst individuelle Regungen sind) oder andere Emotionen zu den Kohäsionsfaktoren von Gewaltgemeinschaften zählen.

Dass die Rekonstruktion historischer Emotionen sowohl auf Handlungsebene als auch auf der Ebene der Rezeption kaum und nur unter Vorbehalt möglich ist, ist im Kontext der jüngeren historischen Gewaltforschung mehrfach zu bedenken gegeben worden.[6] Die Autoren dieses Bandes sind sich der Grenzen des Rekonstruierbaren bewusst und gehen daher strikt von den Texten aus. Sie fragen danach, welche Emotionen die Texte beschreiben, wie sie sie werten und wie sie sie mit Gewalt, insbesondere kollektiver Gewalt, in Verbindung bringen. Sie fragen auch nach den Macharten der Texte und schließen von dort auf die durch sie suggerierte Stellung zur Gewalt. Zudem berücksichtigen sie mögliche Rezipientenerwartungen, die bei einem literarisch gebildeten Publikum aufgrund intertextueller Bezüge und Gattungskonventionen erweckt werden könnten.

Den Einstieg in den Band bildet ein Beitrag zur englischen Historiographie des 11. bis 13. Jahrhunderts, deren Verfasser in der Regel Geistliche waren. DAGMAR SCHMIDT legt dar, wie diese Texte den Rezipientenerwartungen, dass Gewalttaten in solchen Texten zwar weitgehend wahrheitsgemäß referiert werden, aber keineswegs ungedeutet stehenbleiben, entsprechen. Die Texte binden ihre Wertung und Ästhetisierung von Gewalt klar an die Vorstellungen von Legitimität und rechter Herrschaft. Sie zielen bei ihrem Rezipienten auf Gewaltgenuss als eine gemeinschaftsstiftende und herrschaftsstützende Empfindung im Sinne eines Genusses von Gerechtigkeit; ungerechte Gewalt dagegen wird mit harter Kritik gegeißelt und zielt ihrerseits auf eine emotional gestützte Herausbildung einer nicht zuletzt auch moralisch definierten Gruppenidentität.

Einen ganz anderen und durchaus kritisch beleuchteten Fall des Gewaltgenusses durch die Rezipienten von Gewaltdarstellungen stellt SILVAN WAGNER vor: Die im 13. Jahrhundert entstandene *Der Wiener Meerfahrt* imaginiert in ironischem Ton, wie Gewaltdarstellungen, speziell Kreuzzugsdarstellungen, beim Vortrag von einem bürgerlich wienerischen Publikum aufgenommen

---

5 Vgl. Cora Dietl, Vorwort, in: Rules and Violence/Regeln und Gewalt. Zur Kulturgeschichte der kollektiven Gewalt von der Spätantike bis zum konfessionellen Zeitalter, hrsg. von Cora Dietl und Titus Knäpper. Berlin/Boston 2014, VII–XV, hier X.

6 Wolfgang Sofsky, Traktat über die Gewalt. Frankfurt a. M. 1996, 7–27; Manuel Braun/Cornelia Herberichs, Gewalt im Mittelalter: Überlegungen zu ihrer Erforschung, in: dies. (Hrsg.), Gewalt im Mittelalter. Realitäten, Imaginationen. München 2005, 7–37, hier 8.

werden und als falsch verstandene Muster für das künftige Gewalthandeln der Zuhörerschaft wirken. Die in der Historiographie begrüßte Identifikation der Rezipienten mit den Parteigängern der Gerechten, die mit höchster Legitimität Gewalt ausüben, wird hier nicht nur negativ beleuchtet, sondern ins Groteske verzerrt, auch als Kritik an einem mangelnden Fiktionalitätsverständnis der Rezipienten von Gewaltdarstellungen. Dabei wird klar, dass Gewaltdarstellungen in der höfischen Literatur auf ein Publikum mit spezifisch ständischem Moral- und Literatur- bzw. Fiktionalitätsverständnis zielen.

Gewaltdarstellungen in der höfischen Literatur sind die folgenden Beiträge gewidmet. Am Beispiel des *Eneasromans* Heinrichs von Veldeke zeigt CHRISTOPH SCHANZE, wie gebildete Dichter des Hochmittelalters einen Gewaltgenuss nicht nur durch markierte Fiktionalität bändigen, sondern ihn eher ablehnen und das Verhältnis von Emotion und Gewalt mit einem kritisch-warnenden Unterton versehen. Heinrich von Veldeke zeichnet eine Verbindungslinie zwischen Zorn, Rachegelüsten und Gewalt, die er in der Irrationalität und im Kontrollverlust findet. Der Rezipient kann nur mit Entsetzen auf die den Parametern eines klassischen Tragikkonzepts folgende Gewalt reagieren.

Mit dem Phänomen des nicht nur zum heldenhaften Kampfesruhm, sondern auch zu brutaler Gewalt führenden Zorns setzen sich auch Artusromane auseinander. TITUS KNÄPPER zeigt, wie der arthurische Wert der Affektkontrolle eine positive Wertung von Zorn und Gewalt letztlich verbietet – zumindest im Artusroman Hartmann'scher Prägung. Eine Freude am Hören/Lesen von Gewalthandlungen erwächst, wie er zeigt, aus der Anteilnahme am Sieg über den unhöfischen oder zumindest weniger vollkommenen Kontrahenten. Im *Prosa-Lancelot*, der das fiktional Arthurische sowohl mit Modellen der Historiographie als auch mit der Idee des Grals konfrontiert, geht die Affektkontrolle der Artusritter verloren; die Gewaltdarstellungen werden drastischer und auf der Handlungsebene verbinden sich Zorn und Gewaltgenuss, was freilich auf der Rezeptionsebene keineswegs mit einer positiven Wertung der emotional gesteuerten Gewalt einhergeht, sondern eher mit einer Kritik am Artushof.

Die sich durch Emotionen wie Zorn, Rachegefühl und Hass gegenseitig hochschaukelnden und immer wieder die Freude der siegreichen und sich im Recht fühlenden Seite begleiteten Gewalttaten zweier Geschlechter beschreibt die altfrz. Geschichtsdichtung der *Geste des Loherains*. CLAUDIA ANSORGE demonstriert an ausgewählten Passagen des Textes, wie hier die Spirale der Gewalt nicht nur, wie in Heinrichs *Eneasroman*, in ihrer erschütterlich destruktiven Qualität aufgedeckt und die Maßlosigkeit einer emotionsgetriebenen Gewalt kritisiert wird, sondern zugleich eine klare Sympathielenkung zwischen den beiden Familien stattfindet – durch unterschiedliche Akzentsetzungen in den Darstellungen der Emotionen.

Wie sehr die Art der emotionalen Reaktion auf Gewalt zu einem Merkmal der Gruppenzugehörigkeit werden kann, spielt, wie MARINA KLAMT zeigt, die frühneuzeitliche Erzählung von den *Haymonskindern* durch. Ein Teil der Tragik der in diesem Text dargestellten Handlung beruht darauf, dass die ständisch vorgegebenen Reaktionen auf Gewalt und der Code der Äußerung von Emotionen der persönlichen und natürlichen Reaktion des Helden widersprechen, aber auch von verschiedenen Figuren unterschiedlich gelesen werden. Die *Haymonskinder* stellen damit die Möglichkeit eines verbindlichen Gruppenkodex im Umgang mit (individuell empfundenen) Emotionen in Frage.

Eine recht eindeutige Gruppenidentität ist in den von WERNER RÖCKE untersuchten Texten gegeben: Er stellt das Gewalthandeln der Teufel den intendierten Reaktionen des Publikums in spätmittelalterlichen geistlichen Spielen (*Redentiner Osterspiel, Alsfelder Passionsspiel*) gegenüber. Zorn und Schadenfreude erscheinen dort als integrale Bestandteile der Gewaltlogik der Teufel. Sie entspringen, wie Röcke zeigt, keineswegs einem Kontrollverlust der Teufel, sondern ruhen auf einer skrupellosen Sicherheit der Teufel auf. Genau diese Sicherheit und Unveränderlichkeit der Teufel aber gibt sie angesichts der sie widerlegenden Heilswahrheit dem überlegenen Verlachen der Zuschauer preis.

Die falsche Freude der unheiligen Figuren und das Leid der der Gewalt ausgesetzten Gerechten steht im Zentrum der Johannesdramen der Frühen Neuzeit. CORA DIETL vergleicht verschiedene vorreformatorische, protestantische und katholische Spiele und zeigt in ihnen neben einer durchaus ähnlichen Sympathielenkung durch eine exponierte Verbindung von Freude, Gewalt und Ungerechtigkeit einen konfessionell und individuell unterschiedlichen Umgang mit dem Konzept des Mitleids, verbunden mit je unterschiedlicher Deutung der Gewalt.

Das Ideal der Affektkontrolle, eine Bindung des Gewaltgenusses an die Gerechtigkeit und eine Warnung vor übermäßigem Zorn ziehen sich als roter Faden durch die Literatur des Mittelalters und der Frühen Neuzeit. Die Frage aber, wo die Grenzen zwischen Kontrolle, Angemessenheit und Übermaß, zwischen Gerechtigkeit und Ungerechtigkeit liegen, wird von Text zu Text anders beantwortet, immer wieder aber mit Verweis auf Gruppenidentitäten – auf ständisch, sozial, verwandtschaftlich oder religiös oder auch historisch-epochal definierte. Eine objektive, allgemeingültige Haltung und emotionale Stellung zur Gewalt kann es nicht geben, nur eine gruppenbezogene, ebenso wenig ist ein Genuss unsinniger Gewalt in der mittelalterlichen und frühneuzeitlichen Literatur und Historiographie denkbar. Um genießbar zu sein, muss sie Ausdruck höherer Werte sein, die durch sie genossen werden. Damit aber hat sich das Thema „Gewaltgenuss, Zorn und Gelächter" als zentral für die Untersuchung von Kohäsionsphänomenen historischer Gewaltgemeinschaften erwiesen. Durch die gemeinsame Definition angemessener Reaktionen auf Gewalt, angemessener Zurschaustellung von Emotionen und angemessener Gewaltausübung finden die hier untersuchten Gewalt übenden oder Gewalt erfahrenden Gruppen zu einer gemeinsamen Identität.

Als Herausgeber eines Bands, der auf der Grundlage der Diskussionen und einiger ausgewählter Beiträge zweier Kolloquien im Jahr 2013 (des Gießener Workshops „Emotionen und Gewaltgemeinschaften" und der Sektionen „Pleasure in Violence" auf dem IMC Leeds) hervorgegangen sind, sind wir an erster Stelle unseren Autoren, die sich der Mühe unterzogen haben, ihre Beiträge dem Konzept des Bands entsprechend umzuarbeiten, dankbar. Zu Dank verpflichtet sind wir aber auch all den anderen Teilnehmern der Kolloquien, die uns durch ihre Diskussionsbeiträge zu diesem Band inspiriert haben. Wir danken der Forschergruppe „Gewaltgemeinschaften" für die Unterstützung des Buchprojekts und der DFG für die freundliche Gewährung eines Druckkostenzuschusses. Last not least möchten wir uns herzlich beim Verlag V&R unipress bedanken, bei dem wir – wieder einmal – eine ringsum herzliche, nachsichtige und hilfsbereite Betreuung des Bands gefunden haben.

Im Januar 2015   Cora Dietl
                                                                              Claudia Ansorge
                                                                               Titus Knäpper

Dagmar Schmidt (Gießen)

For Blood, for Glory, and the Greater Good.
Depicting a King's Violence in 1066–1216 England[1]

Abstract. In der englischen Historiographie des 11. bis 13. Jahrhunderts gibt es zahl-reiche Beispiele dafür, wie Chronisten gewalttätiges Handeln ihrer Herrscher guthei-ßen, rühmen, und sogar mit großer erzählerischer Detailverliebtheit auf keineswegs missbilligende Weise schildern. Solchen Passagen erzählerischen Gewaltgenusses steht auf der anderen Seite immer wieder härteste Kritik an übermäßiger Gewaltausübung gegenüber. Dabei scheint es, als seien die Maßstäbe, mit denen herrscherliches Han-deln gemessen wird, nicht zwingend immer die gleichen. Könige üben Gewalt insbe-sondere in ihrer Funktion als Rechtsprecher und als Verteidiger ihres Reiches aus, und in beiden Rollen lassen sich bei einem Vergleich verschiedener Gewaltbewertungen von Seiten der Chronistik Muster erkennen für das, was Gewalthandeln ausmacht, dass erzählerisch zelebriert werden kann. Die Reputation eines Herrschers spiegelt sich nicht nur in der Bewertung eines solchen Gewalthandelns durch Zeitgenossen; sein Ansehen und die Darstellung von Gewalthandlungen beeinflussen sich auch in nicht geringem Maße gegenseitig. Bis die Möglichkeit der positiven Erzählung solcher Taten allerdings gegeben war, mussten sowohl Herrscher als auch ihre Handlungen gewisse Voraussetzungen erfüllen: Erfolg, Legitimation, Übereinstimmung mit Idealen und auch schwerer fassbare Konzepte wie Charisma finden sich unter diesen Bedingungen – sind diese Bedingungen nicht gegeben, gerät gewaltsames Handeln schnell in Kritik.

The explicit violence encountered in many works of historiography may, at times, cause astonishment. Our understanding of the authors (men of the Church, most of them; monks, living – or at least having vowed to live – a secluded contemplative life in a monastery, most of them with little or no ex-perience in fighting) hardly lends itself to the assumption that they would glorify violence; and our understanding of the world view they themselves express in their works might easily lead us to infer that they ought to have possessed a natural aversion to violence. Yet, with at times remarkably gruesome detail, we find them relishing in blood shed, and in pain suffered.

---

1 This essay is a reworked and expanded version of a paper presented at the International Medieval Congress in Leeds, 2013. All examples that the line of argumentation presented in this essay draws on ultimately stem from my dissertation project on the genesis of the re-putation of the eight English kings between 1066 and 1272.

There is, of course, a certain tradition of the excessive use of violence in the persecution of men of the Church, whose countless afflictions illustrated the nefariousness of the world as much as the goodness of the respective churchmen. It is a tradition that does, eventually, culminate in the gory scenes of bloodshed and manslaughter that forged martyrs – but this is by far not the only strand of historiography that employs violence for its means. Narrated violence is a versatile concept, and medieval historiographers would by no means only limit it to the confines of the church. In times of crisis, such as civil war or a king who maintained insufficient justice, they would regularly have the kingdom positively engulfed in violence. At such occasions, brothers would fight brothers, and fathers their sons, while family members would be sold and subsequently tortured. Robbery generally abounds in such accounts, with the rapacious men swarming across the countryside as pillaging hordes, inevitably causing a universal failing of harvests and consequent misery.[2]

Often, one might argue, such depictions of a widespread breakdown of law and order and ensuing terror among the populace serve to underline the perceived disorder within the realm, the author's very own desperation at the situation within which he found himself; his wish, perhaps, that later generations might learn from the cruel example thus given, and do better in their turn. These examples criticise kings and their adherents, they bewail the lack of justice and mankind's overall inclination towards evil when not led down the right path. It is

---

2 For the period in question, the reigns of Stephen and John, both of which had the kingdom facing civil war, provide the best examples for depictions of excessive violence being used in such a way. For Stephen's reign see for instance: William of Malmesbury, Historia Novella, the Contemporary History, ed. E. King and trans. K.R. Potter (Oxford Medieval Texts), Oxford 1998, III. 37 and III. 39, in which the author details, at length, the terrors perpetrated in England. There were, so the chronicler, numerous castles all over England, each of which had been originally meant to defend its own district, but had then taken to devastating it. Not only were goods plundered, the people dwelling in these districts were themselves captured, imprisoned, tortured and not released until they offered up ransom, many of them dying in the process. In a particularly vivid example, Malmesbury portrays prisoners being smeared with honey and hanged outside to be stung by insects. For other accounts of the general turmoil, see: Gesta Stephani, ed. and trans. K.R. Potter, with a new introduction and notes by R.H.C. Davis, Oxford 1976, 68–71, 84–87 and 152–57; The Anglo-Saxon Chronicle, ed. and trans. B. Thorpe (Rolls Series), 2 vols., London 1861, vol. 1, 382–83; The Anglo-Saxon Chronicle, trans. M. J. Swanton, London 1997 [1996], 264–65 [E-Version]; Henry of Huntingdon, Historia Anglorum, ed. and trans. D. Greenway, Oxford 1996, X.12; The Chronicle of John of Worcester, Volume III: the Annals from 1067 to 1140 with the Gloucester Interpolations and the Continuation to 1141, ed. and trans. P. McGurk, Oxford 1998, 216–17. For the reign of John, the descent into chaos is not depicted until the years of the interdict. See, for instance: A Continuation of William of Newburgh's History to A.D. 1298, in: Chronicles of the Reign of Stephen, Henry II., and Richard I., vol. 2, ed. R. Howlett (Rolls Series), London 1885, 520–21 (the continuation is otherwise referred to as "Stanley Annals") and, in detail reminiscent of the Anglo-Saxon Chronicle and William of Malmesbury, the gruesome depictions in: Roger of Wendover, Chronica sive flores Historiarum, vol. 3, ed. H.O. Coxe, London 1841, 348–52.

not hard to find examples for violence being employed in this way;[3] most famous among them, perhaps, is the Anglo-Saxon Chronicle's lament on the civil war during King Stephen's reign as a time when "Christ and his saints slept" – a statement that the writer saw fit to underline impressively with narrated slaughter and detailed torture.[4]

Given this grim introduction, pleasure is not something we would habitually expect in a historical narrative, particularly not pleasure taken in violence. However, within the historical narrative, violence is not only used as a measure of dread. There was a field where different rules appear to have applied: the depiction of rulers exercising violence. From fiery battle speeches to heroic last stands and draconic punishments – many chroniclers would not forego the possibility to elaborately savour their king's exploits, gory though they were. What moral justification could they have seen that caused them to be prepared to perform so dramatic a volte face in terms of values? In a spirit of cynicism, one might be inclined to presume that historiographers liked a good fight as much as fellow men, but this hardly bears close scrutiny. Chronicles are not, by nature, action-intense; their writers tend to explicitly profess a purpose to edify, not to amuse. Logically, within the narrative structure of medieval historiography, extensive elaborations on violence that had been perpetrated by royal will are no slips of the pen; they serve a plan and a purpose. In particular, they tend to have the most drastic repercussions on how a king was judged and perceived. There is no great surprise in that, seeing that the exercise of violence, and most importantly, the exercise of just and legitimate violence, is the cornerstone upon which all contemporary expectations of good kingship build. Inextricably tied up with the king's duty to dispense justice as vicar of God on earth, the justification of any action of the monarch – and especially so, of course, such actions as were likely to cost lives and limbs – was a decisive category in the judging of kings.[5] These judgements can, of course, go either way: towards glorification and

---

3 To verify that statement, see note 2.

4 The Anglo-Saxon Chronicle (1861) (see note 2); The Anglo-Saxon Chronicle (1997 [1996]) (see note 2).

5 The relationship of kingship and divine justice is elaborated upon in most contemporary treatises of kingship. The king himself was expected to possess a sense of divine *aequitas* that would render him abject to unjust acts, and automatically legitimate his actions. It is only in the course of time that this perception gradually shifts to a view that would have the king adhere to the laws of the kingdom, and acknowledge that even an anointed king could commit acts of plain injustice. For views on the king's connection to the divine, the so-called Norman Anonymous, which has acquired considerable fame through Ernst Kantorowicz, The King's Two Bodies: A Study in Mediaeval Political Theology, Princeton 1957, is especially interesting, as it proposes an intensely Christian kingship, allowing for the king to possess power exceeding that of the pope. See: G.H. Williams, The Norman Anonymous of 1100 A.D.: toward the identification and evaluation of the so-called Anonymous of York (Harvard Theological Studies XVIII), Cambridge, London 1951, 128–29, 164–65, 175. The tract has been made

towards condemnation, they are susceptible to change and highly partial. Nonetheless, this volatility would gradually diminish as time wore on and the memory of royal exploits moved along further in society's shared memory. If it was found to be based on shared values, a vivid depiction of violent ferocity could endure long, and eventually crystallise into one definite mode of interpretation for the king's deeds, thus solidifying royal reputation. There are violent royal acts and, as a result, literally bloodied kings, that we find justified, approved of, even enjoyed, but likewise, there are those that are described as despicable. Against which backgrounds, then, would writers find themselves able to approve of their king's exercise of violence?

In its most spectacular form, we find royal violence on the battlefield, in the scope, nature and motives of warfare. Away from arms and armour, 'domestic' royal violence encompasses the exercise of justice within the realm. Halfway between these two poles, chroniclers were wont to discuss the way in which the king would deal with defeated rebels. In each of these contexts, different modes of narration were chosen to codify the king's behaviour in accordance with virtues and ideals. These codes, as I would like to call them, are highly repetitive and fairly simple – they would praise or condemn in accordance with the respective authors' value systems. It is upon them that the ultimate verdict on an action depends. In this context, it is important to note that violence is not, in itself, viewed as negative. Reporting an act of violence is, initially, a neutral action on the part of the writer. It is only because of the inestimable importance of the exercise of violence for kingship, and, specifically, good and legitimate kingship, that verdicts become attached to acts of violence and, by that means, to kings.

If the cause for an act of violence was impulsiveness, anger, only the most exceptional of circumstances, only the most dramatic provocation of emotion, would redeem the king in the eyes of writers. Otherwise, in accordance with contemporary political thought, the king's failure to control his own feelings, his

---

available online through the Electronic Norman Anonymous Project (ENAP, http://norma-nanonymous.org). Among other assertions of royal power, the Norman Anonymous maintains that unction turned the king into a carrier of divine virtue and spirit (ENAP, tract. 24a, 154). See also: Hugh de Fleury, Tractatus de regia potestate et sacerdotali dignitate, in: Patrologiae cursus completus, ed. J.-P. Migne (Series Latina 163), Paris 1893, prologus, 939. Although the divine element in kingship receded to some extent with the resolution of the investiture controversy, divine intervention in royal affairs remained very much accepted. See for instance: Ioannis Saresberiensis Episcopi Carnotensis, Policratici sive de Nugis Curialium Et Vestigiis Philosophorum Libri VIII, ed. and commented by C.C.I. Webb, Frankfurt am Main 1965 [1909], book IV, chapter 1, 513–13: *Proculdubio magnum quid divuinae uirtutis declaratur inesse principibus, dum homines nutibus eorum colla submittunt et securi plerumque feriendas praebent ceruices, et impulsu diuino quisque timet quibus ipse timori est*; and ibid., chapter 3, 515 for the observation that while the king was not subject to earthly laws, his link to the heavenly *aequitas* would prevent him from abusing his position in any way.

inability to live up to the expectations of *constantia, moderatio, temperantia,* would serve as the ultimate and heavily used marker that the king's violence could not possibly be tolerated.[6] The counterpart to this mode of depiction is idealised violence. It can be found in the portrayal of the legitimate warfare of the protector of the people, the firm but just punishment of wrongdoers and, less conventional, the stylisation of the king as a chivalric warrior-knight, excelling in prowess and bravery. That being said, the infinitely more interesting step is to see which circumstances drove chroniclers to choose which mode of depiction. It seems reasonably clear that the events themselves cannot have been the decisive criterion for that choice. The individual acts of violence that could occur throughout a king's reign were naturally, taken for themselves, rather similar – they encompassed battle casualties, mutilations, beheadings, hangings, torture or other sentences of corporeal punishment. It is not on the what, but on the how that historiographic judgement hinges. It is this "how" that I want to take a closer look at in the following.[7]

The perhaps most straightforward assessment of royal violence is found in the depiction of doing justice. A king had to be rigorous without being cruel; merciful without being lenient.[8] Striking the appropriate balance between the two extremes seems difficult. However, given the great uniformity that characterises the judgement of contemporaries, it would appear that it seems more difficult today than it may have been. There were certain standards and expectations to punishment. Nowhere is this more clearly seen than in the treatment the justice of Henry I received posthumously. He has been accused of

---

6 The demand that any king who wished to rule people should first of all be able to keep himself in check is fairly widespread; see, for instance: Giraldus Cambrensis, De principis instructione liber, ed. G.F. Warner, in: Giraldi Cambrensis opera, vol. 8 (Rerum Britannicarum Medii Aevi Scriptores 21), Wiesbaden 1964 [1891], chapter 1; Hugh de Fleury (see note 5), caput IV. Any of the treatises on kingship hitherto mentioned detail ideals and prescriptions for the royal character, so that a full citation of all instances in which the above-named virtues are discussed would by far exceed the scope of a single footnote.

7 With view to the limited scope of this paper, these modes of depiction are, of course, not exhausted to their full potential, but discussed here in highly exemplary fashion, with only a handful of episodes selected for the purpose of illustrating the line of argumentation.

8 For views on the king's exercise of justice, see (in roughly chronological order), K. Jost (ed.), Die "Institutes of polity, civil and ecclesiastical": Ein Werk des Erzbischofs Wulfstans von York (Swiss Studies in English 47), Bern 1959, 42–54; Hugh de Fleury (see note 5), caput IV and caput VI; Ioannis Saresberiensis Episcopi Carnotensis (see note 5), book IV, chapter 3 and chapter 8; Giraldus Cambrensis (see note 6), chapter X, chapter VII; The Treatise on the Laws and Customs of the Realm of England Commonly Called Glanvill, ed. with introduction, notes and trans. G.D.G. Hall, with a guide to further reading by M.T. Clanchy (Oxford Medieval Texts), Oxford 1993 [1965], 1; Henry of Bracton, De Legibus Et Consuetudinibus Angliae, vol. 2 (available online on http://bracton.law.harvard.edu/; last accessed in December 2013), 19, 33, 305.

cruelty and harshness in modern times[9] – but contemporary comments on the
king's justice indicate quite the contrary. Eadmer of Canterbury, for instance,
would at length list the depravities committed by the court while his brother had
still held sway over it, and, with a measure of righteous zeal, he jubilantly
declares how the king had brought any miscreants guilty of such crimes to
justice. He ordered eyes to be gouged out, hands, feet and other limbs to be
amputated. The effect was immediate. Those who had not been punished wit-
nessed the king's measures, and, out of fear that their own physical integrity
might be similarly compromised, abstained from committing further atroci-
ties.[10] There is an impressive wealth of such examples from the reign of Henry I.
Yet the most remarkable aspect of these episodes is their respective context:
fitted into a narrative of praise for the king's justice, the extreme rigour that the
king is depicted to exercise must be read as a mark of distinction; they are
employed to illustrate excellent justice. Despite this praise, there are indications
that Henry I, with his apparent inclination to inflict corporeal punishments, was
treading the very line of what was acceptable. The Anglo-Saxon Chronicle, for
example, would note for the year 1124 that the king had caused a great number of
thieves to be hanged, and many castrated. The severe punishment caused, as the
chronicler notes, many "honest" men to speak of injustice, as those who suffered
it had previously been deprived of their goods (by royal courts and taxes) and
were hanged on top of it all.[11]

It is a criticism that appears to not be aimed at the violence of the corporeal
punishment as such but predominantly at the king's selection of its recipients.
While perceived as inadequate in the situation at hand, it was acceptable in
another, as an entry from the following year indicates. There had been, the writer
notes, such a decrease in the value of money that the king had caused all
moneyers to be seized. He had ordered them to be castrated and their right hands
to be cut off. "And it was all very proper," the writer concludes with undeniable
relish, "because they had done for all the land with their great fraud, which they

---

9   Cf., for a discussion of the king's alleged cruelty: J.A. Green, Henry I. King of England and
    Duke of Normandy, Cambridge 2009, 314–16.
10 Cf.: Eadmeri Historia Novorum in Anglia, ed. M. Rule, London 1884, 192–93: *Huic malo rex
    Henricus mederi desiderans, indicto edicto omnibus qui aliquid eorum quae dixi fecisse
    probari poterant aut oculos erui, aut manus, vel pedes, vel alia membra constanti justitia
    strenuus faciebat amputari. Quae justitia in pluribus visa caeteros, integritatem sui amantes,
    ab aliorum laesione deterrebat.* Eadmer, who, apart from indicating the positive conse-
    quences, speaks of *constanti justitia* and calls the punishment *strenuus*, could hardly indicate
    more clearly that he approved of the king's approach to the matter.
11 Cf.: The Anglo-Saxon Chronicle (1861) (see note 2), 376; The Anglo-Saxon Chronicle (1997
    [1996]) (see note 2), 254 [D-Version].

all paid for."[12] Admittedly, these men did not suffer death, contrary to many of the thieves the year before, but it seems sufficiently clear that the writer's allotted store of pity for people who had been driven to crime in the face of the king's exploitation would tolerate needy thieves, but ran out when it came to money-makers.

The chronicler was not alone with that sentiment. The mutilation of the money-makers was greeted with widespread enthusiasm among contemporary writers. Henry of Huntingdon, with a delight similar to that of the Anglo-Saxon Chronicle, remarked that "it was good to hear how severely the king bore down on the wicked,"[13] while William of Malmesbury asserted that with his condemnation of the money-makers, the king had shown "particular diligence".[14] According to Eadmer, "much good was, at that time, effected for the entire kingdom" due to the king's rigorous measures.[15] It is only the writer of the Worcester Chronicle, who otherwise repeats Eadmer's statement about the beneficial effect on the kingdom that admits that the punishment was particularly severe, while taking note that the culprits were not allowed any other way of redeeming themselves.[16] That particular aspect is expounded upon by the *Gesta Normannorum Ducum*. The great defender of justice and most rigorous punisher of injustice, the writer praises fulsomely, could have made thousands of talents by accepting ransom to be paid for the moneyer's limbs, but, he concludes ecstatically, the king had spurned money out of his love for justice[17] – and, we must conclude, preferred to sever body parts instead.

Quite naturally, the tone of these comments on the king's justice is close to the one employed in accounts on the treatment of defeated rebels. Yet there is a very crucial difference: while a misjudged step across the thin line between adequate and inappropriate violence would generally have little consequence in "everyday" justice, apart perhaps from sporadic complaints about the king's severity, it

---

12 The Anglo-Saxon Chronicle (1861) (see note 2), 376; The Anglo-Saxon Chronicle (1997 [1996]) (see note 2), 255 [D-Version].

13 Henry of Huntingdon (see note 2), VII. 36: *Opere uero preicium est audire quam seuerus rex fuerit in prauos.*

14 William of Malmesbury, Gesta Regvm Anglorvm. History of the English Kings, ed. and trans. R.A.B. Mynors, R.M. Thomson, and M. Winterbottom (Oxford Medieval Texts), Oxford 1998, v. 399: *Contra trapezetas, quos uulgo monetarios uocant, precipuam sui diligentiam exhibuit* [...].

15 Eadmeri Historia Novorum in Anglia (see note 10), 193: *Ex quo facto magnum bonum ad tempus toti regno creatum est.*

16 The Chronicle of John of Worcester (see note 2), 113–15.

17 The Gesta Normannorum Ducum of William of Jumièges, Orderic Vitalis, and Robert of Torigni, vol. 2, ed. and trans. E.M.C. van Houts (Oxford Medieval Texts), Oxford 1992, VIII. 23: *O uirum defensorem iustitie et iniquitatis acerrimum punitorem! O si uelet redemptionem accipere pro tot hominum impiorum menbris, quanta milia talentorum posset inde lucrari, sed, ut diximus, spreuit pecuniam amore iustitie!*

could be positively fatal if the men on the receiving end of the misjudged judgement were among the realm's powerful and could seriously destabilise the situation within the realm. Determining with what extent of violence a king could get away with under these circumstances is notoriously difficult to determine. Out of context, the judgements seem haphazard; within context, we are almost forced to conclude that chroniclers would approve of whatever, in the end, when all was said and done, worked. Since the effects of such judgements tended to be very swift, most comments are comments made in hindsight that not only make mention of the impact a royal decision had, but base their very verdict on this impact, indicating that praiseworthy violence was violence that solved a problem. Still, much more so than in the case of domestic justice, where comments remained relatively uniform, these depictions show the predicament kings found themselves in as they had to estimate how much violence they could use without risking their vassals' loyalty. Accounts often comment profusely on the process of decision-making, thus allowing glances at the unwritten code of conduct that lay underneath the king's punitive actions.

Orderic Vitalis, for instance, recounts how Henry I, after he had captured a number of rebels, passed judgement on them. Two of them were to lose their eyes for treason, a third to be blinded for mocking him. The king's harsh penalties are not too well received among the attending nobility: from among them, a single noble gathers up his courage to approach the king and confront him with his view on the matter. He reminds the king that what he was doing was not entirely in line with "our customs", according to which knights that had been captured while they had been serving their lords were not usually subjected to the punishment of mutilation. The king appears remarkably unperturbed, and answers, entirely sure of himself, with an elaborate explanation of why he was acting the way he did – and how he was entirely justified in doing so. Orderic Vitalis grants the king the narrative licence to expound, in direct speech, on the reasons for his punishment of choice. Henry I recounts the lengthy history of misdeeds that the rebels had accumulated; he explains how two had pledged their fealty to him and then deliberately broke their faith to commit treason, and how the third of the accused had previously been pardoned by royal grace – a good turn that he sought fit to repay by acting against the king as soon as he could and composing songs that mocked the king, which he had been wont to perform publicly. It could have been nothing but the hand of God, so the king claims, that had delivered that particular culprit into his hands so that he might exercise justice on him. The monarch's argumentation leaves the lone noble at a loss of what to say or do: according to Orderic, he "was silenced, for he had nothing that he could reasonably bring forth as a counter-argument."[18]

---

18 The Ecclesiastical History of Orderic Vitalis, vol. 6: Books XI, XII, and XIII, ed. and trans. M.

Henry I, according to the narrative, had settled the situation masterfully – but this is often the case if there are no negative consequences to a decision. In the reign of William the Conqueror, the beheading of the rebel Waltheof caused a stir primarily because of his alleged repentance and piety. As last English earl, he had few supporters, and his death did not cause lasting damage to the king's reputation. Only miracle stories that became attached to his tomb in passive protest remained of the allegedly wrongful royal act.[19] The sentences of exile, mutilation and financial ruin that hit Waltheof's co-conspirators are barely mentioned. Some fifty years later, King Stephen is reported to have hanged rebels within the sight of the enemy castle walls during a siege,[20] and to have hanged or otherwise put to death ninety-three rebels, ignoring their pleas for mercy; both were shows of strength that yielded the desired results, with the rebels at once coming to heel, and were, therefore, praised. If the tactic employed by the king did not work, matters would turn out dramatically different: in the case of Stephen, mercy rather than cruelty was seen as the decisive flaw. Henry of Huntingdon comments the end of a lengthy siege with the words that the king, "making use of the worst counsel", had refrained from exacting revenge on the traitors. The author did in no way hold back that his wisdom stemmed from regarding the events in hindsight: "for if he had done so then", he asserts, "fewer castles would have been held against him later."[21] There evidently was some need for justification, as the siege is described in great detail by the *Gesta Stephani*, a chronicle favourably disposed to the vast majority of Stephen's decisions. The author elaborated on the dreadful plight that the besieged had to endure; a misery against which the king hardened his heart, refusing even to hearken to the tearful, bare-footed supplication of the wife of a besieged rebel. In doing so, he was following the advice of his brother, Henry bishop of Winchester, who had claimed that the besieged would eventually find themselves so tormented by hunger and thirst that they would surrender on any of the conditions that the king prescribed. That course of action (and the chronicler leaves no doubt that it would have been the right course to follow) was abandoned because of the intercession of the questionable nobles that surrounded the king. Several of their number had approached him, attempting to persuade the king to raise the siege. Their motives

---

Chibnall (Oxford Medieval Texts), Oxford 1978, book XII, IV. 459–61. The quoted passage reads: *His auditis Flandriae dux conticuit quia quid contra haec rationabiliter obiceret non habuit.*

19 Cf.: The Anglo-Saxon Chronicle (1861) (see note 2), 349; The Anglo-Saxon Chronicle (1997 [1996]) (see note 2), 210 [E-Version and D-Version]; 212 [E-Version and D-Version]. The accounts differ; D tends to put greater stress on Waltheof.

20 Gesta Stephani (see note 2), 30.

21 Henry of Huntingdon (see note 2), X. 4: *Sero tamen redditum est ei castellum, et uindictam non exercuit in proditores suos pessimo consilio usus. Si enim eam tunc exercuisset, postea contra eum tot castella retenta non fuissent.*

were not entirely commendable: some felt pity for those of their relatives who found themselves beleaguered by the king's troops, some simply sympathised with the rebels' cause themselves and would not see those who shared their ideas to come to any harm. Whatever their motivations, they certainly knew how to play to the king's insecurities: they approached him with a great number of arguments, the gist of which underlines the dilemma that the king – and, ultimately, every other king in a situation such as that – found himself in: They asserted that he had obtained a complete victory over his enemies, and that, in the resplendent glory of this victory, it would be befitting for his royal piety and dignity that he should grant life and limb to the besieged rather than inflicting further punishment on them. Eventually, the king's resolve faltered, and he yields to these counsels.[22] The nobles had been well aware of the king's precarious position, his need to secure as much support as he possibly could. It was a predicament that would, in some way or the other, apply to every medieval monarch; but it was at its most pressing when, just as in Stephen's case, there was a second contender to the throne, or the king's overall hold on the realm (and particularly its nobility) had become unstable. Yet the enormous problems a single misjudged punishment could have is nowhere testified more dramatically than in the case of King John and his nephew Arthur.

Some fifty years after Stephen's predicament during the siege, the Angevin king had captured his nephew, whose claim to the throne was as strong as John's, in the course of the siege of Mirebeau that the king endured in one swift strike. The fate of Arthur is the single incident over which any depiction of John's exercise of justice is bound to stumble eventually, not least because the unlucky captive, aptly named like the legendary king, turned into a rallying-point for continental malcontents and essentially formed the basis of Philip II of France's legitimation to move against King John. What happened to the young nobleman swiftly became shrouded in rumour and evolved into a disastrously discrediting affair for the king – although it remains relatively unclear why. That John, at the very heart of the problem, had not necessarily done anything wrong, or rather "unjust", is argued – of all people – by Roger of Wendover, a chronicler otherwise notoriously hostile towards the king.

He portrays papal messengers treating with the French party, in an attempt to prevent them from setting out to England, which had, by then, become subject to the papal see. Throughout the discussion, the party of the French king maintains that John could no longer be considered a king, and could therefore not have

---

22 Gesta Stephani (see note 2), 38–43, especially: *Dicebant namque regi plenum se de hostibus conquisisse triumphum, dum quod sui erat iuris, praeualentibus uiribus suis, tandem conquisisset; ideoque dignitati suae esse aptius, regiaeque pietati competentius, captiuis supplicibus uitam donare, quam usque ad mortem punitis, quod parum uitae supererat immisericorditer auferre.*

bestowed his kingdom to the pope – which would make it unproblematic for Prince Louis to answer the call of the rebellious barons and set sail to claim England for himself. John, they claimed, had been disinherited following the act of treachery he had committed when he allied with the king of France against his absent brother Richard the Lionheart, and could therefore never have acquired the title of a true (*verus*) king. Even if this early condemnation of John should, in some way, come to be disregarded, the French maintain that John would (at the very latest) have forfeited any legitimate claim to the kingdom when the French royal court found him guilty of murder.[23] It was an alleged sentence that went well beyond discrediting the king: a knight from the French party steps forward to assert that John had been found guilty of having killed Arthur "with his very own hands" – a monstrous crime for which he had not simply forfeited the title of king, but which had caused him to be sentenced to death in the trial of the French court. In spite of these accusations and John's by then already unsavoury reputation (which Roger of Wendover would not hesitate to comment on otherwise), the pope, in writing, repudiates every single charge raised against John.[24] With rather unchristian forthrightness and a pinch of scorn, he states:

> Many emperors and princes, and even French kings, have, as we read in annals, killed many innocents, and yet we do not read that any of them abandoned to death; and when Arthur was captured at the castle of Mirebeau, he was not captured as innocent, but as guilty, a traitor to his lord and uncle, whom he had done homage and sworn allegiance, and he could lawfully be condemned to even the most disgraceful death without trial.[25]

Despite the strong papal support for John after he had surrendered his kingdom into the hands of the papacy, there was a wide range of contemporary verdicts on John's reputation with regard to the fate of Arthur. The marked differences in depiction, ranging from neutral to condemning, illustrate that there must have been a wealth of stories circulating about the possible fate of the young heir – none of them complimentary.

The Barnwell Annals, still very neutral, note that Arthur had vanished "in obscure circumstances" while he was in his uncle's custody, and that his grave had never been found. The writer regarded the lamentable fate as at least partly owed to divine intervention: his demise had been a signal to the overbearing

---

23 Cf.: Roger of Wendover (see note 2), 364.

24 Roger of Wendover (see note 2), 365.

25 Roger of Wendover (see note 2), 374. Pages 373–78 have the entirety of the charges brought against John and their repudiation by the pope. The cited passage from the papal argumentation reads, in the original: *Multi imperatores et principes, et etiam Francorum reges, multos in annalibus occidisse leguntur innocentes, nec tamen quenquam llorum legimus morti addictum; et cum Arthurus apud Mirebellum castrum, non ut innocens, sed quasi nocens et proditor domini et avunculi sui, cui homagium fecerat, captus fuerit, potuit de jure morte etiam turpissima sine judicio condemnari.*

Britons, who had assumed him to be the once and future king reincarnate that would return to them the kingdom of England.[26] From that neutral, perhaps even slightly favourable starting point, accounts of the fate of Arthur increase in accusatory tone. Gervase of Canterbury mentions, in an almost offhand way, that Arthur had been kept in close confinement after he had been captured by the king, and that soon rumours had begun to spread that the king himself had killed him.[27]

The most impressive narrative feat was accomplished by the Coggeshall chronicle.[28] It traces the fate of Arthur in elaborate detail, while providing a sinister glimpse into the machinations of the royal court. The writer maintains that the continental malcontents had repeatedly demanded that John hand over his captive, and, when they met with the king's refusal, had begun to rebel against their overlord. John's advisers, who believed that they would not cease rebelling as long as there was a chance that Arthur might return and govern them, suggested to the king that he might cause the young man to be bereft of his eyes and genitals, and, thus mutilated, return him to the rebels, whose cause he would hardly be able to lead. Hard-pressed by the massing of his enemies and their threats, and thus not in full command of his mental faculties, the king, *in ira et furore*, ordered the *opus destabile* that had been suggested to him to be carried out. Of the servants he sent to do his bidding, two fled from his court, because they did not want to "perpetrate such a detestable deed on so noble a youth", but three reached the castle in which Arthur was imprisoned, languishing under the weight of triple chains. Yet when they brought the news of the king's order to the young man's jailors, great lamentation broke out among the knights who had been stationed at the castle to keep watch over Arthur. After the commotion between the guards and the prospective executors of the king's will had died down, Hubert de Burgh, Arthur's main guardian, decided that it would be more profitable for John's reputation and respectability if the sentence were not

---

26 Memoriale Fratris Walteri de Coventria. The Historical Collections of Walter of Coventry, vol. 2, ed. W. Stubbs, Wiesbaden 1965 [1873], 196: *Arthurus in prisona patrui sui Johannis regis angliae, dubium quo casu, de medio factus est, nec est inventum sepulcrum ejus usque ad diem hunc, ut dicitur, sed non absque vindicta Dei, Qui frangit omnem superbem. Britones quippe quasi de nomine augurium sumentes, Arthurum antiquum in isto resuscitatum impudenter et imprudenter jactitabant, et Anglorum internecionem [sic!], regnique ad Britones per istum imminere translationem.*

27 Cf.: Gervase of Canterbury, The Minor Works, comprising the Gesta Regum with its continuation, the Actus Pontificum, and the Mappa Mundi, in: The Historical Works of Gervase of Canterbury, vol. 2, ed. W. Stubbs (Rerum Britannicarum Medii Aevi Scriptores 73), London 1880, 94.

28 Cf., for the following, Radulphi de Coggeshall, Chronicon Anglicanum, De expugnatione terrae sanctae libellus, Thomas Agnellus de morte et sepultura Henrici regis Angliae junioris, gesta Fulconis filii Warini, excerpta ex otiis imperialibus Gervasii Tileburiensis, ed. J. Stevenson, Wiesbaden 1965 [1875], 139–41.

carried out – for certainly it had been pronounced in wrath, and the king would sooner or later come to regret his harsh words, and would begin to bear a hatred against those who had implemented his misjudged outburst. Rather than openly defying the king's orders, de Burgh had it made public that the sentence against Arthur had been carried out as the king had wished, and that the youth had perished from the heavy wounds he had sustained and the sorrow in his heart. The deliberately-spread rumour even named the place of his burial. However, the story fell lamentably short of the aims it had sought to accomplish: instead of disheartening the rebels, it fanned the rebellion. Arthur's role in the narrative did not end with his death: Philip II demanded that John surrender him, and took the king's refusal as sufficient reason to invade Normandy and capture a number of castles.[29] Having heard that the young nobleman had been plunged into the Seine (and thereby killed), the king of France would flatly refuse to enter into peace negotiations as long as he had not been handed the living prisoner.[30] From the gloom of that account, it is not far to Roger of Wendover's far less explicit claim that Arthur had put such unreasonable demands before his uncle that the king had him imprisoned. After a certain time, he vanished from captivity, and rumour rapidly spread that the king had personally killed the youth.[31] The last writer to serve as example here does not leave even a shred of such rumour. The Magran Annals flatly state that John had kept the young man in a tower in Rouen, until one

> Thursday before Easter, after his meal, drunken and full of a demon, he killed him with own hand, and, having tied a great stone to his body, threw him into the Seine; it was found in the nets of fishers and, having been dragged to shore, recognised; and was buried secretly for fear of the tyrant.[32]

The situation, if (definitely) not the outcome, is strikingly similar to the relationship of Henry I and his nephew William Clito. Like Arthur, Clito was a potential successor to the throne, and, allied with the French king, fought his uncle, inciting rebellion as he did so. Clito died while campaigning; we can but speculate what might have happened to him had he been captured – but with castration and blinding being approved practices against rebels, there may at least have been chance that he would have suffered a fate similar to that of Arthur

---

29 Cf.: Radulphi de Coggeshall (see note 28), 143.

30 Cf.: Radulphi de Coggeshall (see note 28), 145.

31 Cf: Roger of Wendover (see note 2), 170–71.

32 Annales de Margan, in: Annales Monastici, vol. 1, ed. H.R. Luard, London 1864, 1–40, here: 27: [...] *cum rex Johannes cepisset Arthurum, eumque aliquamdiu in carcere vivum tenuisset, in turre tandem Rothomagensi, feria quinta ante Pascha, post prandium, ebrius et daemonio plenus, propria manu interfecit, et grandi lapide ad corpus ejus alligato, projecit in Secanam; quod reti piscatorio, id est, sagena, inventum est, et ad littus tractum, cognitum; et in prioratu Becci, qui dicitur Sanctae Mariae de Prato, occulte sepultum, propter metum tyranni.*

– if, indeed, the latter had suffered it. Arthur is widely acknowledged as one of the reasons for the king's failures that were to follow. John is also reported to have starved several of his knightly prisoners to death[33] – he did, apparently, not have a knack for finding the appropriate way of dealing with his vassals in such circumstances. The enticing question is: would this violence, maybe even the torture and devastation attributed so graphically by Roger of Wendover to the king's later years, have been seen in a different light had John's reign ended more favourably?

If hindsight and a certain amount of political consideration found their way into comments on the treatment of rebels, other forces appear to have been at work when the king himself reached for a weapon and employed violence – first-hand, as it were. If violence has been approved of as a means to an end, invariably as a means of ensuring peace, in the preceding examples, in this context, we find it positively savoured. It is on the battlefield that kingship and royal violence becomes an art. Nowhere else does historiography so recurrently overlap with the epic and the mythical than in the depiction of the king's warfare. Despite the aim and self-professed ethical standards of the chronicles, they seem engrossed with a king at war – evidenced by the spacious descriptions allowed to heroic feats of arms, but perhaps most tellingly by the depiction of a man that was to be termed everything but the perfect prince: William II Rufus. While there is hardly a chronicler who would not heap abuse on his head for his irreligion and lewd style of living, every single contemporary chronicle remarks upon his great military success, and more so, his prowess and bravery.

How hard it must have been to override the apparent fascination with the warlike king and maintain the negative judgement of his life is testified impressively by a passage in the *Gesta Normannorum Ducum,* in which the writer visibly struggles not to write about the king (and fails). "We could insert in these annals concerning William", one of the chroniclers writing the *Gesta Normannorum Ducum* remarked,

> [...] that twice he subjugated the rebellious Welsh by leading an army into their territory. Or that he and his military force encountered Malcolm, king of Scots, who had led an army into England and obliged him to accept a treaty on his (that is William's) conditions.[34]

"There is even more to tell," the author continues, caught up in his own story of the king's great military exploits, as he begins to recount the most famous

---

33 Cf.: E.V. Turner, John's military reputation reconsidered, in: *Journal of Medieval History* 19 (1993), 171–200, here: 180. On the starvation of the Braose family, cf.: Roger of Wendover (see note 2), 233–35, and on the starvation of his knightly prisoners after he had captured Arthur and a number of knights, cf.: Annales de Margan (see note 32), here: 26.

34 The Gesta Normannorum Ducum (see note 17), 212.

anecdote of the reign of William II: the king, out hunting, received report that one of his garrisons on mainland France was under attack, and struggling to defend against a siege. With but few men, trusting that more would follow, he embarked to cross the Channel, despite the unfavourable winds. Confronted with the possible danger to his life that the rough sea posed, the king is said to have commented that he had never heard of a king dying in shipwreck, and crossed nonetheless. Once he had arrived, our author tells us, the mere rumour of his presence was enough to put to flight the two counts that were besieging his city. And yet – despite the evident relish he seems to have taken in recounting the king's feats of arms – the chronicle stops short here, stating – almost regretfully, one is inclined to say – that

> [...] these and similar facts I could truly record about him, were it not deemed right to pass quickly over his deeds, ...; since he persecuted many servants of God and the holy church, for which, as many wise men say, he did penance too late and fruitlessly.[35]

The admiration for the king was a sentiment shared by a number of writers. William of Malmesbury, although very critical of William II, notes that, were such a thing permitted by the Christian faith, he would believe the soul of Julius Caesar, favourite paragon of successful warfare, had passed into William Rufus.[36] Along with a number of anecdotes testifying the king's daring, the idea of Rufus possessing Caesar's soul stands the test of time, and is still found in Higden's *Polychronicon* more than a century later.[37] Whatever else he did, he delivered a good story, and made a fabulous knight in an age of awakening chivalric ideals. Especially the latter may have had an influence on his multi-layered, diverging reputations that oscillate between branding him a failure and a successful ruler. Like no other field in which the king was customarily engaged, the depiction of war drew on secular ideals. In the acts of mercy and rigour after a battle, and in the considerations and justifications before a battle, traditional Christian no-tions of ideal kingship and its virtues constituted the benchmark of ideal royalty. However, in the course of a battle itself, we find, in some cases, such values eclipsed by an apparently greater narrative need to capture the unfolding story and its hero, by an evident enjoyment of the exercise of violence.

This attitude becomes particularly palpable in the song of the battle of Hastings; not, admittedly, a chronicle, but, given the scarcity of historical writing in the reign of William I, a welcome building block of his biography and, therefore, reputation. The battlefield, the writer claims, belongs to Mars who

---

35 The Gesta Normannorum Ducum (see note 17), 212.

36 William of Malmesbury (see note 14), VI. 320.

37 Cf.: Polychronicon Ranulphi Higden Monachi Cestrensis together with the English Trans-lations of John Trevisa and of an Unknown Writer of the Fifteenth Century, vol. 7, ed. J.R. Lumby, London 1879, 390.

rejoices in bloodshed and regards the battling humans as a game to watch and take pleasure in. There is barely any talking in these scenes, in which William the Conqueror stands out among the fighters, with two horses being killed under him as a mark of distinction. The *Carmen*'s account of the battle is the most bloody. William I is depicted as fighting even fiercer on foot than he had when he was on horseback, one of his first actions on the ground being to tear the man who had slain his horse limb from limb. He is depicted as mutilating and dismembering his opponents, who are devoured by his sword, their souls sent to hell.[38] The writer dedicates line after line to the bloody struggle; and although he is, in that, the most elaborate, the panegyric chronicle of William of Poitiers is not far behind. These foundations were built upon. Roughly a century after his death, William the Conqueror's status as accomplished soldier and bloodied warrior was written up to epic proportions in the wake of the Angevin search for a politically usable past, notably by the hand of Wace.

Richard the Lionheart, as far as his depiction and emerging reputation is concerned, is a very similar case. Whether, at the siege of Jaffa, he jumps off his ship, wades to the shore and slaughters the defending Turks until the shore is entirely free of them,[39] whether he beheads 2.000 Muslim prisoners in sight of the enemy camp, or, at the Battle of Arsûf cuts, like a reaper with a sickle, through the enemy ranks until their corpses lie scattered for half a mile[40] – Richard is always depicted as being in the thick of things, a hero to most writers, an accomplished knight, a master of violence, to all of them. As with the Conqueror, intense depictions of his exercise of violence in battle abound during his lifetime. Both are violent kings, both are famed for it; one is turned into the stuff of legend by the Angevin dynasty in search for a past, the other, his raw fighting power harnessed by the idea of chivalry, becomes an epic hero even in his own lifetime. It is, presumably, this tendency towards the narrative mode of the epic that constituted their lasting fame as war icons.

Yet when was this narrative mode possible? Legitimacy was a factor, but not the only one. Despite an all but universal condemnation of Stephen's perjured

---

38 Cf.: The Carmen de Hastingae Proelio of Guy Bishop of Amiens, ed. and trans. F. Barlow (Oxford Medieval Texts), Oxford 1999, 28 (verses 471–84).

39 Itinerarium Regis Ricardi, ed. W. Stubbs, in: Chronicles and Memorials of the Reign of Richard I (Rolls Series), vol. 1: Itinerarium Peregrinorum et Gesta Regis Ricardi; auctore, ut videtur, Ricardo, canonico Sanctae Trinitatis Londoniensis, London 1864, book 6, chapter 14–16.

40 The battle and its prelude, in which the Hospitallers in particular show themselves greatly agitated at the perceived "shame" of Richard's strategy that required them to bear the assaults from the pagans until the time had come to attack, stretches over twelve very eventful pages, cf.: Itinerarium Regis Ricardi (see note 39), book 4, chapter 18–19. The passage referred to here is found on p. 270, the number of Saracens defeated in the encounter on p. 275.

grasp for the throne, his steadfast, single-handed self-defence with sword and axe that preceded his capture at the battle of Lincoln is given ample room in almost every rendering, his valour apparently worthy to be recorded even by writers who were generally opposed to him as king. William Rufus, too, received his share of praise, despite his widespread condemnation as Christian (and, to some extent, ruler). Still, legitimation was an important factor: without the copious demonisation of Harold and the vindication of the Conqueror's claim to the crown, the Norman invaders could hardly have been styled in the way they were styled, just as it is utterly impossible to imagine Richard so vigorously cutting through the ranks of his enemies had they been Christians. Still, there is more to it. The first crusade was just as elaborately legitimated as the third, and more successful, but none of the exploits of Robert Curthose nor, indeed, of anyone else, figure as prominently in contemporary writing as those of the Lionheart. Adding to legitimacy, there is often more than an inkling of national pride as influencing factor. Few writers could resist massive land gains, and if a campaign was successful, its legitimation might just be glossed over. A glowing example for that is the epic poem *Draco Normannicus*, which describes Henry II campaigning in France with all the usual depictions of the king being the first to jump into the fray and raging among his enemy hordes like a lion – during all that, there is absolutely no question of the legitimacy of the king's war, but plenty of disdain for the French.[41] Similar forces were at work in the portrayal of Richard the Lionheart, culminating in the assertion that the French king withdrew from the crusade out of envy for the English monarch's prowess and wealth, the fierce vindication of Richard's innocence in the face of the claims that he had brought about the death of Conrad of Montferrat, and the gruesome death scene of the duke of Austria that many writers incorporated into their work, positively gloating that the persecutor of their king had met with so detestable an end.

In the end, an apparent pleasure of the narrator in the execution of violent acts had its place and purpose. In the kingdom's domestic affairs, it could teach unbending justice and the deliberations leading up to the favourable resolution of rebellions. At war, it is much more difficult to determine its purpose, as secular notions of ideal lordship clashed with ecclesiastical ones, and there seems but little coherence in the positive depiction of belligerent kings – what they had in common was daring, physical power and a direct involvement on the battlefield. It is quite probable that we will never be able to fully understand the motivation of authors that would so dramatically reflect on a king's reputation – but if we draw a line from the exercise of violence for the purposes of justice and the

---

41 Stephen of Rouen, The "Draco Normannicus", ed. R. Howlett, in: Chronicles of the Reign of Stephen, Henry II., and Richard I. (Rolls Series), 4 vols., vol. 2, London 1885.

punishment of rebels to the king's conduct in war, the most apparent common thread to all of them is the king's ability to appear fully justified, fully in control and, perhaps even more importantly, to fulfil existing expectations of a worthwhile story. This may be termed charisma or an art of self-display – but there is a certain type of behaviour, a certain type of narration, that appealed to contemporaries, that, when it reached them via long and winding channels of communication, would inspire them to pen their king's violence with approval, pride, and – pleasure.

Silvan Wagner (Bayreuth)

Die Lust an erzählter Gewalt. Virtuelle Gewaltgemeinschaften in *Der Wiener Meerfahrt*

Abstract. It seems rather audacious to investigate in pleasure in narrated violence: In times of school-shootings, our society regularly claims a direct link between having pleasure in narrated violence and having pleasure in actual violent acting. Having these discussions in mind, it seems remarkable that medieval courtly literature does not strive for the realization of narrated violence in actual violence, although the medieval courtly society claims violence as a legitimate way to achieve one's goals. The novella *Der Wiener Meerfahrt* for example tells about drunken citizens of Vienna, who translate the violent narrative of crusade into practice. Within this grotesque forming of a community of violence, the novella displays and criticizes courtly virtues in general and crusades as a special form of communities of violence, and it ridicules the direct translation of narrated violence into acts of violence.

Das Thema ‚Lust an Gewalt' erscheint angesichts des assoziativen Rahmens, den die Namen ‚Columbine', ‚Emsdetten', ‚Erfurt' und ‚Winnenden' abstecken, äußerst brisant; der gegenwärtige Diskurs um Terrorakte, Amokläufe und *school-shootings* setzt Trauer und Betroffenheit (vielleicht noch Angst und Wut) als einzige gesellschaftlich anerkannte Emotionen angesichts von Gewalt und rechnet Lust höchstens den Tätern zu. Schon die wie selbstverständliche Differenzierung der in einem Gewaltakt involvierten Personen in Täter und Opfer ist bezeichnend für die notwendigerweise moralische Betrachtung von Gewalt, die schnell auch diejenigen als deviant verurteilt, die sich dem Thema ‚Gewalt' jenseits der Haltung von Betroffenheit annähern möchten.

Doch so verständlich und in rechtsstaatlicher Hinsicht begrüßenswert diese Haltung auch ist, so problematisch sind ihre Paradigmen in Anwendung auf mittelalterliche Gesellschaftsformen:[1] Zu leicht geraten im Rahmen einer mo-

---

1 Martin Przybilski kritisiert zurecht, dass auch die wissenschaftliche Auseinandersetzung mit dem Thema ‚Gewalt' oft genug zumindest implizit einen letztendlich moralischen Gewaltbegriff ansetzt, und fordert einen gänzlich moralfernen Gewaltbegriff: „In der Regel wird Gewalt […] [in der gegenwärtigen Forschung] als zwar grundsätzlicher Aspekt menschlicher Existenz betrachtet, der nichtsdestoweniger sekundärer Ausfluß ‚eigentlicher', also grundlegender oder begründender Intentionen ist: Gewalt als primäres vormodernes – und damit vermeintlich überwundenes – Ausdrucksmittel kulturell-gesellschaftlicher, im weitesten

ralischen Wertung das soziohistorische Selbstverständnis und alteritäre Umgangsweisen mit Gewalt im Mittelalter aus dem Blick.[2]

Vor dem Hintergrund des gegenwärtigen Diskurses sind dies Probleme, die sich auch im Rahmen literaturwissenschaftlicher Untersuchungen stellen: Fiktionale, erzählte Gewalt ist ebenso wie faktuale, ausgeübte Gewalt in erster Linie Gegenstand moralischer Diskussion. Schon seit 1999 wird am Paradigma „Killerspiele" teilweise hochemotional eine ursächliche Verbindung von virtueller, medialer Gewalt und tatsächlicher, ausgeübter Gewalt diskutiert.[3] Medien, die in fiktionaler Distanz Gewalt thematisieren, stehen im Generalverdacht, Gewalt zu verherrlichen und schließlich ihre Rezipienten zu gewalthaftem Handeln zu animieren.[4]

Wortsinne ‚weltanschaulicher' Konflikte. Meines Erachtens verhält es sich jedoch just andersherum: Gewalt ist ‚sinnvoll', also von sich aus mit Sinn ausgestattet – sie ermöglicht die destruktiv-produktive Lenkung aggressiver Affektivität –, und sinnstiftend als ‚Mutter aller Riten' in einer Kultur begründenden und affirmierenden Weise. Gewalt ist somit nicht sinnhaft, also nachträglich mit Sinn aufgeladen – Begründungen und Rechtfertigungen der je eigenen Äußerungs- und Umsetzungsform von Gewalt erwachsen vielmehr lediglich aus dem Zusammenspiel ihres grundsätzlich sinnvollen Charakters sowie zeit- und umstandsspezifischer Besonderheiten, sind mithin tatsächlich sekundärer Natur [...]. Gewalt ist *a priori* nicht moralisch, also originär weder gut noch schlecht, da es keine moralischen Begriffe *per se* gibt." Martin Przybilski, *Ein Leib wie ein Fels* oder: Von der Schönheit des Blutvergießens. Gewalt und Ästhetik im *Rolandslied* des Pfaffen Konrad, in: Euphorion 101 (2007), 255–72, hier 263 f.

2 Vgl. dazu grundsätzlich Manuel Braun und Cornelia Herberichs, Gewalt im Mittelalter. Überlegungen zu ihrer Erforschung, in: Gewalt im Mittelalter. Realitäten, Imaginationen, hrsg. von dens., München 2005, 7–37 (v. a. 35–37), die freilich auch davor warnen, Gewalt im Mittelalter als das ‚ganz Andere' zu begreifen.

3 Zur Begriffsprägung 1999 durch den damaligen bayerischen Innenminister Günther Beckstein vgl. http://www.sueddeutsche.de/kultur/computerspiele-die-politik-schlaegt-zurueck-1.763939, eingesehen am 3. 11. 2014; paradigmatisch für die radikal einseitige Darstellung des Zusammenhangs von virtueller und realer Gewalt ist der für die Lehrerfortbildung verfasste Überblick Rudolf Hänsel, Game Over! Wie Killerspiele unsere Jugend manipulieren, Berlin 2011, der durchweg Emphasen und Beteuerungen der Unstrittigkeit angeblicher wissenschaftlicher Belege für einen eindeutigen Ursache-Wirkungs-Zusammenhang aufführt statt Argumente auszuführen; einen weitaus ausgewogeneren Einblick bietet ‚Killerspiele', hrsg. von Peter Riedel. Beiträge zur Ästhetik virtueller Gewalt, Marburg 2010. Hier findet sich auch eine knappe und präzise historische Einordnung der Debatte um positive oder negative Wirksamkeit von ‚Killerspielen': „Dem versierten Kenner kulturphilosophischer Positionen ist sicherlich längst auffällig geworden, dass die [...] Polarität nichts anderes nachzeichnet als den Widerstreit Aristotelischer bzw. Platonischer Positionen von der ‚schädlichen Wirkung' erzählter Gewalt (Platon) beziehungsweise der ‚kathartischen, reinigenden und damit realweltlich wirkungslosen' Form der Gewalterzählung (Aristoteles). Wie immer also: nichts Neues unter der Sonne" (Rolf Nohr, ‚I've seen the devil of violence'. Verhandlungen über das Gewaltmonopol in der ‚Killerspieldebatte', in: ebd., S. 5–17, hier S. 8).

4 Einen literarischen Niederschlag erfährt diese These etwa in dem Kurzroman *Kopfschuss* (Oliver Dreyer, Kopfschuss, Diedorf 2009), der detailliert ein *school-shooting* aus der Ich-Perspektive des Täters erzählt, der den konkreten Ablauf des Massenmords und seine Waffentechnik anhand seines Lieblingsspiels *U.S. Seal Commando* einstudiert. Der Autor fühlt

In diesen gegenwärtigen Interdiskurs sind die mediävistisch-germanistischen Überlegungen zum Thema Lust an erzählter Gewalt eingebettet, hier kann und muss die Ältere Deutsche Philologie einen Beitrag leisten zur gesellschaftlichen Debatte um den Zusammenhang von medial vermittelter Gewalt und ihrer Nachahmung in der Realität.

Ausgehend von dem modernen Paradigma der „Killerspiele" könnte man der höfischen Gesellschaft des Hochmittelalters unterstellen, dass der Kurzschluss zwischen literarischer Rezeption und Ausübung von Gewalt noch enger geführt wäre als dies dem heutigen Interdiskurs erscheint: Die höfische Gesellschaft des Mittelalters versteht immerhin Gewalt als durchaus legitim anzuwendendes Mittel der Interessenswahrnehmung. Auch ist bekanntlich die Differenzierung zwischen historischer und fiktionaler Literatur für das Hochmittelalter noch nicht in der Art und Weise ausdifferenziert, wie dies für die Moderne der Fall ist.

Der *Don Quixote* ist in seiner Grundkonzeption in gewisser Hinsicht ein literarischer Niederschlag dieser Sichtweise auf das Mittelalter aus der Perspektive der Neuzeit: Der Leser von Ritterromanen, der die Handlung der Erzählung nachvollzieht, wird als wahnsinnig stigmatisiert, Alonso Quijano verwechselt als Don Quixote die Virtualität seiner Ritterromane mit der Realität und wird so zu einer Art groteskem, spätmittelalterlichem „Killerspieler", der sich in seiner virtuellen Realität verliert.

---

sich abschließend zu einem geradezu mittelalterlichen Epilog bemüßigt („Nachwort des Autors. Im Kopf des Killers", ebd., 140–42), in dem er überraschenderweise nicht die unmittelbare Auswirkung von Gewalt in Computerspielen auf den Spieler (vgl. ebd., 141), sondern die unmittelbare Auswirkung von Gewalt in Literatur auf den Leser behauptet: „Einen Amoklauf aus der Perspektive des Täters zu schildern – das provoziert. Vordergründig betrachtet, weil hier der Leser mit beispielloser Brutalität konfrontiert wird, der kein didaktischer Zeigefinger folgt. Im Gegenteil. Wer mit den Augen der fiktiven Hauptfigur von *Kopfschuss* über den Pistolenlauf späht, verfällt – von mir als Autor so angelegt – Mathias' Spannung, seinem Getriebenwerden, seinem Blutrausch" (ebd., 140). Der „moralische Zeigefinger" kommt in topischer Erzählertradition freilich doch: „Denn jeder Täter ist gleichzeitig Opfer. Das soll weder eine Entschuldigung sein noch der Versuch einer Erklärung. Sondern vielmehr die Bitte an jeden von uns, achtsam zu sein, die Tür stets einen Spalt offen zu halten. Für jene Außenseiter, die mit gesenktem Blick über den Pausenhof schleichen oder streitsüchtig durchs Leben rempeln" (ebd., 141). Was Dreyer hier tut, ist nichts weniger als die Nutzung der interdiskursiven Killerspiel-These (einer moralisch negativen direkten Wirksamkeit von Kunst auf Leben), um die (moralisch positive) direkte Wirksamkeit seiner Literatur auf das Leben seiner Leser zu behaupten und sein Buch entsprechend aufzuwerten – freilich ebenfalls ein (moralisch tatsächlich fragwürdiges) literarisches Spiel. Martin Przybilski weist darauf hin, dass der literarisierten Gewalt ganz im Gegenteil eher eine gewalteinschränkende und institutionalisierende Funktion zukommt: „Der primäre Ort der Gewalt – abgesehen von ihrer Verhandlung in den realen Beziehungen der Individuen – ist die Kunst, denn ‚zur Kultur im allgemeinsten Sinn des Wortes gehört es, Grausamkeiten gewisse Plätze anzuweisen – zum Beispiel Darstellungsplätze in der Literatur'" (Przybilski (wie Anm. 1), 264).

Umso signifikanter ist es vor diesem Hintergrund, dass schon die höfische Literatur des Hochmittelalters selbst oftmals die Differenz zwischen der Rezeption und dem Nachvollzug der Erzählung stark macht: Im Prolog des *Iwein* von Hartmann von Aue betont der Erzähler, dass es besser sei, heute zu leben und die Geschichten von Artus *zu hören*, als damals zu leben und sie *nachzuvollziehen*.[5] In der *Kaiserchronik* und – fast identisch – im *Mauricius von Craûn* wird Kaiser Nero als Negativexempel darüber inszeniert, dass er die oftmals gehörte Geschichte von Troja[6] selbst nachvollziehen will – und dafür Rom abbrennt, wodurch viele ruhmlos sterben.[7] Darüber hinaus ist ein Genuss an erzählter Gewalt auch für die höfische Kultur nicht selbstverständlich, wie ein Erzählerkommentar im *Willehalm* aus dem frühen 13. Jahrhundert belegt: Nach der drastischen Schilderung der tödlichen Verwundung von Vivianz, wo selbst die hervorquellenden Gedärme nicht ausgespart werden, räumt der Erzähler ein, dass die Rezeption von *so sterbenlîcher maere*,[8] das heißt von einer vom Tode so gesättigten Erzählung, höfischen Damen nicht gefallen könne.

---

5 Vgl. Hartmann von Aue, Iwein, hrsg. von G.F. Benecke u.a. 4. Aufl. Berlin/New York 2001: *mich jâmert waerlîchen, / und hulfez iht, ich woldez clagen, / daz nû bî unseren tagen / selch vreude niemer werden mac / der man ze den zîten pflac. / doch müezen wir ouch nû genesen. / ichn wolde dô niht sîn gewesen, / daz ich nû niht enwaere, / dâ uns noch mit ir maere / sô rehte wol wesen sol: / dâ tâten in diu werc vil wol.* (48–58, Übersetzung: Es schmerzt mich wirklich, und wenn es etwas nützte, würde ich es beklagen, dass heute, zu unserer Zeit, solch eine Festlichkeit nicht mehr gepflegt wird wie damals. Doch müssen auch wir heute zufrieden sein. Ich wollte nicht zur damaligen Zeit leben, so dass ich nicht heute leben könnte, da es uns doch durch die Erzählung von ihnen so gut ergeht – damals erfreuten sie sich an den Taten). Ähnlich empfiehlt der Erzähler im *Erec* seinem Publikum nach einer Schilderung der Meeresdarstellungen auf Enites Sattel ironisch, selbst zum Meeresgrund zu reisen und die eben erzählten Wunder selbst zu sehen – *mit grôzem schaden, mit lützelm vrumen* (7634, vgl. dazu auch Matthias Däumer, Stimme im Raum und Bühne im Kopf. Über das performative Potenzial der höfischen Artusromane, Bielefeld 2013, 202–08).

6 Die Geschichte um den Fall Trojas ist dabei nicht irgendeine Geschichte, sondern eine der im Hochmittelalter am häufigsten nacherzählten Geschichten und mitunter die profane Erzählung schlechthin, vgl. dazu ausführlich Haiko Wandhoff, Ekphrasis. Kunstbeschreibung und virtuelle Räume in der Literatur des Mittelalters, Berlin/New York 2003.

7 Vgl. Die Kaiserchronik eines Regensburger Geistlichen, hrsg. von Edward Schröder, Hannover 1892 – Nero will hier *sehen mære, / wie den chuonen Trojanæren wære, / duo siu die Chriechen kolten / mit fiure unt mit swerten* (4084–4100, Übersetzung: [Nero will] die Erzählung sehen, wie es den tapferen Trojanern ergangen war, als sie die Griechen mit Feuer und Schwert quälten) – bzw. Mauricius von Craûn, hrsg. von Dorothea Klein, Stuttgart 1999, – *man saget im waz dâ vor geschach / ze Troie, dô man die gewan.* […] *dô hiez er ane stôzen / daz fiur an manege strâzen. / die grôzen ebenunmâzen / begienc er daz er gesaehe / waz ze Troie geschaehe* (195–229, Übersetzung: man erzählte ihm, wie es früher bei der Stadt Troia zugegangen war, als man sie eroberte. Da befahl er Feuer in vielen Straßen zu legen. Diese übermäßige Untat beging er um zu sehen, was um Troia geschehen sei). Vgl. dazu auch Däumer (wie Anm. 5), 208 f.

8 Wolfram von Eschenbach: Willehalm, hrsg. von Dieter Kartschoke, 3. Aufl. Berlin/New York 2003, 26,7.

Nichtsdestoweniger entsteht parallel zum *Willehalm* eine literarische Gattung, die das lustvolle und lustige Erzählen von Gewalt als einen zentralen Zug etablieren wird: Die Gattung der Mären.[9] Dabei operieren die Mären jenseits unserer interdiskursiven Paradigmen wie ‚Gewaltverherrlichung‘ oder ‚Gewaltkritik‘ und benutzen Gewalt stattdessen als mitunter fein ausdifferenziertes Kommunikationsmedium des Personals,[10] ohne eine moralische Heuristik anzulegen. Im Folgenden soll ein solch differenzierter Umgang mit erzählter Gewalt am Beispiel des Märes *Der Wiener Meerfahrt* nachgezeichnet werden, zumal hier das Herbeierzählen von Gewalt – also eben die Verknüpfung von erzählter und ausgeübter Gewalt – zentrales Thema ist.

Dabei nimmt sich das wahrscheinlich zwischen 1271 und 1291 gedichtete Märe[11] inhaltlich zunächst vergleichsweise harmlos aus: In Wien treffen sich einige Bürger bei einem Wirt und feiern bei köstlichen Speisen und süßem Wein. Mit zunehmender Trunkenheit werden alle spendabler und der Wein fließt in Strömen. Die betrunkenen Bürger beginnen nun zu erzählen, einer von der Pilgerfahrt nach Santiago de Compostela, ein anderer von einem Kreuzzug gegen die Prußen. Schließlich ruft einer der Bürger dazu auf, einen tatsächlichen Pilger- bzw. Kreuzzug über das Meer zu veranstalten, was alle begrüßen. In einer Mischung aus kollektivem Erzählen und phantasievoller Uminterpretation der Trunkenheit steigern sich die Bürger in den Wahn hinein, nach Akkon zu fahren und in einen Sturm zu geraten. Um dem vermeintlichen Zorn Gottes zu entge-

---

9 Exemplarisch zur Gewalt in Mären vgl. Klaus Grubmüller, Der Tor und der Tod. Anmerkungen zur Gewalt in der Märendichtung, in: Spannungen und Konflikte menschlichen Zusammenlebens in der deutschen Literatur des Mittelalters. Bristoler Colloquium 1993, hrsg. von Kurt Gärtner u.a., Tübingen 1996, 340–47; Dorothea Ackermann, Gewaltakte. Disziplinarapparate. Geschlecht und Gewalt in mittel- und frühneuhochdeutschen Mären, Würzburg 2007; Maria E. Müller, Böses Blut. Sprachgewalt und Gewaltsprache in mittelalterlichen Mären, in: Blutige Worte. Internationales und interdisziplinäres Kolloquium zum Verhältnis von Sprache und Gewalt in Mittelalter und Früher Neuzeit, hrsg. von Jutta Eming und Claudia Jarzebowski, Göttingen 2008, 145–61.

10 Vgl. dazu Müller (wie Anm. 9); Silvan Wagner, Ehestands-Mären und Gewalt: Autoaggressive Gewaltgemeinschaften und ihre gewalthafte Transformation – in Gewaltgemeinschaften (*Die eingemauerte Frau, Frauenzucht*), in: Regeln und Gewalt. Zur Kulturgeschichte der kollektiven Gewalt von der Spätantike bis zum Konfessionellen Zeitalter, hrsg. von Cora Dietl und Titus Knäpper, Berlin/Boston 2014, 115–30.

11 Ich zitiere nach der Ausgabe von Richard Newald, Der Wiener Meerfahrt, Heidelberg 1930. Zur Datierung vgl. Hans-Friedrich Rosenfeld, Artikel: Der Freudenleere, in: [2]VL 2 (1980), 913–15. Fritz Peter Knapp erwägt auch eine Spätdatierung zumindest des Prologs auf nach 1282 bzw. sogar auf 1312 oder später, wobei immer noch die Identifikation des genannten Gönners Hermann und die Interpretation seiner Erwähnung im Präteritum von entscheidender Bedeutung ist, die aber letztendlich unbeweisbar bleibt; vgl. Fritz Peter Knapp, ‚Der Wiener Meerfahrt‘ von dem Freudenleeren: eine böhmische Satire auf das Wiener Ritterbürgertum? In: *Ze hove und an der strâzen*. Die deutsche Literatur des Mittelalters und ihr ‚Sitz im Leben‘. FS Volker Schupp, hrsg. von Anna Keck und Theodor Nolte, Stuttgart/Leipzig 1999, 61–70, hier 62f.

hen, werfen die Bürger einen schlafenden Betrunkenen über Bord bzw. aus dem
Fenster, der sich auf der Straße alle Knochen bricht und lauthals brüllt, während
die Betrunkenen ebenso laut singen. Am Morgen danken die Betrunkenen Gott
dafür, dass sie heil in Akkon angekommen seien, und lassen sich auch nicht von
den herbeikommenden nüchternen Wienern eines Besseren belehren. Es stellt
sich heraus, dass der aus dem Fenster geworfene Bürger, der fast gestorben ist, zu
einer der bedeutendsten Wiener Familien zählt, woraufhin dessen Verwandten
zu den Schwertern greifen, um die Betrunkenen zur Rechenschaft zu ziehen.
Andere vermitteln, und nachdem die Betrunkenen ihren Rausch ausgeschlafen
haben, wird die Rache durch eine hohe Geldzahlung abgewendet. Der süße Wein
ist sauer geworden und unter den wieder nüchternen Bürgern erhebt sich der
krîmhilden not (629) angesichts ihrer Tat.

Das Märe ist von der interpretativen Forschung weitgehend ignoriert worden
und wurde oftmals lediglich wegen der Nennung des Auftraggebers bzw. Ge-
währsmannes *von Dewen bvrgrave herman* (32) und des Dichters diskutiert.[12]
Helmut de Boor sieht in *Der Wiener Meerfahrt* „eher eine Anekdote als eine
Geschichte",[13] mehr nicht. Es ist das Verdienst Leif Ludwig Albertsens, in einem
engagierten Aufsatz das Märe zum ersten Mal auch interpretativ ernst zu nehmen und als feinsinnig komponierten, hintersinnigen Text zu lesen.[14] Seine
Interpretation bildet auch hier die Grundlage, deren Hauptzüge kurz nachgezeichnet werden sollen:

Albertsen interpretiert zunächst zu Recht die Überlieferung des Märes als
Indiz für dessen besondere Wertschätzung.[15] Auch das Programm in Prolog und

---

12 Vgl. Theodor von Karajan: Zu der Wiener Meerfahrt, in: ZfdA 5 (1845), 243–45. Wilhelm Uhl
    und Edward Schröder, Der Freudenleere, in: ZfdA 42 (1869), 291–95. Edward Schröder, Zu
    der Wiener Meerfahrt, in: ZfdA 29 (1885), 354–57. Wendelin Toischer, Zu der Wiener
    Meerfahrt, in: ZfdA 30 (1886), 212–14. Anton Wallner, Drei Spielmannsnamen, in: PBB 33
    (1908), 540–46. Anton Wallner, Der Wiener meerfahrt, in: ZfdA 63 (1926), 185–90. Hanns
    Fischer, Studien zur deutschen Märendichtung. 2. Aufl. Tübingen 1983, 193f. Joachim
    Bumke, Mäzene im Mittelalter. Die Gönner und Auftraggeber der höfischen Literatur in
    Deutschland 1150–1300, München 1979, 27, 279, 323, Anm. 131. Über weite Strecken auch
    Knapp (wie Anm. 11), 61–70.
13 Helmut de Boor, Die deutsche Literatur im späten Mittelalter. Zerfall und Neubeginn. Erster
    Teil 1250–1350, München 1962, 269.
14 Vgl. Leif Ludwig Albertsen, Die Moralphilosophie in der Wiener Meerfahrt, in: ZfdA 98
    (1969), 64–80. Nach Albertsen widmet noch Knapp (wie Anm. 11) dem Märe einen auch
    interpretativen Aufsatz, der aber in erster Linie Albertsens Lesart – abgeschwächt – bestätigt,
    die Qualität des Märe jedoch nicht in seiner sozialkritischen Dimension (s. u.), sondern in
    seinem komischen Stil sieht (vgl. ebd., 70). In meinem Aufsatz *Michel dôz und sêre lachen:*
    Lärm als akustisches Rezeptionssignal in Mären des 13. Jahrhunderts, in: *der âventiuren*
    dôn, hrsg. von Ingrid Bennewitz und William Layher, Wiesbaden 2013, 139–62, hier 143–46,
    wird die Lärminszenierung im Märe zwischen den semantischen Polen Feier, Schlacht und
    Öffentlichkeit im intertextuellen Kontext erörtert.
15 Vgl. Albertsen (wie Anm. 14), 65 f.

Epilog spricht dafür, das Märe als mehr als einen bloß unterhaltsamen Schwank zu erachten: Schlüsselbegriffe des Prologs sind *vröude*, *êre* und *hovelicher mvt*, also zentrale höfische Werte, die im Rahmen einer *laudatio temporis acti* entfaltet werden;[16] die Erzählung aber präsentiert keineswegs ein positives Exempel aus alter Zeit, wie es zu erwarten wäre, sondern eine *vröude*, die durch maßlosen Alkoholgenuss erzeugt und höfisch disqualifiziert wird und keine *êre* zulässt.[17] Der Epilog schließlich setzt zunächst wieder *êre* dominant und warnt in diesem Zuge vor übermäßigem Alkoholgenuss; anschließend dazu empfiehlt er aber denjenigen, die Besitz höher achten als *êre*, wenigstens im Weintrinken ihre Freigebigkeit unter Beweis zu stellen – ein merkwürdiger Rückbezug auf die Erzählung, die in der Tat den finanziellen Verlust der Betrunkenen und des Wirtes betont. Albertsen kommt im Vergleich von Prolog, Erzählung und Epilog zu dem Schluss, dass *Der Wiener Meerfahrt* einen Abgesang darstellt auf die Ende des 13. Jahrhunderts bereits vergangene höfische Epoche und ihre Werte: „Am Anfang der Wiener Meerfahrt steht die unreflektierte *laudatio temporis acti*, am Ende weicht sie einem realistischen Pluralismus."[18]

Neben dieser von Albertsen herausgearbeiteten feudalkritischen Dimension[19] (auf die noch zurückzukommen sein wird) besitzt das Märe aber auch eine autopoietische Dimension, eben in der Verhandlung und Bewertung des Herbeierzählens von Gewalt, was nun dargestellt werden soll. Dafür ist es zunächst wichtig, den höfischen Charakter des Märes zu betonen: Zwar wird von Wien erzählt, doch ist der intendierte Wirkungsraum des Textes keineswegs der städtische Raum, sondern der adelige Hof. Wie bereits ausgeführt, bestimmen mit *vröude* und *êre* zwei zentrale höfische Aspekte den Prolog, der mit dem Burggrafen Hermann von Devin auch einen adeligen Gönner nennt – ein „Anzeichen dafür, [...] daß das Gedicht für den Vortrag in böhmischen Adelskreisen geschrieben wurde";[20] Wien bildet zwar den erzählten Raum, nicht aber den Erzählraum, denn der Erzähler blickt deutlich von einem anderen Standpunkt aus auf die Stadt;[21] und eingeführt wird Wien auch denkbar problematisch,

---

16 Vgl. V. 2, 15, 18, 20, 24, 26, vgl. Albertsen (wie Anm. 14), 67.
17 Vgl. Albertsen (wie Anm. 14), 67f.
18 Albertsen (wie Anm. 14), 67.
19 Fritz Peter Knapp kritisiert diese Deutung Albertsens als übertrieben, vgl. Knapp (wie Anm. 12), eine Kritik, die wiederum zu differenzieren ist (s.u.). Zu problematisieren ist darüber hinaus allerdings Albertsens Sichtweise des Märes als Abbild seiner Zeit, da die kritische Vorführung höfischer Werte auch topisch für die Märendichtung seit ihrer Begründung durch den Stricker ist, vgl. dazu etwa John Margetts, Die erzählende Kleindichtung des Strickers und ihre nichtfeudal orientierte Grundhaltung, in: Das Märe. Die mittelhochdeutsche Versnovelle des späteren Mittelalters, hrsg. von Karl-Heinz Schirmer, Darmstadt 1983, 316–43.
20 Fischer (wie Anm. 12), 194.
21 Vgl. Albertsen (wie Anm. 14), 69.

nämlich als Stadt, in der das Leben für Fremde überaus teuer ist, so dass man gleichsam ausgeraubt wird (55–65).

Grundsätzlich erzählt das Märe damit einem höfischen Publikum von Wiener Bürgern, die in doppelter Hinsicht höfisch-adelige Verhaltensweisen – verzerrt – imitieren: Zum einen sehen sich die Betrunkenen zunehmend als Kreuzfahrer, sie imitieren also verzerrt ritterliche Gewalt, zum anderen geschieht die gesamte Handlung im Rahmen einer als höfisch inszenierten Feier. Der Text legt großen Wert auf die Schilderung der höfischen Pracht und Verschwendung der Feier,[22] ein Aspekt, der durch den höfisch ausgerichteten Prolog als höfische *milte* positiv lesbar wäre, wenn die Ausführenden Ritter wären. Besonders deutlich wird diese ironische Replik auf höfische *milte* bei der Figur des *wirtes* (als Gastwirt oder aber als höfischer Gastgeber übersetzbar – das Märe nutzt die Unklarheit des Begriffs): Er freut sich zunächst über den hohen Weinverbrauch seiner Gäste (124), nur um später Wein zu spendieren und selbst mitzutrinken, ebenso wie sein Schreiber (216–27), der über den Weinverbrauch hätte Buch führen sollen.[23] Das Besäufnis (dem auch *wirt* und Schreiber unterliegen, vgl. 533–36) endigt schließlich in einer unfreiwilligen *milte* des *wirtes*: *noch was der win vmbezalt* (539).

Auch ist das Erzählen bei der Feier eine Imitation des höfischen Erzählens, das (gemäß der Topik der literarischen Darstellung) in der Situation der Feier erfolgt[24] – im Idealfall also auch die aktuelle Realität des realen Publikums des Märes bei dessen Vortrag bestimmt:

> *Einer sagete von dem mêr*
> *Vnd von sant Jacobes wege*
> *Vnd trvnken vaste zu pflege,*
> *Der von der prŷzzen vart.* (144–47)

> Einer erzählte vom Meer und vom Pilgerweg nach Santiago (und sie prosteten sich kräftig zu); der erzählte vom Heerzug gegen die Prußen.

Diese engste Verknüpfung von Feiern und Erzählen bis auf die Ebene des Satzbaus durchzieht die gesamte Geschichte.[25] Dadurch wird – so die Leitthese meines Beitrags – einem höfischen Publikum eine distanzierte Spiegelung an-

---

22 Vgl. etwa: *Die richen bvrgere / sazen zv einer stvnden / [...] zv einem wine der was gvt / [...] unde liezen vaste holen dar / in hovelicher wise / ir wol gemachet spise / mit wurzen vnd mit safran* (84–93, Übersetzung: Die reichen Bürger saßen einmal bei gutem Wein zusammen und ließen sich auf höfische Art und Weise viele hervorragend, mit Kräutern und Safran zubereitete Speisen kommen).

23 Vgl. Knapp (wie Anm. 11), 69.

24 Der literarische Topos vom (kollektiven) Erzählen bei der höfischen Feier hat sich idealtypisch im Prolog des Märes *Nonnenturnier* niedergeschlagen, vgl. *Der Turnei von dem Zers*, in: Novellistik des Mittelalters, hrsg. von Klaus Grubmüller, Berlin 2011, 944–77 (1–11).

25 Vgl. V. 202f., 208f., 238–44.

geboten: In der unbeholfenen Imitation höfischen Verhaltens durch die Wiener Bürger kann das reale höfische Publikum eigenes Verhalten in Distanz beobachten, verlachen und bewerten. Und das Verhalten, das anhand der betrunkenen Wiener beobachtbar wird, besteht darin, eine Gewaltgemeinschaft zu bilden.

Diese Gewaltgemeinschaft bildet sich im fließenden Übergang zwischen drei Stufen – erzählte Gewalt, virtuelle Gewalt und tatsächliche Gewalt – und ihr Inhalt changiert zwischen Pilgerfahrt, Kreuzzug und schließlich Bürgerkrieg. Am Beginn dieser rasanten Entwicklung einer Gewaltgemeinschaft steht der ganz unscheinbare Hinweis des Erzählers, dass jemand von einer Pilgerfahrt nach Santiago, ein anderer von einem Heereszug gegen die Prußen erzählt. Diese Rahmung zwischen Pilger- und Kreuzzug (ein Unterschied, der auch realhistorisch nur schwer zu ziehen ist) bestimmt die gesamte Erzählung.[26] Mit dem Aufruf eines Bürgers, einen tatsächlichen Pilger- bzw. Kreuzzug zu veranstalten, setzt eine Trennung ein zwischen Selbstwahrnehmung des Personals und der Beobachtungsmöglichkeit des Publikums: In der Selbstwahrnehmung rüsten die Wiener ein Schiff aus, stechen in See nach Akkon, geraten in einen Sturm und kommen am Morgen schließlich heil im Heiligen Land an; aus Publikumsperspektive freilich bleiben die Wiener stets in Wien, und ihre gesamte Reise wird als kollektive Imagination erkennbar, die der Wein verursacht. Der erzählte Raum wird somit zweigeteilt: Einerseits ist er nach wie vor Wien, andererseits wird daraus ein virtueller Raum – das Meer, bzw. später Jerusalem – der lediglich für die Betrunkenen im Rahmen ihrer kollektiven Erzählung real ist.

Zunächst ist also die Gewalt des Kreuzuges eine lediglich virtuelle Gewalt, die auf der gemeinsamen Imagination der Betrunkenen beruht und noch dazu stets in die Zukunft verlegt ist – niemand kämpft hier gegen die Heiden, auch in der Einbildung nicht. Auch die Gewaltgemeinschaft der Wiener ist virtueller Natur und besteht lediglich in dem eingebildeten Nachvollzug der kollektiven Erzählung „Kreuzzug".[27]

Doch parallel zu dieser virtuellen Gewalt bricht schließlich auch tatsächliche Gewalt aus: Wieder im praktischen Nachvollzug einer Erzählung – diesmal der

---

26 Vgl. Albertsen (wie Anm. 14), 73. Die fein auskomponierte Lärmsteigerung, die auch Albertsen bemerkt (vgl. ebd., 72), trägt bei zu der durchgehenden Doppeldeutigkeit des Märes, da Lärm in der Märendichtung topischerweise sowohl die Feier als auch die Schlacht indiziert, vgl. dazu ausführlich Wagner (wie Anm. 14).

27 Im Sprechen der Betrunkenen ist die Gewalt des Kreuzuges allerdings durchweg präsent: Der zur Fahrt Aufrufende will auf der Fahrt weder Gut noch Leben schonen (173f.), die anderen sprechen von *einer kreftigen schar* (einem gewaltigen Heer), mit der sie die Überfahrt wagen wollen (185), das Ziel ist das stets umkämpfte Akkon (195), das nur kurze Zeit nach der mutmaßlichen Entstehung des Märes von den Moslems eingenommen wird, einer anempfiehlt seinen Kameraden die Sorge für Frau und Kind für den Fall seines Todes (282–87).

biblischen Geschichte von Jona[28] – werfen die Kreuzfahrer einen sündigen Mitfahrer, der den Zorn Gottes in Form des furchtbaren Sturmes auf sie gelenkt habe, über Bord; tatsächlich freilich werfen sie lediglich einen schlafenden Betrunkenen aus ihrer Mitte auf die Straße. Doch spannenderweise legt das Märe nun großen Wert darauf, die tatsächlich erfolgte Gewalt dieser Tat zu inszenieren: Der Bürger bricht sich die Beine (414–20), schreit die Nacht hindurch lauthals (445–54) und ist schließlich am Morgen halb tot (480–93). Virtuelle Gewalt und tatsächliche Gewalt überlagern sich im verletzten Betrunkenen, und die virtuelle Gewaltgemeinschaft wird tendenziell zu einer tatsächlichen.

Dies bestätigt sich im Ausgang der Erzählung: Der auf die Straße geworfene Bürger ist dem Tode nahe und die herbeikommenden nüchternen Bürger erkennen ihn als einen der bedeutendsten Einwohner Wiens (543–54). In einer verhältnismäßig umfangreichen Passage schildert der Erzähler, wie die Freunde des Verletzten beinahe mit Waffen gegen die Betrunkenen vorgehen und diese beinahe ihr imaginiertes Gewaltpotenzial dagegen setzen:

> *Do die vrevnde do gesan*
> *Daz der schade was getan*
> *An dem manne riche,*
> *Sie liefen zornikliche*
> *Mit ein ander allê hin.*
> *Vbelich was ihr begîn*
> *Si wolden ienê erslan*
> *Die daz heten getan.*
> *Si sprachen zornîclichen gar:*
> *,Ir habt vnsern vrvnt verwar*
> *Verterbet vrevenliche.*
> *Der was nehten riche,*
> *Dem ist der lip zebrochen.*
> *Iz wird an evch gerochen*
> *Daz ir die grozen kvndikeit*
> *An disen man habt geleit.'*
> *Die herren sprachen sazehant:*
> *,Die mere sint vns vnbekant.*
> *Wir haben rehte gevarn.*
> *Got sol vns dester baz bewârn*
> *An des dienste vare wîr.*
> *Beswert ir vns an ihte hîe,*
> *Des welle wir vns mît rehte wern.'* [...]

---

28 Vgl. Knapp (wie Anm. 11), 68. Knapp führt auch aus, dass das Motiv wahrscheinlich indirekt über den spätantiken Apollonius-Roman rezipiert wird, was jedoch für die autopoietische Interpretation irrelevant ist: In jedem Fall setzen die Betrunkenen – für das Publikum deutlich erkennbar – eine Erzählung unmittelbar in Handlung um.

Nv hvb sich aber ein grozer haz
Von den vrevnden vmbe daz
Vnd ein zv dringen
Vnd ein swert klingen
Vnd ein boeser stvrm wînt,
Wan daz die besten alle sînt
Vaste dar zv traten,
Vlehten vnde baten
Vnd siz brahten ze tagê
Allez nach ir beider klage. (555–600)

Nachdem die Freunde des reichen Mannes gesehen hatten, dass ihm übel mitgespielt worden war, liefen sie alle zusammen zornerfüllt dort hin. Sie hatten Übles vor: Sie wollten die erschlagen, die es getan hatten. Sie sagten äußerst zornig: ‚Ihr habt wahrlich unseren Freund mutwillig zugrunde gerichtet. Derjenige, der gestern Nacht noch völlig gesund war, hat sich nun alle Glieder gebrochen. Es soll an Euch gerächt werden, dass ihr Eure Verschlagenheit gegen diesen Mann gerichtet habt.‘ Die Herren antworteten sofort: ‚Davon wissen wir nichts. Wir sind richtig gefahren. Deswegen wird uns Gott, in dessen Dienst wir unterwegs sind, umso besser bewahren. Wenn Ihr uns in irgendeiner Weise hier angreift, werden wir uns zu Recht dagegen zur Wehr setzen.‘ […] Nun erhob sich deswegen wieder ein großer Streit von Seiten der Freunde und ein Angreifen und ein Schwerterklingen und ein übler Sturmwind – allerdings traten dann alle Vornehmen schnell dazwischen, baten und vermittelten und brachten es schließlich dahin, dass alle in einen Gerichtstag einwilligten, an dem beide Seiten gehört werden sollten.

Die Betrunkenen berufen sich auf Gott und rechtfertigen damit ihren Weg, den sie durch die Ankläger gestört sehen und mit Gewalt fortsetzen möchten; sie folgen damit konsequent der Kreuzzugslogik, die sie gemeinsam imaginieren – und die aus ihnen eine Gewaltgemeinschaft formt, die ihre bisherigen sozialen Zugehörigkeiten radikal überformt. Der Erzähler führt das reale Klingen der Schwerter eng mit dem Bild des Sturmwindes, er weist damit eindrücklich auf die Überlagerung von Imagination und Realität hin. Das Herbeierzählen von Gewalt ist am Ende der Erzählung fast umfassend vollzogen, beinahe bricht unter den Wiener Bürgern ein Krieg aus, der nur mit großer Mühe von einigen Bedächtigen abgewendet werden kann.

Umso ironischer und für ein höfisches Publikum amüsanter ist es, dass der Erzähler das Erschrecken der wieder Ausgenüchterten über die eigenen Taten kommentiert mit den Worten: *Do hvb sich krîmhilden not* (629). Erst jetzt, nachdem die unmittelbare Gefahr einer kriegerischen Auseinandersetzung abgewendet ist und es schlimmstenfalls um das Geld der Bürger geht, erfolgt der Vergleich mit dem blutrünstigsten Ausgang mittelalterlicher Erzählkunst.[29]

---

29 Albertsen (wie Anm. 14), 77, interpretiert diese Stelle etwas stark: „Die ganze ethische Armut der bürgerlichen Existenz und des bürgerlichen Zeitalters kommt in diesem grotesken Vergleich mit dem *Nibelungenlied* zum Ausdruck." Wie Knapp (wie Anm. 11), 69, zu

Nicht nur dieser Vergleich macht das Märe zu einem lustigen Text: An zahlreichen Stellen meldet sich der Erzähler kommentierend zu Wort und ironisiert das Geschehen.[30]

Unzweifelhaft bedient der Text die Lust seiner Zuhörer an erzählter Gewalt (vor allem durch die immer wieder und sehr kunstvoll betonte Ursächlichkeit des übermäßigen Weinkonsums), doch er tut dies indirekt in der Form eines Verlachenens von ungewöhnlicher Gewaltausübung. Ungewöhnlich ist diese Gewaltausübung (aus adeliger Sicht) sicherlich schon wegen ihres Settings im Bereich der städtischen Bürgerschaft, deren Fixierung auf Geldwirtschaft im starken Gegensatz zu einer höfischen Lebensausrichtung steht. Doch ungewöhnlich im literarisch-topischen Sinn sind auch die inneren Kriterien dieser Gewaltausübung: Sie erfolgt kollektiv-wahnhaft, obwohl sie sich über Gott legitimiert und die Städter im Erzählmuster Kreuzzug eigentlich alles richtig machen. Sie ist beliebig in der Wahl des Gegners: Einer der ersten Gesprächsbeiträge der Feiernden ist die Bemerkung, dass über Adam alle miteinander verwandt seien, so wie Akkon und Prag (134–36); nur wenige Verse später wird aus diesem „Toleranzgedanken" der Aufruf zum Kreuzzug nach Akkon. Später wendet sich die Gewalt gegen die eigene Gewaltgemeinschaft und am Ende gegen den eigenen Sozialraum.[31] Schließlich erfolgt die Gewalt auch uneindeutig und mehrschichtig: Mit derselben Tat wird auf der einen Seite ein biblisch legitimiertes Handlungsmuster nachvollzogen und ein Sünder über Bord geworfen, auf der anderen Seite wird aber ein einflussreicher Bürger fast getötet.

Diese ungewöhnliche, groteske Gewaltausübung erzeugt sicherlich das Lachen eines höfischen Publikums – doch ein solches kollektives Lachen, eine solche Lachgemeinschaft[32] gewinnt ihre Identität lediglich aufgrund ihrer äußeren Form, nicht aber notwendigerweise aufgrund ihrer Ausrichtung: Worüber jeder Einzelne genau lacht, wovon er sich damit distanziert, ist dem Lachen selbst nicht ablesbar.[33] Das Märe bietet in dieser Hinsicht zwei grundsätzlich

---

Recht kritisiert, hält sich die Kritik des Märes an den Wiener Bürgern in Grenzen: „Man hätte den Angehörigen der Wiener Oberschicht Schlimmeres als einen offenbar einmaligen exzessiven Heurigenabend vorwerfen können." Wie noch zu zeigen sein wird, zielt die Kritik des Märes eher auf adelig-höfische Verhaltensweisen, die Komik jedoch entfaltet sich freilich an den Wiener Bürgern.

30 Vgl. etwa V. 187–192; 204–210; 220–223; 230–233; 282–287; 301–306; 422–425; 532–534; 642–645.

31 Damit unterläuft das Märe auch letztendlich eine Täter-Opfer-Differenzierung.

32 Vgl. zum Begriff: Lachgemeinschaften. Kulturelle Inszenierungen und soziale Wirkungen von Gelächter im Mittelalter und in der Frühen Neuzeit, hrsg. von Werner Röcke und Hans Rudolf Velten, Berlin u. a. 2005.

33 Dadurch kann kollektives Lachen auch als Kontingenzmoderator fungieren, also als Möglichkeit, Unsicherheit (hier: Wer hat welche Meinung?), die zu Handlungsunfähigkeit führen kann, in konkrete Handlung zu überführen. Dadurch werden etwaige Probleme (etwa diametral unterschiedliche Haltungen innerhalb einer Gruppe) nicht gelöst, aber zeitweise

unterschiedliche Möglichkeiten des Lachens an, analog zu der widersprüchlichen Vorstellung Wiens im Prolog und der ebenso widersprüchlichen Moralisatio im Epilog, die zuvor in Erinnerung gerufen werden müssen:

Im *prologus ante rem*, der der oben skizzierten *laudatio temporis acti* des *prologus praeter rem* folgt, nimmt der Erzähler zwei Anläufe, um Wien vorzustellen: Der erste Anlauf (51–65) zeichnet Wien als Stadt, in deren Bad Fremde buchstäblich bis auf die Haut ausgezogen und ausgenommen werden; nach der Überleitung *Daz gevellet mîr niht wol, / die stat ich anders loben sol* (65 f.) stellt der Erzähler Wien als Stadt höfischer Unterhaltung vor, die dem zahlungskräftigen Gast *ros vnde phert. / Grozer kvrtzewile vil / Sagen singen seiten spil* (68–70) bietet (66–81). Der Epilog schließlich entfaltet eingangs die Dialektik des Weingenusses, der sowohl Freude geben als auch – bei Unmäßigkeit – Ehre und Gut schaden kann (652–60). Der Erzähler malt anschließend zunächst das Schadenspotenzial des Weines bei unmäßigem Genuss umfassend aus (661–81), empfiehlt dann aber gerade dem Geizigen Weingenuss, damit er *dvrch groze trvnkenheît / eine kleine miltikeit / Vnder wilen doch beget* (690–92). Wer gänzlich auf Gut ausgerichtet ist, dem sei freilich auch durch Wein nicht mehr zu helfen (693–701).

Vor diesem Hintergrund der sowohl positiven als auch negativen Schilderung Wiens bietet das Märe nun seine zwei unterschiedlichen Möglichkeiten des Lachens: Ein naives Lachen richtet sich schlicht gegen die Wiener Bürger. Anlass hierzu gibt der erste Teil der Vorstellung Wiens als Stadt, die Fremde ausbeutet, und auch die erste Moralisatio des Epilogs, die das Verhalten der Bürger über die höfische Tugend der *mâze* kritisiert. Ein reflexives Lachen richtet sich aber gegen die in der Handlung dekonstruierten, höfischen Verhaltensweisen der *milte*, der *vröude* und der *êre*, enggeführt im Erzählmuster Kreuzzug. Anlass für dieses Verlachen der eigenen Kultur – der eigenen Gewaltgemeinschaften – gibt der zweite Teil der Vorstellung Wiens als Stadt mit dezidiert höfischen Werten und einer höfischen Feierkultur, die aber geradewegs zu *unmâze*, autogener Gewalt und religiösem Wahn führt; Anlass gibt daneben auch die zweite Moralisatio des Epilogs, die das Weinbesäufnis gerade empfiehlt, da es ein Mittel sei, Geizige zu *milte* zu bewegen – und damit nicht nur *milte* und *unmâze* eng führt, sondern auch rückwirkend den (unfreiwilligen!) Geldverlust des Wirtes und der betrunkenen Gewalttäter ironisch als höfische *milte* lesbar macht. Freilich sind auch beim reflexiven Lachen die Bürger die figurale Manifestation des Lächer-

---

umgangen. Zum Kontingenzmoderator Lachen ausführlich vgl. Silvan Wagner, Gottesbilder in höfischen Mären des Hochmittelalters. Höfische Paradoxie und religiöse Kontingenzbewältigung durch die Grammatik des christlichen Glaubens, Frankfurt a.M. u. a. 2009, 428–31.

lichen, doch fungieren sie hier als Katalysator, durch den hindurch die höfische Kultur mit ihren Werten vorgeführt wird und verlacht werden kann.[34]

Die Lachgemeinschaft des höfischen Publikums ist also ähnlich uneindeutig wie die Gewaltgemeinschaft der Bürger, ähnlich paradox sowohl gegen Außen als auch gegen Innen gerichtet, ein weiterer Aspekt der komplexen Spiegelung im Märe. Im Unterschied zu Albertsens sozialkritischer Lesart – das Märe als Rückblick auf die überholte höfische Kultur – bleibt am Ende kein „realistischer Pluralismus," sondern die Dialektik eines mehrdeutigen Lachens, das sowohl feudal-affirmativ die Unbeholfenheit der bürgerlichen Nachahmungsversuche verlachen kann, als auch feudalkritisch die höfischen Werte selbst und die Bildung von Gewaltgemeinschaften im Kreuzzugsparadigma.[35]

Um abschließend auf die eingangs angesprochene Debatte um den Zusammenhang von fiktionaler und tatsächlicher Gewalt zurückzukommen: Beiden Lesarten der *Wiener Meerfahrt* gemeinsam ist, dass der schlichte Nachvollzug von Erzähltem – und gerade von erzählter Gewalt – verlacht wird. Das Märe schildert eine höfische Vortragssituation, bei der das kollektiv Erzählte unmittelbar in Handlung umgesetzt wird und umgehend zu einem höfisch und religiös höchst fragwürdigen Geschehen führt. Die Diskrepanz zwischen Erzählung bzw. kollektivem Wahn und tatsächlichem Geschehen bestimmt den gesamten Text. Der kollektive Genuss an erzählter Gewalt schafft in *Der Wiener Meerfahrt* eben nicht die angestrebte Gewaltgemeinschaft, und der praktische Nachvollzug des Erzählten wird als absurd und lächerlich dargestellt. Gerade die höfische Gesellschaft des Mittelalters, die Gewaltausübung zu ihren legitimen Handlungsformen zählt, propagiert den Kurzschluss zwischen literarischer Rezeption und konkreter Ausübung von Gewalt eben nicht. Die höfische Literatur des Mittelalters scheint hier – ganz ohne eine ausdifferenzierte Reflexionsinstanz – weitaus differenzierter mit dem Hiat zwischen fiktionaler und tatsächlicher Gewalt umzugehen als es häufig im gegenwärtigen Killerspiel-Diskurs der Fall ist.

---

34 Diese Funktionalisierung von Bürgern als „Katalysator" ist für die Märendichtung des 13. Jahrhunderts nicht ungewöhnlich: Auch in Konrads von Würzburg *Heinrich von Kempten* fungieren die anonymen Bürger, die Kaiser Otto töten wollen, als Zerrspiegel adeliger Verhaltensweisen, indem sie letztendlich den Angriff Heinrichs auf Otto aus dem ersten Handlungsteil wiederholen und Heinrich so die Möglichkeit geben, gleichsam gegen den eigenen Angriff auf Otto vorzugehen. Durch sie hindurch kann adeliges Verhalten (hier: Auflehnung der Fürsten gegen die Zentralmacht) distanziert beobachtet, problematisiert und bekämpft werden, ohne dabei tatsächlich adeliges Verhalten zu relativieren. Ähnlich wie das kollektive Lachen fungieren auch die Bürger als Kontingenzmoderatoren, vgl. dazu ausführlich Wagner (wie Anm. 33), 125–54; 431 f.

35 Damit hat Knapp (wie Anm. 11), 67–69, nur zum Teil recht, wenn er Albertsens Lesart als übertrieben ablehnt: Die Vorführung der zentralen höfischen Werte als dysfunktional ist zu gezielt und intensiv, um einen letztendlich recht belanglosen Schwank zu rechtfertigen, der lediglich gut erzählt ist.

Christoph Schanze (Gießen)

Kampfzorn, Gewalteskalationen und Gemeinschaftshandeln im *Eneas* Heinrichs von Veldeke

Abstract. In Heinrich von Veldeke's *Eneas*, various battle-alliances on the part of the Trojans are described which consist of two collaborating fighters and which altogether result in tragic failure. What is striking about these alliances is that there is a connection between the act of being emotionally involved on the part of the fighters, which manifests itself in ‚Kampfzorn' (‚fighting anger'), and the downwelling interlinkage of violent acts on both parts which are initiated by the fighter's wrath. This essay deals with the question how the causal link between ‚fighting anger' and violent acting is constituted in the text. What role do the various factors that function to establish a community between the fighters play with regard to the violent acts of the heroes, which are likewise fueled by wrath? Are these attributes and the character-painting coherent, and how does this coherence result in different interpretations? In comparison with Vergil's *Aeneis* and the *Roman d'Eneas*, it becomes obvious that Veldeke systematically drives these relations toward a climax.

1.   Antike Kriegerhelden in mittelalterlichem Gewand

Die beiden mittelalterlichen Fassungen des antiken Mythos vom römischen Stammvater Aeneas – die altfranzösische Bearbeitung von Vergils *Aeneis* im anonym überlieferten *Roman d'Eneas* (kurz nach 1160) und Heinrichs von Veldeke mittelhochdeutsche Übertragung der altfranzösischen Vorlage (um 1180) – erzählen in epischer Breite vom ‚Krieg' um die Vorherrschaft in Latium bzw. *Italjen* (59 u. ö.)[1] zwischen dem trojanischen Flüchtling Eneas[2] und dem

---

1 Wenn nicht anders angegeben, stammen die Zitate im Folgenden aus Heinrichs von Veldeke *Eneas.* Zitierte Ausgabe: Heinrich von Veldeke, Eneasroman. Mittelhochdeutsch/Neuhochdeutsch. Nach dem Text von Ludwig Ettmüller ins Neuhochdeutsche übersetzt, mit einem Stellenkommentar und einem Nachwort von Dieter Kartschoke. Durchgesehene und bibliographisch ergänzte Ausgabe (RUB 8303), Stuttgart 1997. Die Übersetzungen folgen, wenn nicht anders angegeben, dieser Ausgabe. Benutzt wird auch der Kommentar von Hans Fromm: Heinrich von Veldeke, Eneasroman. Die Berliner Bilderhandschrift mit Übersetzung und Kommentar, hrsg. von Hans Fromm, mit den Miniaturen der Handschrift und einem

einheimischen Fürsten Turnus.[3] Letzterem hat der latinische Herrscher, König Latinus, noch vor Eneas' Landung die Hand seiner Tochter Lavinia und damit die Herrschaftsnachfolge zugesagt, dem Willen seiner zänkischen Frau Folge leistend,[4] aber im Wissen, dass die Götter Eneas bereits zu seinem Nachfolger bestimmt haben.[5] Der umfassende Ausbau der Lavinia-Episode,[6] die Aufwertung der Lavinia-Figur insgesamt und die damit einhergehende Umgestaltung des ‚Helden' Eneas vom antiken Krieger-Heros zum mittelalterlich-höfischen Minne-Ritter[7] gehen hauptsächlich auf das Konto des *Roman d'Eneas* und stellen einen wichtigen, wenn nicht den wichtigsten Unterschied zwischen den mittelalterlichen *Eneas*-Romanen und ihrer antiken Vorlage dar.[8]

Aufsatz von Dorothea und Peter Diemer (Bibliothek des Mittelalters 4 / Bibliothek deutscher Klassiker 77), Frankfurt a. M. 1992.

2 Ich wähle im Folgenden die Namensform der mittelalterlichen Romane.

3 Bei Vergil ist Turnus wie in der sonstigen römisch-antiken Tradition der Sohn des Rutuler-Königs Daunus (X,688); Veldeke bezeichnet ihn als *herzogen* (4201), behält aber die tradierte Abstammung bei (7737–39). Im *Roman d'Eneas* wird Turnus *prince* (3235) und *marchis* (3236; „Markgraf") genannt. Zitierte Ausgaben: Vergil, Aeneis. Lateinisch-deutsch. In Zusammenarbeit mit Maria Götte hrsg. und übersetzt von Johannes Götte. Mit einem Nachwort von Bernhard Kytzler. 8. Aufl., München/Zürich 1994; Le Roman d'Eneas, übersetzt und eingeleitet von Monica Schöler-Beinhauer (Klassische Texte des romanischen Mittelalters in zweisprachigen Ausgaben 9), München 1972.

4 Das erfährt man aus dem Streitgespräch zwischen Latinus und der Königin (4257–333, v. a. 4300–13), die bei Vergil den Namen Amata trägt, bei Veldeke und im *Roman d'Eneas* dagegen namenlos bleibt.

5 Das äußert Latinus explizit in seiner Begrüßungsrede gegenüber Eneas' Boten (3942–4008): *mîn tohter wil ich ime geben / ze minnen und ze wîbe / [...] wande es is mir geboten / und gewîssaget von den goten* (3954–60), und ähnlich im Streitgespräch mit seiner Gattin (4307 f. und 4314 f.).

6 Vgl. dazu Elisabeth Lienert, Deutsche Antikenromane des Mittelalters (Grundlagen der Germanistik 39), Berlin 2001, 73. Die Schilderung der Kriegsvorbereitungen, des eigentlichen Krieges und der Laviniahandlung umfasst etwa drei Viertel der mittelalterlichen Romane. Die *Aeneis* ist dagegen zweigeteilt: Die ersten sechs Bücher erzählen die Vorgeschichte, die Bücher sieben bis zwölf behandeln die Ereignisse in Latium; Lavinia spielt dabei nur eine marginale Rolle.

7 Lienert (wie Anm. 6), 84, spricht – hier mit Bezug auf Turnus – von dem „neue[n] höfische[n] Gedanke[n], daß Liebe zum Kampf motiviere, Kampf als Liebesbeweis anzusehen sei." Zur Umgestaltung der Eneas-Figur grundlegend Ingrid Kasten, Herrschaft und Liebe. Zur Rolle und Darstellung des ‚Helden' im *Roman d'Eneas* und in Veldekes *Eneasroman*, in: DVjs 62 (1988), 227–45, hier 228 f., die allerdings einschränkend anmerkt, dass Eneas weniger als Prototyp des idealen Ritters erscheine (so die Meinung der älteren Forschung), sondern eher nach dem Vorbild des mittelalterlichen Herrscherbildes gestaltet sei. Zum Heldenbild in den *Eneas*-Romanen vgl. auch Andreas Kraß, Die Mitleidfähigkeit des Helden. Zum Motiv der *compassio* im höfischen Roman des 12. Jahrhunderts (*Eneit. Erec. Iwein*), in: Wolfram-Studien 16 (2000), 282–304, v. a. 287–91; William C. McDonald, Turnus in Veldeke's *Eneide:* The effects of violence, in: Violence in medieval courtly literature. A casebook, hrsg. von Albrecht Classen, New York 2004, 83–95.

8 Zum Vorgang der ‚Mediaevalisierung', d. h. der durchgängigen Anpassung des Erzählten an

Die Schilderung des Krieges zerfällt nicht nur in den mittelalterlichen Fassungen in eine Reihe episodenhaft erzählter Kampfhandlungen. Die Art und Weise der Darstellung bei Veldeke (und auch in der altfranzösischen Vorlage) ist dabei prototypisch für die Kriegsdarstellung im mittelalterlichen Antikenroman. Dort erscheint Krieg als

> heldisch-ritterlicher Einzelkampf und Massenschlacht – als offene Feldschlacht oder als Belagerung von Städten, die vielfach zur Materialschlacht wird mit Rammböcken und griechischem Feuer. [...] Krieg ist ruhmreiche Einzeltat prachtvoll ausgestatteter Ritter, aber auch Gemetzel, das aufgeladen ist mit niedrigen Affekten: Furcht, Wut, Rachgier, aber auch verklärt durch höhere Regungen: Tapferkeit, Loyalität, Freundschaft.[9]

In den Kampfepisoden der *Eneas*-Romane stehen die Kämpfe zwischen einzelnen herausragenden Helden oder kleineren Gruppen im Vordergrund. Dadurch ist das Schlachtgeschehen „personalisiert";[10] Massenschlachten zwischen den feindlichen Heeren kommen zwar vor, spielen aber keine zentrale Rolle. Bei der literarischen Darstellung des Krieges, auch der Massenschlachten, dominiert die Nahsicht auf die Kampfhandlungen aus einer relativ neutralen Außenperspektive.[11]

Maßlose Gewalt und ungezügelte, kaum kontrollierte Affekte sind seit Homer und dessen Darstellung der Gewaltorgie des Achill als Reaktion auf die Tötung seines Freundes Patroklos durch Hektor in der *Ilias* typisch für das landläufige Bild eines Kriegerhelden.[12] Trauer und Leid verwandeln sich hier rasch in Wut und Zorn, der dann zum Auslöser für affektgesteuerte Handlungen wird. Das

---

mittelalterliche Gegebenheiten, vgl. Lienert (wie Anm. 6), 9–13 und 17 (allgemein), zum *Eneas* 72–76 und 78.

9 Elisabeth Lienert, Zwischen Detailverliebtheit und Distanzierung. Zur Wahrnehmung des Krieges in den deutschen Antikenromanen des Mittelalters, in: Die Wahrnehmung und Darstellung von Kriegen im Mittelalter und in der Frühen Neuzeit, hrsg. von Horst Brunner (Imagines Medii Aevi 6), Wiesbaden 2000, 31–48, hier 38 f.

10 Lienert (wie Anm. 6), 87.

11 In dieser Art der Detailsicht ist Veldekes *Eneas* Vorbild für die Darstellungsweise späterer Antikenromane, aber auch anderer höfischer Romane. Vgl. dazu z. B. Lienert (wie Anm. 9), 37.

12 Vgl. dazu mit Blick auf die Rezeption im mittelalterlichen Heldenbild Klaus Grubmüller, Historische Semantik und Diskursgeschichte: *zorn, nît* und *haz*, in: Codierungen von Emotionen im Mittelalter / Emotions and Sensibilities in the Middle Ages, hrsg. von C. Stephen Jaeger und Ingrid Kasten (TMP 1), Berlin/New York 2003, 47–69, hier 51; Klaus Ridder, Kampfzorn. Affektivität und Gewalt in mittelalterlicher Epik, in: Wahrnehmen und Handeln. Perspektiven einer Literaturanthropologie, hrsg. von Wolfgang Braungart u. a., Bielefeld 2004, 41–55, hier 41 f. Auf spezifische Unterschiede zwischen den antiken und mittelalterlichen Integration des Zorns in das Heldenbild verweist Victor Millet, Zornige Helden?, in: 11. Pöchlarner Heldenliedgespräch. Mittelalterliche Heldenepik – Literatur der Leidenschaften, hrsg. von Johannes Keller und Florian Kragl, Wien 2011, 137–47, hier 137–39.

„Verhaltensmodell ‚Zorn und Gewaltrausch‘"[13] prägt das archaische Helden-
ideal, ist aber, trotz notwendiger historischer Differenzierung, auch für das
mittelalterliche Heldenbild bestimmend. Das gilt nicht nur für die Heldenepik,[14]
sondern auch für den Antiken-[15] und in Ansätzen auch den Artusroman,[16] wobei
dieser ‚Kampfzorn' des Helden nicht an bestimmte literarische Gattungen gebunden ist.[17] Vielmehr erscheint Zorn grundsätzlich als maßgeblicher „Habitus
des Helden in Kampf und Krieg".[18] Er befeuert einerseits als *furor* (wütende
Raserei) oder *iracundia* (Zornausbruch) sein Kampfhandeln und stachelt ihn zu
Gewalthandlungen an, andererseits wird er als *ira* (Zorn, Wut) oder auch *odium*
(Hass) zum A u s l ö s e r für zorniges Gewalthandeln. Dabei bezieht sich der
mittelhochdeutsche Begriff *zorn* oft nicht auf „eine Gemütserregung [...],
sondern [auf] eine Reaktion auf Umstände oder Worte, welche zwar als *zorn*
bezeichnet wird, die aber mit unserem modernen Verständnis von Zorn wenig

---

13 Ridder (wie Anm. 12), 42.
14 Klaus Ridder, Emotion und Reflexion in der erzählenden Literatur des Mittelalters, in:
    Codierungen von Emotionen (wie Anm. 12), 203–21, hier 211: „In der Heldenepik begegnet
    als Leitemotion des von Krieg und Kampf erfüllten, herausgehobenen Menschen der an-
    fallsartig auftretende Zorn." Zum Zorn des Helden im *Nibelungenlied* vgl. Jan-Dirk Müller,
    Spielregeln für den Untergang. Die Welt des *Nibelungenliedes*, Tübingen 1998, v. a. 203–08;
    Irmgard Gephart, Der Zorn der Nibelungen. Rivalität und Rache im *Nibelungenlied*, Köln
    u. a. 2005; dies., Zorn, Blut und Rache. Emotionen im *Nibelungenlied*, in: Die Nibelungen –
    Mythos, Kitsch, Kult, hrsg. von Peter Glasner und Albert Kümmel-Schnur, Königswinter
    2008; dies., Der Zorn der Heroen. Heldenepische Formen der Wut im *Nibelungenlied*, in:
    Das Mittelalter 14/1 (2009), 41–49. Grubmüller (wie Anm. 12), 53, ist also nicht uneinge-
    schränkt zuzustimmen, wenn er behauptet, im *Nibelungenlied* würde „überhaupt nicht
    zornmütig gekämpft." Auf einen wichtigen Umstand, nämlich den, dass in der deutschen
    Heldenepik keine grund-zornigen Helden begegnen, sondern Zorn immer punktuell mo-
    tiviert auftritt, verweist Millet (wie Anm. 12), 139–41.
15 Das ist mit Blick auf die Stoffübernahme nicht weiter überraschend; allerdings verweist
    Lienert (wie Anm. 9), 33, darauf, dass sowohl das Heldenbild als auch die Kriegsdarstellung
    im Antikenroman heldenepischen Mustern folgt. Daher ist mit Gattungsinterferenzen zu
    rechnen.
16 Vgl. z. B. Walter Haug, Parzivals *zwîvel* und Willehalms *zorn*. Zu Wolframs Wende vom
    höfischen Roman zur Chanson de geste, in: Ders., Strukturen als Schlüssel zur Welt. Kleine
    Schriften zur Erzählliteratur des Mittelalters, Tübingen 1989, 529–40; Ridder (wie Anm. 12),
    47–49 (zu Wolframs *Parzival*); Grubmüller (wie Anm. 12), 56–58; vgl. auch den Beitrag von
    Titus Knäpper im vorliegenden Band. – Das skizzierte ‚alte' Heldenbild wird allerdings
    gewissermaßen höfisch überformt, weil es quer zur eigentlich geforderten höfischen *zuht*
    steht. Deutlich greifbar ist diese Überkreuzung in Willehalms Verhalten in Munleun.
17 Vgl. Grubmüller (wie Anm. 12), 53 f.: „Nicht die Gattungen bestimmen also die Rede vom
    zornigen Helden, sondern Redetraditionen (Diskurse), die an Situations- und Verhaltens-
    typen gebunden sind" (54). Vgl. auch den Forschungsüberblick bei Thorsten W. D. Martini,
    Facetten literarischer Zorndarstellungen. Analysen ausgewählter Texte der mittelalterlichen
    Epik des 12. und 13. Jahrhunderts unter Berücksichtigung der Gattungsfrage, Heidelberg
    2009, 63–86.
18 Ridder (wie Anm. 12), 46.

zu tun hat" und wohl besser „mit nhd. ‚Wut' wiederzugeben"[19] wäre. Insgesamt ist das Bedeutungsspektrum von *zorn* wesentlich breiter als das seines neu- hochdeutschen Pendants:[20] *zorn* bezeichnet einerseits die Emotion als solche, einen „plötzlich entstandene[n] unwille[n], heftigkeit, zorn, wut",[21] Hass, Ärger oder Empörung, und entspricht darin dem neuhochdeutschen ‚Zorn'.[22] Es kann aber auch das benennen, „worüber man aufgebracht ist", oder es steht für „beleidigung, heftige[n] wortwechsel, zank, streit"[23] und damit für Feindselig- keiten allgemein, mithin für den Grund oder die Folge der emotional-affektiven Überwältigung, also auch für Aktionen, die mit der Emotion bzw. dem Affekt in welcher Form auch immer einhergehen. So kann *zorn* ganz allgemein eine Ge- walthandlung beschreiben. Dabei ist aber stets zu bedenken, dass Emotionen in den mittelalterlichen Kulturen und ihren (literarischen) Repräsentationen we- niger ‚individualisiert' erscheinen als in ‚modernen', sondern oftmals rituali- sierte und inszenierte Handlungsweisen darstellen, die eine (rechtliche) Haltung demonstrieren und nicht primär eine innere Überwältigung.[24]

Ähnlich signifikant wie die Funktion von ‚Zorn' als zentralem Element des mittelalterlichen (literarischen) Heldenbildes ist die kausale Verbindung zwi- schen der zornigen Verfasstheit des Helden im Kampf und einer kaskadenarti- gen, stufenweise zunehmenden und sich gegenseitig aufschaukelnden Verket-

---

19 Millet (wie Anm. 12), Zitate 141 und 143.
20 Vgl. dazu Grubmüller (wie Anm. 12) sowie Bele Freudenberg, *Furor, zorn, irance.* Interdisziplinäre Sichtweisen auf mittelalterliche Emotionen. Einführung, in: Das Mittelalter 14/1
   (2009), 3–6, hier 3 f. Zum Bedeutungsspektrum von *zorn* im klassischen Minnesang vgl.
   Hendrikje Lehmann, *liep âne zorn mac niht sîn?* Vom Liebeszorn und Racheglück im
   Minnesang, in: Rache, Zorn, Neid. Zur Faszination negativer Emotionen in der Kultur und
   Literatur des Mittelalters, hrsg. von Martin Baisch u. a. (Aventiuren 8), Göttingen 2014,
   171–84, v. a. 174f.
21 Lexer, Bd. III, 1151.
22 Das Grimm'sche Wörterbuch (hier Bd. 32, Sp. 92) definiert Zorn als „die gemüthserregung
   der unlust, welche eine besondere richtung gegen den anlasz oder den veranlasser der unlust
   hat, sich in unwillkürlichen worten und handlungen kräftig äuszert, von einem lebhaften
   spiel des gesichts und des körpers begleitet ist und in der regel rasch entsteht und verläuft
   […]. die im mhd. noch häufige bedeutung ‚kampf' […] fehlt im nhd."
23 Beide Zitate Lexer, Bd. III, 1151. Vgl. auch BMZ, Bd. III, 905f.
24 Vgl. dazu grundlegend Gerd Althoff, Der König weint. Rituelle Tränen in öffentlicher
   Kommunikation, in: ‚Aufführung' und ‚Schrift' in Mittelalter und Früher Neuzeit, hrsg. von
   Jan-Dirk Müller (Germanistische Symposien 17), Stuttgart/Weimar 1996, 239–52; ders.,
   Empörung, Tränen, Zerknirschung. ‚Emotionen' in der öffentlichen Kommunikation des
   Mittelalters, in: Frühmittelalterliche Studien 30 (1996), 60–79; mit besonderem Fokus auf
   Zorn und Wut ders., Aufgeführte Gefühle. Die Rolle der Emotionen in den öffentlichen
   Ritualen des Mittelalters, in: Passions in Context. Journal of the History and Philosophy of
   the Emotions 1 (2010), online unter der URL: http://www.passionsincontext.de/uploads/
   media/03_Althoffpdf.pdf [24.04.2014]. Polemisch und nicht immer ganz stichhaltig kritisiert die auf Althoffs Arbeiten aufruhende ‚Lakrimologie' Peter Dinzelbacher, Warum weint
   der König? Eine Kritik des mediävistischen Panritualismus, Badenweiler 2009.

tung von eskalierenden Gewaltakten.[25] Gewalt wird in der Regel als Folge-
handlung des Zorns über ein Ereignis präsentiert. Zorngenerierte Gewalttaten
erscheinen als a n g e m e s s e n e Reaktionen auf erlittenes Leid. Sie dienen
der Rache[26] und müssen nicht besonders gerechtfertigt werden. Vor allem in der
Dietrichepik, aber nicht nur dort, erweisen sich derartige Zornketten als
strukturelle Mechanismen von heroischer Dichtung. Jan-Dirk Müller hat mit
Blick auf das *Nibelungenlied* allerdings darauf hingewiesen, dass solche „affektiv
ausladenden Reaktionen, anfallsartig auftretende Gemütsbewegungen und
dauerhafte Stimmungen" nicht aus dem ‚Charakter' der handelnden Figuren
abgeleitet werden können.[27] Er versteht affektive Reaktionen vielmehr als
„Funktionen der Handlungskonstellationen",[28] was ich im Folgenden ebenfalls
tue, da die Darstellung des zornigen Gewalthandelns der Helden im Antikenroman in der Regel eher den ‚automatisierten' Mustern der Heldenepik folgt und
anders als etwa im Artusroman selten ein Reflektieren der Figuren über ihr
Agieren vorgeführt wird,[29] auch wenn das durchaus vorkommt. Es wird sich aber
zeigen, dass man die andere Ebene – die des ‚Charakters' der Figuren und einer
möglicherweise spezifisch zornigen ‚charakterlichen Verfasstheit', die sich auch
als „Grundbefindlichkeit des Figurentyps"[30] verstehen ließe – nicht gänzlich
ausblenden kann. Das soll freilich nicht dazu dienen, durch solch eine ‚literarische Anthropologie'[31] Einsichten zu gewinnen, die für eine h i s t o r i s c h e

---

25 Am Beispiel des *Willehalm* zeigt das Joachim Bumke, Emotion und Körperzeichen. Beob-
   achtungen zum *Willehalm* Wolframs von Eschenbach, in: Das Mittelalter 8/1 (2003), 13–32,
   der von einer „Kette von Gewalttaten" (15) spricht.

26 Zum Zusammenhang zwischen Zorn und Trauer (vorwiegend in heldenepischen Konstel-
   lationen) vgl. Bumke (wie Anm. 25); Ridder (wie Anm. 12), 42; Müller (wie Anm. 14), 208 f.
   Zum grundsätzlichen Zusammenhang zwischen Zorn und Rache vgl. Sebastian Möckel,
   Metamorphosen des Zorns. Ovids Racheerzählungen in Mittelalter und Früher Neuzeit, in:
   Rache, Zorn, Neid (wie Anm. 20), 100–31, v. a. 100–07.

27 Beide Zitate Müller (wie Anm. 14), 203. Vgl. dazu auch ebd., 204. Am Beispiel von Wolframs
   Willehalm bestätigt Bumke (wie Anm. 25) diesen Befund. Allerdings fassen Müller und
   Bumke – ihrem jeweiligen Untersuchungsgegenstand entsprechend – den Zusammenhang
   zwischen *zorn* und Gewalt unterschiedlich: Im *Nibelungenlied* fallen *zorn* und Gewalthandeln ineins, während im *Willehalm* der *zorn* als Ursache der Gewalthandlungen erscheint.

28 Müller (wie Anm. 14), 204. Vgl. auch 204–06.

29 Dazu Ridder (wie Anm. 12), 43: „Es fehlt eine innere Instanz, welche die Qualität und das
   Ausmaß der Affekte bestimmt."

30 Klaus Ridder, Kampfzorn. Affektivität und Gewalt in mittelalterlicher Epik, in: Eine Epoche
   im Umbruch. Volkssprachliche Literalität 1200–1300. Cambridger Symposium 2001, hrsg.
   von Christa Bertelsmeier-Kierst und Christopher Young, Tübingen 2003, 221–48, hier 222
   (der in Anm. 12 genannte Aufsatz von Ridder ist eine gekürzte und überarbeitete Fassung
   dieses Beitrages; das Zitat findet sich nur hier).

31 Vgl. dazu den grundlegenden Forschungsüberblick von Christian Kiening, Anthropologische Zugänge zur mittelalterlichen Literatur. Konzepte, Ansätze, Perspektiven, in: For-
   schungsberichte zur Germanistischen Mediävistik Bd. 5/1, hrsg. von Hans-Jochen Schiewer
   (Jahrbuch für Internationale Germanistik, Reihe C, 5/1), Bern u. a. 1996, 11–129.

Anthropologie fruchtbar zu machen wären, und damit indirekt das inadäquate Interpretationsschema der Figurenpsychologisierung bedienen,[32] sondern soll es ermöglichen, die Wechselwirkungen zwischen der literarischen Darstellung bzw. ‚Repräsentation' von Emotionen und ihrer narrativen Funktionalisierung in den Blick nehmen zu können.[33] Man kann nämlich „[w]eder mit Toten noch mit literarischen Figuren [...] psychologische Experimente durchführen."[34]

Die folgenden Überlegungen gehen dem skizzierten Zusammenhang am Beispiel von Veldekes *Eneas* nach. Um zu zeigen, wie dort die kausale Verbindung zwischen Kampfzorn und Gewalthandeln im Text konstruiert wird, beginne ich mit einem konkreten Beispiel.

Die Hirschjagd des Ascanius und ihre katastrophalen Folgen

Nach der Landung der Trojaner und der Parteinahme des Latinus für Eneas und sein Gefolge beginnt Eneas – strategisch klug, in realistischer Einschätzung seiner Situation als Landfremder und im Bewusstsein seiner rechtlich ‚problematischen' Lage[35] – damit, eine Festung an der Tibermündung zu errichten:

---

32 Kritisch dazu Müller (wie Anm. 14), 201–04, der betont, dass der „einem Text eingeschriebene anthropologische Entwurf [...] nicht als unmittelbarer ‚Ausdruck' einer historischen Mentalität verstanden werden [darf], sondern als ein Entwurf, der durch situationsabhängige, pragmatische, sprachliche, stilistische, gattungsspezifische Bedingungen mitkonstruiert ist, die sich mehr oder minder weit von denen des Alltags entfernen können" (202).

33 Zu diesem Problem gibt es in der aktuellen Forschung eine ausufernde, teils vehement geführte Debatte. Vgl. u. a.: Codierungen von Emotionen (wie Anm. 12); Rüdiger Schnell, Historische Emotionsforschung. Eine mediävistische Standortbestimmung, in: Frühmittelalterliche Studien 38 (2004), 173–276; Katharina Philipowski, Wer hat Herzeloydes Drachentraum geträumt? *trûren, zorn, haz, scham* und *nît* zwischen Emotionspsychologie und Narratologie, in: PBB 128 (2006), 254–71; Armin Schulz, Die Verlockung der Referenz. Bemerkungen zur aktuellen Emotionalitätsdebatte, in: PBB 128 (2006), 472–95; Rüdiger Schnell, Emotionsdarstellungen im Mittelalter. Aspekte und Probleme der Referentialität, in: ZfdPh 127 (2008), 79–102; Machtvolle Gefühle, hrsg. von Ingrid Kasten (TMP 24), Berlin/ New York 2010. – Einen methodisch ähnlichen Ansatz wie den hier von mir gewählten verfolgt auch Sabine Obermaier, Höllenangst, Kriegerangst, Liebesangst. Narrative Räume für Angst im *Eneasroman* Heinrichs von Veldeke, in: Das Mittelalter 12/1 (2007), 144–60. Grundsätzlich zum Problem der Figurenpsychologie und der nicht immer gänzlich vermeidbaren Psychologisierung von Figuren und Figurenhandeln Harald Haferland, Psychologie und Psychologisierung: Thesen zur Konstitution und Rezeption von Figuren. Mit einem Blick auf ihre historische Differenz, in: Erzähllogiken in der Literatur des Mittelalters und der Frühen Neuzeit, hrsg. von Florian Kragl und Christian Schneider (Studien zur historischen Poetik 13), Heidelberg 2013, 89–115.

34 Armin Schulz, Erzähltheorie in mediävistischer Perspektive, hrsg. von Manuel Braun u. a., Berlin/Boston 2012, 112. Vgl. zu diesem Problem auch Philipowski (wie Anm. 33).

35 Vgl. dazu Udo Friedrich, Die Zähmung des Heros. Der Diskurs der Gewalt und Gewaltregulierung im 12. Jahrhundert, in: Mittelalter. Neue Wege durch einen alten Kontinent, hrsg. von Jan-Dirk Müller und Horst Wenzel, Stuttgart/Leipzig 1999, 149–79, hier 171 f.

Montalbâne (3746) bzw. *Albâne* (4069), also Alba Longa, das als mittelalterliche Festung mit Burggraben, Bergfried und Schießscharten beschrieben wird.[36] Die Burg dient der Verteidigung gegen Turnus, denn dieser hat als Reaktion auf die ‚Enterbung' bereits begonnen, sein Heer zu sammeln.

Noch vor Beginn der eigentlichen Kampfhandlungen zwischen den Trojanern und Turnus' Heer ereignet sich ein folgenschweres Unglück: Ascanius, der Sohn des Eneas, reitet zur Jagd aus und verwundet einen Hirsch, ohne zu wissen, dass es sich dabei um ein besonderes Tier handelt, das zahm ist und der Tochter des benachbarten Adligen Tyrrhus und dessen Familie gehört.[37] Der Hirsch flieht auf die Burg und bricht dort tot zusammen, Ascanius hetzt seine Bluthunde hinterher. Als Tyrrhus mit seinem Gefolge die Jagdgesellschaft kommen sieht, erfolgt eine affektive Reaktion, die allerdings auch rechtliche Implikationen hat: *dô was in allen zorn* (4680), offensichtlich, weil Ascanius den zahmen Hirsch unrechtmäßig und dazu aus reinem Jagdvergnügen tötete. Die zornige Reaktion der Besitzer des Hirsches wird im Text mit der Beschreibung vom fröhlichen Hörnerklang der Jagdgesellschaft enggeführt (4678f.), um den Unterschied zwischen dem Jagdvergnügen der Trojaner und der Bewertung des Vorfalls als Rechtsfall durch Tyrrhus und sein Gefolge deutlich zu machen. Dass Ascanius nicht wusste, dass der Hirsch Tyrrhus gehört (4674: *hern weste niht daz her was zam*), spielt dabei keine Rolle, denn eine Kommunikation findet beim Aufeinandertreffen der Gruppen nicht statt bzw. scheitert: *sin vernam sîner rede niet / ir rede her ouch niht vernam* (4672 f.).[38] Das Gefolge des Tyrrhus greift sofort zu

---

36   Der Bau der Festung als mittelalterliche Burg – eines der vielen Beispiele für die ‚Mediaevalisierung' der antiken Geschichte – wird in den mittelalterlichen Fassungen ausführlich beschrieben, bei Veldeke (4034–143) noch wesentlich breiter als im *Roman d'Eneas* (3143–63).

37   Der Erzähler verdeutlicht den fatalen Stellenwert der Ereignisse, indem er die gesamte Passage mit negativen Vorausdeutungen durchsetzt: Schon bei der Beschreibung des Hirsches (4586–89) heißt es: *dar abe quam vil michel zorn* (4590), und etwas später ähnlich: *dâ quam michel leit abe* (4712). Veldeke verstärkt die negativen Vorausdeutungen im Vergleich zum *Roman d'Eneas*. Dennoch handelt es sich bei den Ereignissen um eine „Kette von unglücklichen Zufällen", so Annette Gerok-Reiter, Die Figur denkt – der Erzähler lenkt? Sedimente von Kontingenz in Veldekes *Eneasroman*, in: Kein Zufall. Konzeptionen von Kontingenz in der mittelalterlichen Literatur, hrsg. von Cornelia Herberichs und Susanne Reichlin (Historische Semantik 13), Göttingen 2010, 131–53, hier 145. Das betont auch Latinus im Nachgang der Ereignisse, wenn er zu Turnus sagt, er wisse *wole âne wân / daz es von ungelucke quam* (4910f.).

38   Vgl. dazu Friedrich (wie Anm. 35), 172. Die ausbleibende Kommunikation über die Ursache der Feindseligkeiten wird direkt vor der Attacke ein zweites Mal erwähnt: *ê si im ihtes zû gewûgen, / do bestunden sin mit unfrede, / ê sim gesageten die rede, / war umbe sie ez heten getân* (4686–89). Auch der *Roman d'Eneas* berichtet ausdrücklich davon, dass keine Kommunikation stattfindet: *nes araisnierent tant ne quant* (3627: „sie redeten sie keineswegs an"). Gerok-Reiter (wie Anm. 37), 145, ist also nicht zuzustimmen, wenn sie schreibt: „die Parteien versuchen sich gegenseitig die Situation zu erklären". Auch geht „ein etwaiger Erklärungs- oder Verständigungsversuch" eben nicht „in dem tumultuarischen Aufruhr der

den Waffen, attackiert die Jagdgesellschaft und tötet einen der Trojaner. Ascanius wird deshalb nun ebenfalls *zornich*, wie der Erzähler mit einer konsekutiven Konstruktion verdeutlicht: Als Ascanius sieht, *daz man sîne lûte slûch, / dô wart her zornich genûch* (4695f.). Auch hier könnten im Hintergrund rechtliche Implikationen eine Rolle spielen, die Art der Darstellung legt aber ähnlich wie bei Tyrrhus ein eher affektgesteuertes, ‚unreflektiertes‘ und damit nicht auf eine ritualisierte Demonstration zielendes Agieren nahe. Ascanius animiert sein Gefolge, den Toten zu rächen, und erschießt eigenhändig den ältesten Sohn des Tyrrhus mit einem Pfeil, ähnlich wie er zuvor den offensichtlich ebenfalls zur *familia* zählenden Hirsch tötete. Der jüngere Bruder greift daraufhin Ascanius an, der sich knapp retten und mit seiner Jagdgruppe zu Pferd entkommen kann. Sie fliehen auf einen Felsen und geraten dort in große Bedrängnis. Erst ein Trupp von 300 Rittern, den Eneas als Entsatz schickt, befreit die Belagerten. Die Trojaner greifen daraufhin Tyrrhus und seine Burg an, stürmen sie, richten ein Blutbad an, schleifen die Festung und plündern das gesamte Herrschaftsgebiet, um sich mit der Beute auf die bevorstehende Belagerung von Montalbane vorzubereiten. Der Erzähler scheint angesichts dieser außerordentlich gewaltträchtigen Eskalation ratlos zu sein:[39]

> *der hêre Tyrrêûs engalt*
> *her ne weste selbe wes.*
> *harde rouwich was her des,*
> *daz her sînen sun het verloren*
> *und die hêren ir zoren*
> *an im sô sêre râchen*
> *und im sîn hûs brâchen,*
> *daz was ime ein ubil rât.* (4798–805)

Der edle Tyrrhus mußte büßen und wußte selbst nicht, wofür. Es schmerzte ihn sehr, daß er seinen Sohn verloren hatte und die Herren ihren Zorn so schrecklich an ihm ausließen und ihm seine Burg schleiften; das war ihm ein schlimmer Anschlag.

Das Verhalten der Trojaner wird hier als maßlose, aus Tyrrhus' Sicht eigentlich grundlose Reaktion aus ‚Zorn‘ eingeordnet.[40] Gleichwohl bewertet der Erzähler das Agieren der *stolzen Troiâne* (4827) nicht ‚moralisch‘, sondern erkennt die

---

Gegenseite unter", so Marie-Luise Dittrich, Die *Eneide* Heinrichs von Veldeke, 1. Teil: Quellenkritischer Vergleich mit dem *Roman d'Eneas* und Vergils *Aeneis*, Wiesbaden 1966, 103. Vielmehr unterbleibt dieser gänzlich.

39 Das Mitleid des Erzählers mit Tyrrhus ist eine Zufügung von Veldeke, im *Roman d'Eneas* wird es nicht erwähnt.

40 Ich kann Friedrich (wie Anm. 35), 172, nicht uneingeschränkt zustimmen, der bei Veldeke eine Entlastung der Trojaner als Aggressoren sieht. Zwar löst das Verhalten von Tyrrhus' Gefolgsleuten die eskalierende Gewaltkaskade aus, aber weniger aggressiv als diese erscheinen die Trojaner insgesamt nicht, v. a. nicht mit Blick auf das Ende der Episode.

taktischen Gründe an. Die Plünderung dient der Vorbereitung auf die Belagerung und ist dadurch legitimiert (vermutlich ein Relikt der im Gegensatz zum
Mittelalter in der Antike eher positiv bewerteten Erlangung von Kriegsbeute;
siehe dazu auch unten), was aber nicht erklärt, warum die Trojaner hier mit
zoren agieren; es bleibt eine gewissermaßen semantisch bedingte Leerstelle.

Turnus kann einen Legitimationsversuch wie den, den der Erzähler für die
Trojaner in Anspruch nimmt, verständlicherweise nicht anerkennen. Er nutzt
die Ereignisse geschickt und führt im Namen der Geschädigten bei Latinus Klage
gegen Eneas. Die Trojaner sind als „Landfriedensbrecher"[41] gebrandmarkt, der
Zwischenfall wird zum vorgeschobenen Auslöser des Krieges zwischen Eneas
und Turnus.[42] Anders als bei Vergil beginnt der Krieg „nicht durch Lenkung von
oben, [...] sondern [...] aufgrund unterschiedlicher Rechtsvorstellungen, vor
allem aber aufgrund unterschiedlicher Entscheidungen auf der Basis ungezü-
gelter Emotionen"[43] – wobei der Ausdruck ‚Affekt' das Verhalten der beiden
Gruppen wohl treffender beschreiben würde.

Die Szene ist in vielerlei Hinsicht aufschlussreich. In erster Linie ist an ihr
aber ein Sachverhalt deutlich erkennbar, der im Folgenden von besonderem
Interesse sein wird: Aus einem geringen, ja beinahe schon nichtigen Anlass, der
sich leicht hätte beheben lassen, wenn eine Kommunikation möglich gewesen
wäre, resultiert eine ‚gewaltige' Wirkung.[44] Die Verkettung der Ereignisse, ein
„unaufhaltsam weiterrollende[r] Wechsel[] von Angriff und vergeltender Ver-

---

41 Lienert (wie Anm. 6), 85. Ähnlich formuliert es Werner Röcke, Gewaltmarkierungen. Formen persönlicher Identifikation durch Gewalt im Komischen und Antiken-Roman des
Mittelalters, in: Unverwechselbarkeit. Persönliche Identität und Identifikation in der vor-
modernen Gesellschaft, hrsg. von Peter von Moos (Norm und Struktur 23), Köln u. a. 2004,
147–61, hier 151: „Aeneas bricht mit seinem Gefolge in eine wohlgeordnete politische
Landschaft ein. Die Herrschaft hat König Latinus inne, der seine Herrschaftsfolge auch
schon gesichert hat: er hat seine Tochter Lavinia und damit seine eigene Herrschaftsnachfolge Turnus versprochen, einem mächtigen benachbarten Fürsten, der dieses Versprechen
als rechtlich abgesicherten Akt und als politisch legitimiert begreift".

42 Anders Dittrich (wie Anm. 38), 224f., die den Schwerpunkt auf Turnus' Rechtsposition legt
und davon ausgeht, dass Turnus „nicht nach einem besonderen Kriegsanlaß suchte, der sein
gesamtes Sinnen und Trachten erfüllt hätte, sondern daß ihm die Botschaft der Königin
allein Grund genug war, gegen die Troer zu rüsten" (224).

43 Gerok-Reiter (wie Anm. 37), 144. Im *Roman d'Eneas* und bei Veldeke ist die Episode deutlich
anders konstruiert als bei Vergil, wo die Furie Allekto im Auftrag der Göttin Juno die
Ereignisse ins Rollen bringt. Vgl. dazu z. B. ebd., 144–46, und Fromm (wie Anm. 1), 828
(Kommentar zu 138,21–155,31).

44 Vgl. Lienert (wie Anm. 6), 85; ähnlich auch dies. (wie Anm. 9), 43. Wie ‚nichtig' der Anlass
tatsächlich ist, ist schwer zu entscheiden, da offensichtlich im Hintergrund, wie bereits
erwähnt, auch rechtliche Fragen eine Rolle spielen, die aber an der Oberfläche der Darstellung nicht als solche gekennzeichnet sind. Gerade deshalb ist die Diskrepanz zwischen
Ursache und Wirkung auffallend groß, und das ist hier der entscheidende Punkt; vgl. dazu
auch Gerok-Reiter (wie Anm. 37), 146 mit Anm. 47.

teidigung",[45] bringt eine explosionsartige Entladung von eskalierenden Gewaltakten, eine Gewaltkaskade,[46] mit sich, die narrativ als eine „Kette von Schlägen und Gegenschlägen, signalisiert im staccatoartig wiederkehrenden, immer gleichermaßen unvermittelten *dô*",[47] inszeniert wird. Diese Summe aus eher geringer Ursache und zunehmender, unkontrollierbarer Eskalation von Gewalt wird zum Kriegsgrund.[48] Der Auslöser für diese Eskalation ist eine Kombination aus Rachegefühlen und affektgeneriertem Zorn als Reaktion auf erlittenes Unrecht oder Leid. Auch hier ist eine Kettenreaktion erkennbar: Die Leute des Tyrrhus reagieren zornig auf die Tötung des Hirsches und handeln wiederum demgemäß; das löst auch bei Ascanius Zorn und eine entsprechende Reaktion aus, die eine erneute, diesmal nur implizit zorngesteuerte Racheaktion nach sich zieht, welche schließlich zu dem entfesselten Gewalthandeln der Trojaner nach ihrem Sieg im ungleichen Kampf führt, das der Erzähler nachträglich ebenfalls als zorngesteuert einordnet: Zorn und Gewalt bedingen sich gegenseitig.

Im Vergleich zu seiner direkten Vorlage verschärft Veldeke diese Zusammenhänge deutlich. Im *Roman d'Eneas* wird nicht explizit ‚Zorn' als Triebkraft für die Ereignisse genannt, sondern bei Tyrrhus und seinem Gefolge ‚nur' der Wunsch nach Rache für die Tötung des Hirsches (3635) und des Sohnes (3657); bei Ascanius wird keine emotionspsychologische Motivation für sein Handeln angegeben, er agiert schlicht so, wie es im Kampf üblich ist. Zudem ist die verhängnisvolle Kettenreaktion in Veldekes Darstellung durch die Segmentierung der Ereignisse in einzelne, kausal aufeinander bezogene Aktionen wesentlich stärker ausgeprägt. Die Darstellung der Eskalationskette scheint Veldeke wichtig zu sein, denn im *Roman d'Eneas* mündet die Tötung des Hirsches direkt in ein allgemeines Scharmützel.

Bei Veldeke ist in ähnlichen Konstellationen immer wieder eine auffällige Erweiterung der kausalen Verbindung von Kampfzorn und Gewalthandeln zu beobachten: Bevor sich der Fokus der Erzählung auf den finalen Zweikampf zwischen Eneas und Turnus, der erst im zweiten Anlauf zustande kommt, ver-

---

45 Dittrich (wie Anm. 38), 104.
46 ‚Gewalt' wird hier als „die vorsätzliche, körperliche Versehrung eines Menschen durch einen anderen" verstanden. Vgl. Manuel Braun und Cornelia Herberichs, Gewalt im Mittelalter: Überlegungen zu ihrer Erforschung, in: Gewalt im Mittelalter. Realitäten – Imaginationen, hrsg. von dens., München 2005, 7–37, Zitat 15; vgl. dazu auch 15–19. Damit einhergehend kann sich Gewalt – wie im Falle der Schleifung von Tyrrhus' Burg – aber auch gegen Sachen richten.
47 Gerok-Reiter (wie Anm. 37), 145.
48 Vgl. dazu Lienert (wie Anm. 6), 85, und dies. (wie Anm. 9), 43f., die im Hinblick auf die Darstellung des Krieges im Antikenroman allgemein formuliert: „Die im Eneas- und Trojaroman omnipräsenten Eskalationsmechanismen demonstrieren mit der Unvermeidbarkeit zugleich auch eine Art von Absurdität des Krieges" (44).

schiebt, werden vorwiegend, aber nicht nur auf Seiten der Trojaner mehrfach ‚Kampfpartnerschaften' geschildert, die aus zwei gemeinsam im Kampf agierenden Helden bestehen und allesamt in einer wechselseitigen Verkettung von Zornreaktionen und durch entfesselte Gewalt geprägtem Agieren tragisch scheitern. Solche Kampfpartnerschaften sollen im Folgenden als ‚Gewaltgemeinschaften' verstanden werden, als gewalttätig handelnde (Kleinst-)Gruppen, die primär durch das gemeinschaftliche Ausüben von Gewalt definiert sind – hier den Kampf im nichtstaatlich organisierten ‚Krieg'.[49] Zudem sind sie jeweils Teilmengen zweier größerer Gewaltgemeinschaften, nämlich der verfeindeten Heere; sie sondern sich aus diesen jedoch durch weitere gemeinschaftsbildende Faktoren aus. Das Spektrum der vorliegenden Überlegungen ist also um die Frage zu erweitern, welche Rolle gemeinschaftsbildende Faktoren für zornmotiviertes (Re-)Agieren und gewaltsames Handeln spielen. Im Vergleich mit Vergil als indirekter und mit dem *Roman d'Eneas* als direkter Vorlage wird zu zeigen sein, dass Veldeke diese Zusammenhänge systematisch zuspitzt.

2.   ‚Laborsituationen'

Aus den einleitend umrissenen Rahmenbedingungen ergibt sich die Leitthese, dass Gemeinschaftshandeln und von Kampfzorn bedingte eskalierende Gewaltausübung in Heinrichs von Veldeke *Eneas* anders als in den Vorlagen ursächlich zusammenhängen. Diese These werde ich im Folgenden anhand von vier einschlägigen Passagen bzw. Handlungs- und Figuren-Konstellationen weiter entfalten. Zunächst werden drei in sich abgeschlossene Episoden behandelt, die zum Teil für den Fortgang der Gesamthandlung dysfunktional sind,[50] die Veldeke aber dennoch beibehalten hat – vielleicht aus Gründen der

---

49 Zur Definition des Begriffs ‚Gewaltgemeinschaft' vgl. Sonja Dinter und Winfried Speitkamp, ‚Gewaltgemeinschaften': Wie funktioniert Gewalt in der Gemeinschaft? Eine neue Forschergruppe stellt sich vor, in: Gießener Universitätsblätter 43 (2010), 91–100, hier 91, und Winfried Speitkamp, Gewaltgemeinschaften, in: Gewalt. Ein interdisziplinäres Handbuch, hrsg. von Christian Gudehus und Michaela Christ, Stuttgart/Weimar 2013, 184–90. – Zu ‚Gewaltgemeinschaften' in Veldekes *Eneas* vgl. Sonja Feldmann, Gewalt und Gemeinschaft im *Eneasroman* Heinrichs von Veldeke, in: Regeln und Gewalt. Zur Kulturgeschichte der kollektiven Gewalt von der Spätantike bis zum Konfessionellen Zeitalter, hrsg. von Cora Dietl und Titus Knäpper, Berlin/Boston 2014, 63–81, die die beiden feindlichen Heere als Gewaltgemeinschaften versteht und deren Inszenierung und Konstituierung im Text beleuchtet, indem sie verschiedene Rats- und Verhandlungsszenen untersucht. Zu der nicht ganz unproblematischen Anwendung des Begriffs auf die im *Eneas* gegebenen Verhältnisse vgl. ebd., 66, Anm. 12.

50 Das gilt v. a. für die im folgenden Abschnitt behandelten Ereignisse um Euryalus und Nisus: Spätestens bei Veldeke ist die Episode für den Fortgang der Handlung nicht mehr notwendig, weil er, einer Tendenz des *Roman d'Eneas* zur Isolierung der Episode folgend, die Motivation

Vorlagentreue, vielleicht aber auch, weil sie ihn im Hinblick auf die Möglichkeit der Darstellung des Konnexes von Kampfzorn, Gemeinschaftshandeln und Gewalteskalation interessiert haben, denn bei allen Beispielen ist zu beobachten, dass Veldeke eben diese Zusammenhänge im Vergleich zu den Verhältnissen im *Roman d'Eneas* deutlich akzentuiert.

Euryalus und Nisus

Turnus' Heer hat nach dem ersten Tag der Belagerung von Montalbane ein rauschendes Fest gefeiert, um den Misserfolg in der Schlacht zu vergessen; die Krieger schlafen im Vollrausch. Zwei Ritter aus dem trojanischen Heer, die Freunde Nisus und Euryalus, beobachten das und fassen einen Plan: Sie wollen ins feindliche Lager schleichen und möglichst viele der schlafenden Latiner erschlagen.[51] Gemeinsam brechen sie auf, nachdem sie sich von Ascanius, der in Eneas' Abwesenheit das Kommando führt, verabschiedet haben. Der Plan gelingt: Beide töten zahlreiche feindliche Krieger im Schlaf. Bei Anbruch des Tages mahnt Nisus zur Flucht. Da sieht Euryalus im Zelt von Messapus, einem der latinischen Anführer, einen außergewöhnlich schönen Helm. Er stiehlt ihn und setzt ihn auf. Auf der Flucht treffen die beiden auf einen entgegenkommenden feindlichen Trupp unter der Führung des Grafen Volcens, der Beistand leisten will. Nisus und Euryalus fliehen Hals über Kopf. Nisus kann noch entkommen, Euryalus aber, an dem glänzenden Helm weithin zu sehen, wird gefangen. Nisus gerät deshalb in Zorn:

> *daz was Nîsô vile zoren,*
> *daz her in sô solde hân verloren,*
> *her wolde ê selbe blîben dâ.* (6735–37)

---

für die Aktion von Euryalus und Nisus abändert (siehe dazu die folgende Anmerkung). Wichtig ist die Episode mit Blick auf das narrative Gefüge des gesamten Romans, weil sie die Freundschaft von Eneas und Pallas vorwegnimmt – und damit auch ihr tragisches gewaltsames Scheitern. Zu Unterschieden zwischen den Freundespaaren Euraylus/Nisus und Eneas/Pallas siehe unten.

51 Veldeke tilgt die bei Vergil ausführlich geschilderte (IX,192–96 und IX,224–307), auch im *Roman d'Eneas* noch erwähnte (4961–70 und 5007–24), hier aber schon marginalisierte eigentliche Motivation für die Unternehmung gänzlich: Nisus und Euryalus wollen nachts durch die feindlichen Linien brechen, um Eneas, der die Festung zur Anwerbung von Hilfstruppen verlassen hatte, aus Pallanteum zurückzuholen. Vgl. dazu Klaus Ridder und Diana Lemke, Die Irrationalität der Habgier im *Eneasroman* Heinrichs von Veldeke, in: Impulse und Resonanzen. Tübinger mediävistische Beiträge zum 80. Geburtstag von Walter Haug, hrsg. von Gisela Vollmann-Profe u. a., Tübingen 2007, 101–14, hier 106 mit Anm. 17. Vgl. auch Dittrich (wie Anm. 38), 110 f.

Darüber geriet Nisus in großen Zorn, daß er ihn auf diese Weise verloren haben sollte; lieber wollte er selbst dableiben.

Dieser Zorn treibt ihn zu einer Reaktion, die merkwürdig zwischen Bedachtsamkeit und affektiv geprägtem Kontrollverlust changiert: *mit listen quam her in sô nâ, / sîn rouwe was vile grôz* (6738 f.) – Nisus schleicht sich langsam und vorsichtig an, ist aber zugleich von Schmerz überwältigt. Aus dem Hinterhalt heraus tötet er einen der Bewacher des Euryalus, ohne dabei entdeckt zu werden. Diese Tat ruft wiederum eine Reaktion hervor: Graf Volcens, der Anführer des Trupps, lässt Euryalus aus Rache für den hinterhältigen Mord an seinem Gefolgsmann enthaupten. Auch hierauf reagiert Nisus, nun allerdings mit völligem Kontrollverlust:

> *des wart rouwich genûch*
> *Nîsûs dô her ez gesach.*
> *ez was der leidiste slach,*
> *den her gesach slahen ie.*
> *gebâren enweste her wie* (6754–58).

Das schmerzte Nisus sehr, als er es sah. Es war der schlimmste Schwerthieb, den er je hatte niederfahren sehen. Er wußte nicht, was er tun sollte.

Todesmutig und von gewaltigem Zorn getrieben – *als in der grôze zoren dwank* (6765) – greift Nisus die Gruppe an: *sînen gesellen wolder rechen* (6772). Er wütet „wie ein Berserker",[52] tötet einige Feinde, wird dann aber von der gegnerischen Übermacht bezwungen und in einem erneuten Racheakt erschlagen: *ir frunt sie an ime râchen* (6783). Am nächsten Morgen klärt Graf Volcens Turnus und sein Heer über die nächtlichen Ereignisse auf. Die Köpfe der beiden Freunde werden am Eingang des Feldlagers an einem Galgen zur Schau gestellt. Die Trojaner betrauern ihre Kampfgefährten, Turnus setzt die Belagerung von Montalbane fort.

Auch in dieser Episode zeigt sich die anhand des Ascanius-Beispiels beschriebene Kaskade einer Kettenreaktion aus Handlung und zorniger Gewaltreaktion als Racheakt, die wiederum neue Rachegelüste und Gewalttaten generiert und schließlich in einem Blutbad endet. Wieder führt ein geringer Anlass zur Katastrophe: Die kopflose (6707: *ir sinne sie vergâzen*) und unnötige Flucht der Freunde[53] hat verheerende Folgen, denn am Ende sind insgesamt sieben Tote

---

52 So die treffende Übersetzung von 6777 (*daz her sô tobelîchen warb*) durch Kartschoke (wie Anm. 1).

53 6698–703 macht deutlich, dass Graf Volcens die beiden Freunde gar nicht als Feinde erkannt hat; er wollte lediglich nach dem Weg fragen. Erst durch ihre überstürzte Flucht machen sie sich verdächtig: *niwan daz sie verzageten, / unde fliehen begunden, / in ne wâre zû den stunden / niht ubiles getân* (6712–15).

zu beklagen, nämlich die beiden tapferen trojanischen ‚Helden'-Freunde sowie fünf Kämpfer aus dem Gefolge von Graf Volcens.

Die ‚Gewaltgemeinschaft' von Euryalus und Nisus wird neben ihrer Kampfpartnerschaft im Wesentlichen durch den Faktor ‚Freundschaft' konstituiert.[54] Schon bei Vergil gelten die beiden als Exempel für bedingungslose und mustergültige Freundesliebe, wobei dieser *amor* als mit der Waffenbrüderschaft eng verbunden erscheint: *his amor unus erat, pariterque in bella ruebant* (IX,182: „Innige Freundschaft verband sie; vereint stets rückten zum Kampf sie").[55] Auch Veldeke unterstreicht zu Beginn der Passage ihre ideale Freundschaft, die explizit als gemeinschaftsbildend dargestellt wird, wobei die ausführliche Beschreibung und Charakterisierung der beiden und ihrer Freundschaft im Vergleich zum *Roman d'Eneas*, der sich hier wesentlich kürzer fasst (4913–18), eine Erweiterung ist. Der Erzähler nennt Nisus den *vil liebe[n] geselle[n]* (6543) von Euryalus und verweist darauf, dass die beiden allerbeste Freunde sind (6540–58); Nisus, der den Plan ausgeheckt hat, bezeichnet sich und Euryalus als *ein lîb und ein geist* (6570) mit den gleichen Gefühlen und Gedanken, weshalb er davon ausgeht, dass sein Freund den gleichen Plan gefasst hat wie er. Euryalus weist seinen Freund darauf hin, dass sie *ein fleisch und ein blût* (6600) seien, eine untrennbare Einheit, und dass es daher undenkbar sei, dass sie nicht gemeinsam handelten: *wir soln beide ensament leben / und ouch ensament sterben* (6608f.).[56] Die durch ‚Identitätsformeln' gekennzeichnete ideale und ‚intime' Freundschaft der beiden[57] wird so von drei verschiedenen Sprechinstanzen

---

54 Vgl. dazu Andreas Kraß, *ein unsâlich vingerlîn*. Tragik und Minne im *Eneasroman* Heinrichs von Veldeke, in: Tragik und Minne, hrsg. von Regina Toepfer und Gyburg Radke-Uhlmann, in Vorb., Manuskript 7–9 (ich danke Herrn Kraß herzlich dafür, dass er mir freundlicherweise Einsicht in das Manuskript gewährt hat).

55 Bei Vergil werden Euryalus und Nisus bereits im fünften Buch als Teilnehmer des Wettlaufs in den Text eingeführt (V,294–96). Ein Freundschaftsdienst von Nisus ermöglicht Euryalus den Sieg (V,323–61). Die Freundschaft der beiden wird als *amor pius* (V,295f.), als moralisch legitimierte, nicht-sexuell bestimmte Beziehung eingestuft.

56 Dieses Postulat von Euryalus erfüllt sich, indem die abgeschlagenen Köpfe der Freunde am Eingang zum Heerlager des Turnus präsentiert werden: Auch im Tod bleiben sie beisammen. Schon Graf Volcens hat direkt nach dem Tod der beiden darauf verzichtet, ihre Leichen zu trennen: *sînen lûten her gebôt, / hern wolde sie niht scheiden* (6788f.) – vielleicht deswegen, weil er im Handeln von Nisus die unzertrennliche Freundschaft zwischen diesem und Euryalus erkannt hat.

57 Vgl. dazu Andreas Kraß, Freundschaft als Passion. Zur Codierung von Intimität in mittelalterlichen Erzählungen, in: Freundschaft. Motive und Bedeutungen, hrsg. von Sibylle Appuhn-Radtke und Esther P. Wipfler, München 2006, 97–116. Der Begriff ‚Identitätsformel' geht auf Friedrich Ohly zurück (vgl. ebd., 103, Anm. 24). Die ‚Männerfreundschaft' zwischen Euryalus und Nisus unter Sodomie-Verdacht zu stellen, wie es Beatrice Michaelis, (Dis-) Artikulation von Begehren. Schweigeeffekte in wissenschaftlichen und literarischen Texten (TMP 25), Berlin/New York 2011, 186, tut, erscheint unangemessen, weil es im Text keinerlei Indizien gibt, die in diese Richtung weisen. Auch die Unterscheidung von homosozialem und

betont, sowohl auf der Diskursebene als auch auf der Ebene der *histoire*. Zugleich ist durch die letzte Aussage des Euryalus der tragische Ausgang der gesamten Aktion vorhergesagt, wie überhaupt die ganze Passage mit negativen Vorausdeutungen durchsetzt ist, die im Akt des ‚Wiedererzählens‘ darauf verweisen, dass nicht mehr das Ob, sondern nur noch das Wie des Untergangs der Freunde von Interesse ist.

Die Freundschaft zwischen Euryalus und Nisus spielt eine wichtige Rolle in der Episode. Sie ist nicht nur der Auslöser für die gemeinschaftliche Durchführung von Nisus' Plan, sie ist auch der Grund für das Scheitern der beiden Freunde, weil sie ab dem Zeitpunkt der Flucht vor Graf Volcens, mit dem der bisherige positive Verlauf der Aktion ins Negative zu kippen beginnt, für die emotionalen, affektiven Zornreaktionen des Nisus verantwortlich ist, die das zentrale *movens* für die Gewaltkaskade darstellen und bei ihm zum Verlust der *ratio* und der Kontrolle über sein eigenes Handeln und Denken führen. Einmal angestoßen, entfaltet sich eine unkontrollierbare Kettenreaktion, die auf beiden Seiten von Zorn und/oder Rachegelüsten befeuert wird. Dabei ist der aus der Freundschaft resultierende Kampfzorn von Nisus zwar keine per se schlechte Eigenschaft, hier führt er aber zu unbedachtem Handeln, nämlich zum Angriff auf die Bewacher des Euryalus aus dem Hinterhalt heraus, der als direkte Konsequenz dessen Tod nach sich zieht. Der unmittelbar folgende Tod des Nisus ist letztendlich die ‚logische‘ Konsequenz seiner unzertrennlichen Freundschaft zu Euryalus. Erster Auslöser für diese Kaskade ist aber die irrationale Habgier von Euryalus angesichts des verführerisch-schönen Helms, die ebenfalls vom Verlust der *ratio* gekennzeichnet ist.[58] Daraus ergibt sich eine Parallelführung des Verhaltens der Freunde, wodurch die ideale Freundschaft von Euryalus und Nisus ambivalent wird: Einerseits überdauert die Freundschaft den Tod der beiden,[59] andererseits hat sie verheerende Folgen und verleitet Nisus, der ansonsten als idealer Ritter und Kämpfer dargestellt ist, zu einem aus rationaler Sicht falschen Verhalten, das – ähnlich wie das Fehlverhalten des Euryalus beim habgierigen Helmdiebstahl und das Fehlverhalten von beiden bei der kopflosen und unnötigen Flucht vor Graf Volcens – zum tragischen Scheitern im Kampf führt. Nicht der Überfall auf die wehrlosen Feinde, der trotz einer implizit ambivalenten Bewertung[60] durch die *narratio* als Heldentat erscheint, ist der Grund für ihren

---

heterosexuellem Begehren, die Kraß, 103 f., und ders. (wie Anm. 54), 12 f., vornimmt, ist hier nicht unbedingt weiterführend.

58 Vgl. dazu Ridder und Lemke (wie Anm. 51), 106–08 und 111.

59 Die Reaktion des Nisus auf den Tod des Freundes (6777–79) macht deutlich, dass Nisus lieber auch im Kampf sterben will, als ohne seinen Freund Euryalus weiterzuleben (siehe auch oben Anm. 56).

60 Vgl. Lienert (wie Anm. 9), 45.

unrühmlichen Tod,[61] sondern der Verlust der *ratio*, der im Fall von Nisus die Zeichen des Zorns trägt und in der unzertrennlichen Freundschaft zu Euryalus gründet. Im Vergleich zum *Roman d'Eneas* spitzt Veldeke diese Zusammenhänge sowie die eskalierende Verkettung aus gewaltsamen Aktionen und Reaktionen zu, indem er den gesamten Abschnitt deutlich rafft und das reflexive Moment, das im Verhalten des Nisus angesichts der Gefangennahme seines Freundes im *Roman d'Eneas* deutlich erkennbar ist,[62] durch unreflektierte und primär affektgesteuerte Reaktionen ersetzt.

Die Riesen-Brüder Bitias und Pandarus

Am Morgen nach den Ereignissen um Euryalus und Nisus erneuert Turnus mit großer Energie die Belagerung von Montalbane. Neben vielen anderen Kämpfern hat Eneas zwei Riesen in der Festung zurückgelassen, die den höchsten Turm besetzen: die Brüder Pandarus und Bitias. Als die beiden sehen, dass die äußere Bastion unter dem Ansturm der Feinde zu fallen droht, werden sie wütend: *daz was den risen vile zoren* (7104). Die Benennung dieser affektiven Reaktion als Grund für die folgenden Handlungen ist bei Veldeke neu; der *Roman d'Eneas* (5501 f.) weiß ebensowenig wie Vergil (IX,672–76) von einem durch ‚Zorn‘ ausgelösten Agieren der Riesen.

Die Riesen stürzen sich ins Kampfgetümmel: *freislîch was ir gemûte* (7111), sie sind *stark* (7130), schwer gepanzert (7108–17) und mit *îsenînen kolven* (7136) bewaffnet. Pandarus und Bitias erscheinen als grausige Kampfmaschinen, *als sie von rehte solden wesen* (7131),[63] und erfüllen beinahe prototypisch das Bild der kämpfenden Riesen „als Sinnbilder undomestizierter, roher Gewalt".[64] So ver-

---

61 „[S]tatt der Beute werden die Köpfe der Toten zur Schau gestellt"; Lienert (wie Anm. 9), 45. Lienert geht fälschlicherweise davon aus, dass Euryalus – wie später Camilla, wenn sie den trojanischen Priester Chloreus erschlägt, um seinen herrlich glänzenden Helm zu rauben (9081–124) – *rêroup* begeht, als er sich den Helm des Messapus aneignet; Messapus wird allerdings nicht getötet, er erkennt vielmehr später an seinem geraubten Helm, dass Euryalus und Nisus für das Massaker im latinischen Heerlager verantwortlich sind (6821). Auch die Darstellung von Ridder und Lemke (wie Anm. 51) klingt nach *rêroup* („da fällt der Blick des Euryalus auf den Besitz der von ihm Erschlagenen"; 106).

62 Zuerst reflektiert Nisus in einem langen Monolog darüber, dass er den Freund im Stich gelassen hat (5140–84). Anschließend versucht er, aus dem Hinterhalt heraus dem Freund die Flucht zu ermöglichen (5194–210). Als dieser Versuch scheitert und Graf Volcens seine toten Männer an Euryalus rächen will, gibt sich Nisus zu erkennen und versucht, seinen Freund durch Verhandlung zu retten (5220–36), worauf sich Graf Volcens aber nicht einlässt. Das alles streicht Veldeke auf wenige Verse zusammen.

63 Kartschoke (wie Anm. 1) übersetzt treffend „wie es ihrer Art entsprach".

64 Kartschoke (wie Anm. 1), 785 f. (Kommentar zu 130,11). Zu Riesen in der mittelhochdeut-

halten sie sich auch: *des hers si vil erslûgen, / sô daz ez unmâze was* (7138f.).[65] Allerdings handeln sie in ihrem zornbedingten Kampfrausch unbesonnen,[66] eine Bewertung, die Veldeke ebenfalls nicht seiner Vorlage entnommen hat: *iedoch was ez t u m b h e i t, / des si wâren berâten* (7122f., Hervorhebung C. S.). Sie öffnen das Tor, lassen die Zugbrücke herunter und schlagen mit ihrer gewaltigen Kraft den Angriff zurück. Als Turnus das Wüten der Riesen sieht, greift er mit tausend Rittern und *zornegem mûte* (7149) ins Kampfgeschehen ein. Eine fürchterliche Schlacht entbrennt, Leichen pflastern den Weg: *dâ was mit den tôten / der wech aller belegen* (7174f.). Schließlich gewinnt Turnus mit seinen Leuten die Oberhand und kann in die Burg eindringen, doch Bitias schließt hinter ihm das Tor, so dass Turnus mit 50 Kämpfern gefangen ist. Alle werden niedergemetzelt, auch Turnus gerät in arge Bedrängnis und wird beinahe erschlagen – doch er hat Glück,[67] denn einige Trojaner sind vor dem Burgtor zurückgeblieben, unter anderem auch Pandarus. Als Bitias das bemerkt, reagiert er aus Sorge um den Bruder affektiv: *daz rou in zunmâzen* (7211).[68] Auch hier gestaltet Veldeke die Szene deutlich anders als der *Roman d'Eneas*. Dort werden die Brüder nicht getrennt, sondern fallen frühzeitig gemeinsam im Kampf gegen den eingeschlossenen Turnus (5547–56) und scheiden damit aus der Erzählung aus.[69] Irgendein Trojaner (5575: *uns des Troïens*) öffnet das Burgtor, um die ausgesperrten Kampfgenossen wieder hereinzulassen. Bei Veldeke ist es Bitias, der das Tor öffnet, um sich den Weg zu seinem Bruder freizukämpfen. Turnus folgt ihm und kann so entkommen, doch nicht genug: Er zerschlägt das rechte Bein des Riesen, dieser stürzt in den Burggraben und bricht sich das Genick. Der Erzähler kommentiert: *sîne frunt her an im rach / der herzoge Turnûs* (7224f.). Dass Veldeke den Tod des Türöffners als Rachehandlung des Turnus für den Tod

---

schen Epik vgl. z.B. Ernst H. Ahrendt, Der Riese in der mittelhochdeutschen Epik, Diss. Rostock, Güstrow 1923 (zu Veldeke: 5).

65 Die Einordnung des Verhaltens der Riesen als *unmâze* durch den Erzähler ist doppeldeutig, weil nicht klar ist, worauf sich diese *unmâze* bezieht: auf die Anzahl der getöteten Gegner (das wäre nur aus der Sicht der Latiner maßlos, was angesichts von Turnus' Reaktion naheliegt) oder auf die unmäßige Aggressivität der Riesen (was einer ,objektiven' Wertung durch den Erzähler gleichkäme).

66 „Die Dummheit ist für die Riesen ebenso topisch (auch 196,1) wie ihre Waffe, die unritterliche Keule"; Fromm (wie Anm. 1), 847 (Kommentar zu 195,10f.).

67 Veldeke führt im Gegensatz zu Vergil und zum *Roman d'Eneas* den Umstand, dass Turnus der eigentlich ausweglosen Situation glücklich entkommt, auf Gottes Eingreifen zurück (7204–09).

68 Zum zweiten Mal bewertet der Erzähler Verhaltensweisen der Riesen als *unmâze* (siehe Anm. 65). Es scheint, als wolle Veldeke einen ursächlichen Zusammenhang zwischen ,Charakter' bzw. Figuren-Disposition und Affekthandeln darstellen.

69 Der *Roman d'Eneas* verkürzt damit die Darstellung Vergils, der den Tod der Riesenbrüder ausführlicher schildert: Bitias wird rasch von Turnus erschlagen, Pandarus fällt im Zweikampf mit dem eingeschlossenen Turnus (IX,691–755). Allerdings werden auch bei Vergil die Brüder nicht getrennt.

seiner Kämpfer darstellt, ist im Vergleich zum *Roman d'Eneas* ebenfalls eine Erweiterung. Die Episode endet lapidar: *die wîle hete Pandarûs / tôtwunden enphangen* (7226 f.). Der Kampf ist zu Ende, die *narratio* macht auch hier kurzen Prozess mit den beiden Riesenbrüdern.

In dieser Szene ist zwar keine Gewaltkaskade wie bei Ascanius' Hirschjagd und bei Euryalus und Nisus zu beobachten, für mein Thema ist sie dennoch von Belang. Die ‚Gewaltgemeinschaft' von Pandarus und Bitias beruht neben ihrem a priori gegebenen Verhältnis als Kampfpartner in erster Linie auf der familiären Bindung der beiden Riesen. Diese wird zwar im Text nicht so plakativ vorgeführt wie die freundschaftlichen Bande zwischen Euryalus und Nisus, denn der Erzähler bemerkt lediglich bei der Namensnennung: *der eine brûder hiez Pandarûs / und der ander Bitîas* (7100 f.). Sie hat aber denselben Effekt: Sie trägt ursächlich zum Tod der beiden Kampfpartner und zum Ende ihrer ‚Gewaltgemeinschaft' bei. Die schmerzhafte Erinnerung an den vor dem Tor kämpfend zurückgeblieben Bruder veranlasst Bitias zu einer unvernünftigen Entscheidung, die ihn direkt im Anschluss das Leben kostet und dennoch nichts zur Rettung des Bruders beitragen kann. Nicht zuletzt deshalb wird sie vom Erzähler als „unmäßig" (7211) bezeichnet. Wieder ist es der Kampfzorn, der diese Konstellation herbeiführt, denn dieser hatte zuvor die beiden Riesenbrüder zu dem unbedachten und irrationalen Verhalten verleitet, das später ihre Trennung und ihren Untergang verursachen sollte: das Tor zu öffnen und in den Kampf einzugreifen. Der Erzähler konstatiert unmissverständlich, dass das töricht war (7122). Zwar bleibt in diesem Fall eine Kettenreaktion eskalierender Gewaltakte wie in der ‚Laborsituation' der beiden vorigen Beispiele aus – sie wäre wohl auch im allgemeinen Schlachtgetümmel mit zahllosen Toten und einem veritablen Blutrausch auf beiden Seiten untergegangen –, aber auch hier ist die strukturelle Verbindung von durch verschiedene Faktoren bestimmter Kampfpartnerschaft, Zornreaktion und unbedachtem Handeln mit katastrophalen, tödlichen Folgen klar erkennbar. Veldeke schärft diese Zusammenhänge durch Detailänderungen in dem vom *Roman d'Eneas* vorgegebenen Ablauf, um sie so beinahe schon systematisch deutlich zu machen.

Die Episode zeigt aber noch etwas anderes: Der Kampfzorn des Turnus ist äußerst gefährlich, und zwar nicht nur für seine Gegner, sondern auch für ihn selbst und seine Truppen. Sein blindes Eindringen in die gegnerische Festung resultiert aus dem Zorn über die unmäßige Kampfkraft der Riesen (7149) und aus Rachegedanken wegen der vielen Kämpfer, die sie getötet haben (7152). Nur ein für ihn glücklicher Zufall, die Bruderliebe des Riesen Bitias, rettet ihn. Schon der Sturmangriff auf die Festung, in dessen Zuge Bitias und Pandarus zugrundegehen, war von Turnus' Zorn und seinen Rachegelüsten getragen (7073; siehe dazu unten); auch der Sturmangriff auf Montalbane am ersten Tag der Schlacht, bei dem Turnus seine Fußsoldaten ohne Rücksicht auf Verluste in den sicheren Tod treibt, resultiert aus seinem Zorn über die Uneinnehmbarkeit der Festung:[70]

> *des hete Turnûs grôzen zoren.*
> *des erbalch sich der wîgant,*
> *daz her dâ niht envant*
> *dehein unveste stat.* (6406–09)

> Darüber geriet Turnus in großen Zorn. Der Held wurde wütend darüber, dass er nicht eine unbefestigte Stelle fand.

Die von vornherein aussichtslose Attacke[71] kostet viele Latiner das Leben und scheitert,[72] was den Zorn des Turnus weiter anheizt: *daz was Turnô vile zoren* (6468). Turnus' Verhalten ist auch danach von seiner Leitemotion bzw. seiner „Grundbefindlichkeit",[73] dem *zorn*, bestimmt: Er lässt *zorenlîchen* (6477) die Schiffe der Trojaner verbrennen.

Auch am Ende des zweiten Belagerungs-Tages, nach den nächtlichen Ereignissen um Euryalus und Nisus, dem Tod der Riesenbrüder Bitias und Pandarus und nachdem er den Einfall in die trojanische Burg glücklich überlebt hat, bleibt Turnus seinem Zorn treu. Nach dem Abzug vom Kampfplatz lässt er das Lager besser bewachen, damit sich Ereignisse wie der Überfall von Euryalus und Nisus in der vorausgegangenen Nacht nicht wiederholen (7255–57). Dann gibt sich Turnus seinen Emotionen hin: *her hete gerne sînen zoren / uber die borch gerochen* (7258f.). Der Zorn des Turnus, der im Rahmen der Kampfhandlungen immer wieder neu befeuert wird, ist noch lange nicht gestillt – ganz im Gegenteil.

Remulus und Turnus

Am zweiten Tag der Belagerung, noch vor dem Beginn der Riesen-Episode, greift Remulus, ein Schwager des Turnus, ins Kampfgeschehen ein. Er reitet zur Burgmauer und beschimpft die Trojaner. Als er zurückreiten will, streckt ihn Ascanius mit einem Pfeil nieder, denn *sîn zoren der was grôz* (7065). Woher der Zorn des Ascanius an dieser Stelle rührt, lässt der Text offen. Es liegt jedoch

---

70 Vgl. dazu Lienert (wie Anm. 9), 41, sowie die Bewertung von McDonald (wie Anm. 7), 89: „Turnus's decision to besiege Mont Albane is, plain and simple, the incautious act of a lunatic."

71 Der Erzähler stuft sie als *angestlîch* (6412) und *unrehte* (6413) ein. Lienert (wie Anm. 9), 41, ist also nicht ganz im Recht, wenn sie schreibt: „Der Erzähler enthält sich distanziert, fast zynisch der Wertung" (bezogen auf 6426f.: *solde man schiltknehte klagen, / sô moht dâ michel jâmer wesen*).

72 Turnus lässt die Attacke unwillig und zu spät – *ez was idoch ze spâte, / daz hers niht was ê bedaht* (6450f.) – abbrechen.

73 Ridder (wie Anm. 30), 222.

nahe, in ihm die affektive, aus der Situation heraus leicht verständliche Reaktion auf die Beschimpfungen zu sehen. So beurteilt ihn zumindest der Erzähler (7071f.: *alsô was im vergolden, / daz her si hete bescholden*), vielleicht, um das Handeln des Ascanius zusätzlich zu plausibilisieren: Ascanius fühlt sich von Remulus provoziert und reagiert zornig mit einer Gewalttat. Im *Roman d'Eneas* erfährt man nichts von einer affekt- bzw. zorngesteuerten (Re-)Aktion des Ascanius. Dort hört er den Feind pöbeln und schießt umgehend einen Pfeil ab (5480–87). Die Einstufung als ,Vergeltung' unterbleibt im *Roman d'Eneas* ebenfalls. Auch hier macht Veldeke die in seiner Vorlage nicht explizierten, gleichwohl naheliegenden Zusammenhänge deutlicher, indem er das Figurenhandeln durch Erläuterungen des Erzählers motiviert und dadurch plausibler gestaltet. So nähert er die Episode wieder der Vergil'schen Fassung an.[74]

Turnus kann Ascanius' Handeln naturgemäß nicht als gerechtfertigt verstehen und gutheißen. Er reagiert darauf (und vielleicht auch auf das unkluge Verhalten von Remulus) affektiv: *Dô was Turnô vil zoren, / daz her sô hete verloren / sînere swester man* (7073–75). Im *Roman d'Eneas* wird wie bei Vergil keine Zornreaktion des Turnus erwähnt. Vielmehr freuen sich in beiden Fassungen die Trojaner über Remulus' Tod (Vergil: IX,636f.;[75] *Roman d'Eneas*: 5490f.), und sofort im Anschluss wird die Attacke auf den Torturm mit der Riesen-Episode geschildert. Veldeke fügt dagegen eine Erklärung für die erneute Attacke ein. Wutentbrannt lässt Turnus angreifen, wobei sich sein *furor* auf seine Truppen überträgt und zunächst Erfolge zeitigt, denn die Latiner erobern den Torturm und greifen die Brücke an. Erst zu diesem Zeitpunkt, also etwas später, führt Veldeke die beiden Riesenbrüder in die Handlung ein.

Wiederum zeigt sich Veldekes Bestreben, durch marginale Ergänzungen und minimale Verschiebungen der Handlungsabläufe die mehrgliedrige Verkettung von Zornreaktionen und Gewalthandlungen herauszustellen, auch wenn sie in diesem Fall wie bei den Riesenbrüdern eher im allgemeinen Schlachtgewühl aufgeht und nicht so prominent platziert ist wie bei der Hirschjagdepisode und den Ereignissen um Euryalus und Nisus. Ascanius, *der helt balt* (7058), erscheint

---

74 Bei Vergil ist die Episode insofern wichtiger als in den mittelalterlichen Bearbeitungen, als sie explizit als erste Kriegstat des Ascanius bezeichnet wird (IX,590–92). Vergil gibt zum einen ausführlich die Schmährede des Remulus wieder (IX,598–620), der zudem vom Erzähler in ein eher negatives Licht gerückt wird: Seine prahlerische Schmähung des Gegners beruhe auf dem Stolz der jüngst erlangten fürstlichen Verwandtschaft (IX,595–97). Zum anderen benennt er den Grund für die Reaktion des Ascanius auf diese Schmährede – er kann sie nicht länger ertragen (IX,620f.) – und stuft diese Reaktion als Rachehandlung ein; anders als Veldeke legt er diese Wertung aber nicht dem Erzähler in den Mund, sondern Ascanius selbst (IX,634f.).

75 Bei Vergil schließt sich an die erste Kriegstat des Ascanius noch ein kurzer Exkurs an, der davon erzählt, wie Apollo Ascanius in Menschengestalt zu seiner Ruhmestat gratuliert und ihn zugleich mahnt, sich zukünftig vom Krieg fernzuhalten (IX,638–56).

hier wie in dem Scharmützel mit dem Gefolge des Tyrrhus als von Kampfzorn
beflügelter Krieger, der durch sein Handeln eine ‚Kampfpartnerschaft', nämlich
die von Turnus und Remulus, zerstört und dadurch entsprechende Reaktionen
hervorruft. Zwar ist Turnus zornig, weil sein Verbündeter getötet wird, er ist
aber auch deshalb zornig, weil sein S c h w a g e r fällt, was daraus ersichtlich
ist, dass Veldeke genau in dem Moment, in dem er Turnus' Zornausbruch angesichts von Remulus' Tod beschreibt, zum zweiten Mal nach Remulus' Einführung in den Text als Schwager des Turnus (7051 f.: *Dô hete der hêre Turnûs /
einen sweher der hiez Rômulûs*) die Verwandtschaftsbeziehung zwischen beiden
benennt: Turnus zürnt, weil er *sînere swester man* (7075) verloren hat. Wieder ist
neben der Kampfgemeinschaft mit der gleich doppelt benannten Verwandtschaftsbeziehung ein zweiter gemeinschaftsbildender Faktor relevant, und
wieder bringt ein verhältnismäßig geringer Anlass, nämlich die beleidigende
Rede des Remulus, folgerichtig großes Unheil und eine immer weiter eskalierende Kette von Gewaltakten mit sich: den Tod des Remulus, den Sturm auf die
trojanische Festung, das Wüten der Riesen, das Aufgeriebenwerden von Turnus'
Kampfgruppe und beinahe auch den Tod des Turnus selbst.

3.   Der Kernkonflikt zwischen Turnus und Eneas

Mein letztes Beispiel ist die Kampfpartnerschaft von Eneas und Pallas mit
Turnus als Gegenpart. Diese Gruppierung bildet eine wesentlich komplexere
Konstellation als die bisher untersuchten, einerseits, weil die kriegerische Auseinandersetzung zwischen Eneas und Turnus den zentralen Konflikt des zweiten
Teils der *Eneas*-Geschichte nach den Irrfahrten im ersten Teil bildet (bei Vergil
die Bücher VII–XII) und entsprechend breiten Raum einnimmt, andererseits,
weil die Kampfgemeinschaft von Eneas und Pallas – anders als in den bisher
behandelten Fällen, die allesamt relativ isolierte ‚Laborsituationen' sind – weit
über ihr eigentliches Ende durch den frühzeitigen Tod von Pallas hinaus in Form
einer „langen mehrreihigen Kausalkette"[76] Auswirkungen auf den Handlungs-
verlauf hat.
        Pallas hat als Repräsentant des wichtigsten Verbündeten von Eneas eine
herausragende Stellung. Der junge Held ist der Sohn Euanders, des Königs von
Pallanteum, der Turnus gegenüber feindlich eingestellt ist, denn Turnus *tete im
vile zoren* (5855); welcher Art der Schaden war, den Turnus Euander zugefügt
hatte, erfährt man nicht. Eneas zieht auf Anraten seiner Mutter Venus vor Beginn
der eigentlichen Kampfhandlungen zu Euander und bittet um Unterstützung,
weshalb er bei Ausbruch des Krieges und zu Beginn der Belagerung seiner

---

76 Dittrich (wie Anm. 38), 253.

Festung durch Turnus nicht bei seinen Truppen weilt. Er wird freundlich in Pallanteum empfangen, erfährt, dass Euander mit seinem Vater Anchises befreundet war (6135–61)[77] – die Zeichen stehen also günstig –, und erhält den gewünschten Beistand. Pallas wird zum Ritter geschlagen und begleitet Eneas zusammen mit 10.000 Kämpfern, 50 Schiffen und reichlicher Ausrüstung. Diese Zahlen sowie der Umfang der Schilderung von Eneas' Besuch bei Euander (über 300 Verse bei Veldeke) unterstreichen die Bedeutsamkeit des Bündnisses, das durch die Figur des Pallas repräsentiert wird.

Die ‚Gewaltgemeinschaft' von Eneas und Pallas in seiner Funktion als Stellvertreter Euanders wird nicht nur durch das gemeinsame Ziel, Turnus zu bekämpfen, konstituiert, sondern auch durch die freundschaftliche Zuneigung, die Eneas und Pallas bzw. Euander verbindet.[78] Schon der Empfang in Pallanteum ist von gegenseitiger Freundlichkeit geprägt. Sowohl von Pallas als auch von Euander heißt es in fast identischer Formulierung: *minnechlîche er* [Pallas] *in* [Eneas] *enphienk* (6104) bzw. *dô enphieng in* [Eneas] *minnechlîche / Êvander der rîche* (6117 f.). Nachdem Euander von Eneas' Herkunft erfahren hat, nennt er ihn *lieber frunt mîn* (6125 und 6191, ähnlich 6135) und versichert ihn seiner Freundschaft (6130–35), die aus dem freundlichen und freundschaftlichen Handeln des Anchises gegenüber Euander bei deren Begegnung in Troja resultiert. Als Dank dafür schickt Euander seinen Sohn Pallas mit Eneas in den Krieg gegen Turnus – ein Freundschaftsbündnis also, das zwei Generationen umspannt, anders als die Freundschaft zwischen Euryalus und Nisus auf einer politisch-kriegerischen Allianz beruht und einem genealogischen Prinzip folgt,[79] wobei die freundschaftliche Beziehung zwischen Eneas und Pallas erst später als solche näher expliziert wird. Bei Eneas' Besuch in Pallanteum steht zunächst Euanders Freundschaft mit Eneas' Vater und deren Übertragung auf Eneas im Zentrum. Dem hoffnungsvollen Beginn dieser Beziehung folgt ein dreiteiliges ‚Drama' um die Kampfgemeinschaft von Eneas und Pallas, an dessen Anfang der allzu frühe Tod des Pallas steht.

---

77 Über die näheren Umstände dieser ‚Freundschaft' und ein möglicherweise vasallisches Verhältnis erfährt man bei Veldeke wie in den Vorlagen (Vergil: VIII,152–74; *Roman d'Eneas*: 4746–56) nichts Näheres. Die Terminologie ist wie meist in solchen Fällen unscharf. Euander beschreibt Anchises' Einstellung zu ihm folgendermaßen: *her bôt mir minne und êre / vile michels mêre / dan dâr ieman ander* (6141–43). Die besondere Qualität der Beziehung erhellt aus der folgenden Ansprache des Euander an Eneas.

78 Vgl. dazu Kraß (wie Anm. 54), 5–7.

79 Aus diesem Grund kann die Freundschaft zwischen Euryalus und Nisus nur bedingt als „stellvertretende, spiegelnde, verschobene Darstellung der Geschichte von Eneas und Pallas" verstanden werden – so Kraß (wie Anm. 54), 7; vgl. auch 7–9 und 12–15; ähnlich ders. (wie Anm. 57), 104. Auch die Auffassung von Michaelis (wie Anm. 57), 186, die Freundschaft von Nisus und Euryalus diene als „Ablenkungsmanöver", um Eneas und Pallas abgesehen von der Trauerszene vom Sodomieverdacht freizuhalten, ist kaum zu begründen, weil sich im Text keine Hinweise auf eine homoerotische Beziehung zwischen Nisus und Euryalus finden.

1. Akt: Pallas fällt im Kampf gegen Turnus

Am dritten Tag der Schlacht kehrt Eneas mit den neugewonnenen Unterstützern zu seinen Truppen und seiner Festung zurück und stürzt sich zusammen mit Pallas ins Kampfgetümmel. Pallas, der *lussame jungelink* (7295), der *kûne* [...] *helt lussam* (7338 f.), greift umgehend Turnus an. Zwischen beiden entbrennt ein erbitterter ritterlicher Zweikampf[80] mit Lanzenstechen und Schwertkampf zu Pferde (7340–70), der zunächst unentschieden bleibt, weil die beiden Kämpfer beim Aufeinandertreffen der Heere getrennt werden. In der folgenden Massenschlacht drohen die Trojaner zu unterliegen, weshalb sich ein Teil der Truppe zur Flucht wendet. Pallas versucht, die Fliehenden mit einer feurigen Schmährede aufzuhalten (7452–509) und ihnen Mut zuzusprechen, indem er ihnen zusichert, Turnus niederringen zu wollen (7502–09).[81] Turnus, der diese Rede hört, ist wütend: *diu rede was im ungemach / unde harde unmâre* (7512 f.). Er fragt Pallas, wer er sei und wie er sich anmaßen könne, sich mit ihm zu vergleichen. Pallas nennt seinen Namen und den Grund für seine Anwesenheit: Er sei Turnus feindlich gesinnt und wolle ihm schaden (7521–24). Turnus reagiert wenig überraschend: *daz was Turnô vile zorn* (7525). Ein zweiter Zweikampf beginnt.[82]

Im Vergleich zum *Roman d'Eneas* ändert Veldeke den Ablauf des Konflikts zwischen Pallas und Turnus leicht, aber signifikant ab: Dort gibt es wie bei Vergil vor Pallas' Schmährede keinen ersten Zweikampf zwischen den beiden. Wichtiger ist aber, dass der *Roman d'Eneas* die affektive Reaktion des Turnus auf den Dialog, der sich aus Pallas' Reizrede entspinnt, nicht explizit als solche markiert, wie es Veldeke in Vers 7525 (*zorn*) tut. Es kommt dort vielmehr direkt zum Kampf (5709–18).

Nach der erneuten Tjost zwingt Pallas Turnus im Schwertkampf zu Fuß mit einem gewaltigen Hieb auf die Knie und erschlägt ihn beinahe, doch Turnus sticht Pallas kniend das Schwert unter die Rüstung und tötet ihn dadurch.[83]

---

80 Der Erzähler bezeichnet den Zweikampf als *harde ritterlîche* (7359).
81 Die Stelle ist semantisch mehrdeutig. Pallas' Äußerung kann entweder direkt auf Turnus bezogen werden – so versteht Kartschoke (wie Anm. 1) ausweislich seiner Übersetzung die Stelle – oder allgemein auf die Gegner der Trojaner – so fasst Fromm (wie Anm. 1) sie auf. Die Reaktion des Turnus auf Pallas' Schmährede legt eher die Deutung von Kartschoke nahe, der ich mich hier anschließe.
82 Auch dieses zweite Aufeinandertreffen von Pallas und Turnus wird als *ritterlîche* (7532 und 7536) beschrieben. Allerdings ist „auch der äußerlich ritterliche Zweikampf [...] im Antikenroman Ernstfall"; Lienert (wie Anm. 6), 88. Vgl. auch Fromm (wie Anm. 1), 849 (Kommentar zu 201,6), der bezogen auf das erste Aufeinandertreffen von Pallas und Turnus darauf hinweist, dass der „hier geschilderte Zweikampf [...] keine ritterliche Tjoste, sondern ein Ernstkampf" ist, obwohl der Zweikampf als *juste* (7358) bezeichnet wird.
83 Im *Roman d'Eneas* tötet Turnus Pallas nicht ‚hinterhältig' aus einer unterlegenen Position

Pallas trägt am Finger einen herrlichen Ring aus Gold mit einem Smaragd (7602–11), den ihm Eneas *dorch trouwe und dorch fruntschaft, / dorch minne und dorch geselleschaft* (7605 f.), also als Zeichen seiner hier erstmals explizierten Freundschaft, seiner Zuneigung und ihrer (Kampf-)Partnerschaft, geschenkt hatte.[84] Turnus sieht den Ring und nimmt ihn dem Toten im Weggehen vom Finger. Der Erzähler erklärt sein Verhalten damit, dass er *vergâz sîn selbes sêre drane* (7613), kommentiert: *her tet ouch bôslîche* (7617) – Turnus habe „ehrlos [...] und sehr gewalttätig", „niederträchtig und roh"[85] gehandelt –, und weist darauf hin, dass der Ringraub Turnus später zum Verhängnis werden wird (7616–26, siehe dazu unten). Anders als bei Vergil,[86] aber ähnlich wie im *Roman d'Eneas*, wo der Erzähler das Verhalten des Turnus ebenfalls als töricht bezeichnet (5770: *Por fol le fait*), rückt der Diebstahl, der eindeutig als *rêroup* einzustufen ist,[87] durch die Kommentierung des Erzählers schon hier in ein negatives Licht.

Auch die *narratio* bestraft Turnus umgehend für den Ringraub: Er wird von einem trojanischen Schützen angegriffen und verletzt. Das weckt erneut Wut und Zorn in ihm (7637 f.: *vil schiere er umbe sach, / wand im der zoren sêre wach*),[88] er verfolgt den Schützen auf ein Schiff und tötet ihn, aber das Schiff wird abgetrieben und Turnus damit aus dem Kampfgeschehen entfernt – sehr zu seinem Leidwesen, denn er fürchtet, man könne ihm deshalb Feigheit unterstellen: *man sal sprechen ich sî verzaget / und fliehe dorch mîn bôsheit* (7678 f.). Wieder hat Turnus, vom *zorn* befeuert, impulsiv gehandelt und sich dadurch in eine ungünstige Situation gebracht, die diesmal freilich auf eine andere Art und Weise ‚ungünstig' ist als in der Szene mit den Riesenbrüdern. Wieder rettet ihm ein Zufall das Leben, denn der Erzähler macht klar: *ne heten daz schif niht dan getragen, / Ênêas hete in erslagen* (7745 f.).

Mit dieser Feststellung verschiebt sich der Fokus der Erzählung von Turnus und seiner unbeabsichtigten und unerwünschten Schiffsfahrt hin zu Eneas. Der

---

heraus, sondern nutzt eine Lücke in dessen Verteidigung (5746–48); bei Vergil fällt Pallas im ebenbürtigen Zweikampf (X,482–85). Veldeke wertet die Art des Todes von Pallas, die er für seine Bearbeitung wählt, jedoch nicht, und sie hat wohl auch nichts „Anstößiges oder Unehrenhaftes"; Fromm (wie Anm. 1), 851 (Kommentar zu 206,16 f.).

84 Vgl. dazu Kraß (wie Anm. 54), 5 f., der den Ring als „Verlobungsring, der freilich nicht auf einen Liebes-, sondern einen Freundschaftsbund bezogen ist" (6), versteht.

85 So die Übersetzungen der Stelle bei Kartschoke und Fromm (wie Anm. 1).

86 In der *Aeneis* raubt Turnus das Wehrgehänge des Pallas – eine legitime Kriegsbeute – und spricht dem toten Gegner seine Anerkennung aus (X,493–95).

87 Anders als etwa im Artusroman ist *rêroup* im Antikenroman nicht per se problematisch. Zum Problem wird er erst, wenn er in Verbindung mit irrationaler Habgier auftritt, wie die Camilla-Episode des *Eneas* deutlich macht. Dennoch hat die ‚Leichenfledderei' im Gegensatz zu den antiken Vorlagen einen negativen Beigeschmack; vgl. Lienert (wie Anm. 9), 45.

88 Die Nennung von Turnus' Zorn ist wiederum eine Ergänzung Veldekes. Der *Roman d'Eneas* berichtet davon nichts.

Erzähler berichtet von dessen Reaktion auf Pallas' Tod: *daz was Ênêê vil zoren* (7750). Er wird von Trauer, Schmerz sowie zorniger Wut völlig überwältigt – die explizite Nennung von *zorn* hat keine Entsprechung im *Roman d'Eneas*, wohl aber bei Vergil[89] – und will Pallas' Tod und damit auch seinen persönlichen Verlust an Turnus rächen:

> *Ênêas klagete sêre*
> *sîn jugent und sîn êre*
> *sîn tugent und sîn trouwe.*
> *her hete grôze rouwe*
> *der helt wol geborne.*
> *vor leide und vor zorne*
> *ne mohter niht gesprechen,*
> *her wolde in gerne rechen*
> *an Turnô der in slûch.* (7753–61)

Schmerzerfüllt beklagte Eneas seine Jugend, seine Ehre, seine Tapferkeit und seine Treue. Große Trauer trug der edle Held. Vor Schmerz und vor Zorn brachte er kein Wort heraus. Er wollte ihn unbedingt an Turnus rächen, der ihn erschlagen hatte.

Eneas stürzt sich wieder ins Kampfgetümmel, um Turnus zu suchen. Er tötet wahllos zahlreiche Gegner:

> *swen her an sînem wege vant,*
> *her wâre junk oder alt,*
> *mit dem lîbe her ez galt.* (7770–72)

Wem er auf seinem Weg begegnete, ob der jung war oder alt, er mußte es mit dem Leben bezahlen.

Der Erzähler beurteilt Eneas' Reaktion als maßlos: *sîner vîande er erslûch / vile âne mâze* (7776 f.).[90] Da Turnus narrativ aus dem Schlachtgeschehen ‚entfernt' wurde, muss Eneas ein anderes Ventil für seinen Zorn finden. Nachdem das blinde Wüten des Eneas zunächst in der Totalperspektive dargestellt wurde, fokussiert der Erzähler auf eine Einzelszene. Mezzentius, der erste Heerführer des Turnus und damit sein Stellvertreter (5026–45), greift Eneas an. Eneas verletzt ihn beim Lanzenstechen, Mezzentius wird von seinem Gefolge gerettet und ins Lager gebracht. Sein Sohn Lausus attackiert Eneas, um den Vater zu

---

89 Im *Roman d'Eneas* wird lediglich von Eneas' großem Schmerz berichtet: *molt ot grant duel* (5849). Bei Vergil wird zwar nicht Aeneas' direkte Reaktion auf die Nachricht vom Tod des Pallas als ‚zornig' beschrieben, wohl aber sein Agieren im folgenden Kampf (X,513–15).

90 Ob sich *âne mâze* auf die große Zahl der getöteten Feinde bezieht oder auf das Verhalten des Eneas, ist ähnlich wie bei den beiden Riesen-Brüdern nicht zu entscheiden. Die Übersetzungen von Kartschoke und Fromm (wie Anm. 1) deuten die Stelle im ersten Sinn: „Er erschlug unzählig viele Feinde" bzw. „Er tötete zahllose Feinde"; dennoch klingt eine negative Bewertung von Eneas' Kampf- und Zornrausch zumindest an.

rächen.[91] Die beiden führen *mit grimmigeme mûte* (7842) einen Zweikampf, in dessen Verlauf Eneas Lausus mit dem Schwert erschlägt. Er flieht mit dessen Pferd *von Lausûses mannen* (7868), die Rache an ihm nehmen wollen. Etwas später verlangt der verletzte Mezzentius nach seinem Sohn. Als er erfährt, dass Eneas ihn getötet hat, und kurz darauf die Leiche gebracht wird, springt er vor großem Schmerz wie von Sinnen (7891: *unsinnechlîche*) und zornig (7893: *mit zornigen dingen*) vom Krankenlager auf, lässt sein Pferd bringen, das er kaum besteigen kann, rüstet sich und reitet *tobelîche* (7902) zurück in die Schlacht, wo Eneas auch ihn umgehend tötet.[92] Mit dem Ende des Tages endet auch die Schlacht. Anschließend wird ein Waffenstillstand vereinbart, weil Turnus' Heer durch dessen Abwesenheit führungslos ist.

Dieser erste Teil der Geschichte der Kampfgemeinschaft von Eneas und Pallas bringt wenig Neues, bestätigt aber die bisherigen Ergebnisse eindringlich und jeweils gleich mehrfach:

1. ,Gewaltgemeinschaften' im hier interessierenden Sinn werden immer durch zusätzliche Faktoren konstituiert – bei Eneas und Pallas durch das breit ausgeführte freundschaftlich-politische Bündnis, bei Mezzentius und Lausus durch die verwandtschaftliche Bindung.
2. Das gewaltsame Ende einer wie auch immer gearteten Kampfpartnerschaft durch den Tod eines der beiden Kämpfer erregt beim Übriggebliebenen *furor*, der zu unkontrollierten aggressiven Handlungen führt.
3. Dieser Zorn löst als Kampfzorn, oftmals kombiniert mit Rachegefühlen, in der Regel fatale Kettenreaktionen aus, und dies vorwiegend im Kontext von Gemeinschaftshandeln, wie die Ereignisse nach dem Tod des Pallas im Großen und der Tod des Mezzentius und des Lausus im Kleinen zeigen.
4. Zorn verleitet zu unbedachtem und unkontrolliertem Verhalten mit ebenfalls fatalen Folgen.

Der enge Zusammenhang zwischen den drei letztgenannten Punkten, den Veldeke durch minimale Änderungen im Vergleich zu seiner Vorlage systematisch verschärft, zeigt sich wiederum an Turnus/Eneas/Pallas und vor allem an Mezzentius. Seine Reaktion auf den Tod des Sohnes ist zwar nachvollziehbar, aber auch unklug, wie der Erzähler ausdrücklich vermerkt: *sîner wunden her vergaz, / daz was iedoch tumbheit* (7900f.).

---

91 Rache für die Verwundung des Vaters wird nicht explizit als Motiv für den Angriff des Lausus auf Eneas genannt, wird aber implizit aus 7816–19 und 7846–49 ersichtlich.

92 Im Vergleich zum *Roman d'Eneas* bewertet Veldeke das Handeln des Mezzentius neu: Im *Roman* sind zwar auch die Trauer über den Tod des Sohnes (5947) und Rachegelüste (5953–56) die Triebfeder für seinen Angriff auf Eneas, dieser wird aber nicht als unbesonnen und von blindem Zorn getrieben dargestellt; eine Wertung durch den Erzähler wie bei Veldeke (7901: *tumbheit*) unterbleibt.

Das aus Sicht des Erzählgefüges an sich dysfunktionale Intermezzo mit Mezzentius und Lausus hat mit Blick auf meine Fragestellung zwei Funktionen. Zum einen verdeutlicht die maßlose, zornbefeuerte und ‚exorbitante' Reaktion des Eneas, die sich in der Tötung der beiden namentlich genannten Gegner und zahlreicher weiterer Feinde zeigt, das Ausmaß seiner Trauer und seines Zorns über den Tod des Freundes und damit den Stellenwert der Kampfgemeinschaft mit Pallas. Zum anderen könnte die Tötung des Lausus als Parallele zum Tod des Pallas verstanden werden. Beide Male kämpft ein erfahrener, kampferprobter und überaus starker Kämpfer – hier Eneas, dort Turnus – gegen einen jungen, noch unerfahrenen, aber dennoch außerordentlich tapferen und ebenfalls starken Gegner.[93] Das Ergebnis ist jeweils dasselbe – Sieg des Älteren, Erfahreneren –, aber der Weg dorthin ist ein anderer. So gesehen dient der Kampf zwischen Eneas und Lausus dazu, zu zeigen, wie ein junger Held im Zweikampf ‚richtig', nämlich auf ritterliche, faire, seinem Rang angemessene und damit ehrenhafte Weise zu Tode kommt. Das würde in Veldekes spezifischer Ausgestaltung die Tötung des Pallas durch Turnus aus einer unterlegenen Position heraus im Nachhinein diskreditieren.

2. Akt: Eneas weint

Die „Raserei und Exorbitanz des Tötens", mit der Eneas auf den Tod des Pallas reagiert, „korrespondiert mit der Exorbitanz [seiner] Trauer",[94] die sich nach Abschluss des Waffenstillstands Bahn bricht und den zweiten Teil der Geschichte der Kampfgemeinschaft von Eneas und Pallas bestimmt. Er ist nicht mehr vom Versuch der kriegerischen Bewältigung, sondern von Trauerarbeit geprägt. Die Pathetik von Eneas' Trauer um Pallas ist bereits bei Vergil angelegt und wird im *Roman d'Eneas* deutlich verstärkt.[95] Dagegen dämpft Veldeke die „sinnliche Atmosphäre" von Eneas' Trauerrede (8027–77) in seiner Vorlage wieder etwas und rückt sie „in eine ethische Perspektive."[96]

Eneas lässt den toten Pallas aufbahren, um ihn in seine Heimat zurückzubringen und ihn nicht in der Fremde bestatten oder verbrennen zu müssen. Er

---

93 Lausus wird als *junkhêre rîche* (7821 und 7846), der *ritterlîche* (7822) kämpft, beschrieben. Obwohl tapfer und stark, kann er Eneas nicht lange widerstehen.

94 Beide Zitate Michaelis (wie Anm. 57), 187. Michaelis weist hier zurecht darauf hin, dass sich in Eneas' Trauer über den Tod des Pallas zahlreiche Parallelen zur Trauer des Turnus über Camillas Tod finden, die sich in der Schilderung der Begräbnisse und der Grabmäler fortsetzen. Pallas und Camilla erscheinen so als „Stellvertreterfiguren" für die beiden Kontrahenten" (187). Diesen Zusammenhängen soll hier nicht weiter nachgegangen werden, weil sie im Hinblick auf meine Fragestellung keine Bedeutung haben.

95 Vgl. dazu Fromm (wie Anm. 1), 853 (Kommentar zu 217,33–219,3).

96 Beide Zitate Kraß (wie Anm. 7), 289.

tut das *vor jâmer und vor minnen* (7970) – aus Trauer und aus Zuneigung – und bringt damit seine *trouwe* (7976) gegenüber dem gefallenen Freund und Kampfpartner zum Ausdruck, wie der Erzähler vermerkt, der zudem an weiteren Stellen darauf hinweist, dass Eneas *grôze rouwe* (7975) empfindet und *vile unfrô was* (8002). Es folgt eine ausführliche Beschreibung der prächtigen Totenbahre und des aufgebahrten Toten. An dieser Bahre gibt sich Eneas seiner Trauer und seinem übergroßen Schmerz hin: *sêre begunde her in klagen* (8004), denn kein bisheriger Todesfall *sîme herzen leider wart* (8010); er *klagete vile sêre / sînen lieben vehtgenôz* (8022f.); *sîn rouwe diu was vile grôz / und sînes herzen ungemach* (8024f.); *sêre weinder unde sprach* (8026) – in beinahe schon ,maßloser' Wiederholung und Verdichtung unterstreicht der Erzähler in der Einleitung zur Trauerrede des Eneas dessen Gemütsverfassung, die das Ausmaß ,gewöhnlicher' Trauer weit übersteigt. Folgerichtig verhält sich Eneas auch maßlos in seiner Trauer. Er schwört Rache und bricht nach seiner Klagerede weinend über der Bahre zusammen:

> *dô viel her ûf die bâre,*
> *mit den armen her si umbevienk,*
> *vaste her dar ane hienk,*
> *sêre er weinen began,*
> *unze in sîne wîse man*
> *mit gwalde dar von brâchen*
> *unde im zû sprâchen*
> *ein teil zorenlîche,*
> *daz der hêre rîche*
> *sîn dink sô kintlîch ane vienk*
> *und solhen jâmer begienk.* (8078–88)

Er sank auf die Bahre, schlang die Arme um sie, hielt sich an ihr fest und weinte bitterlich, bis ihn seine verständigen Dienstleute mit Gewalt losrissen und auf ihn einredeten, sehr zornig darüber, daß der mächtige Herr sich so unmännlich benahm und derart wehklagte.

Eneas' Trauer und Klage übersteigt in Veldekes Bearbeitung[97] jedes Maß – das macht die Reaktion einiger seiner Gefolgsleute deutlich:[98] Sie reden *ein teil zorenlîche* (8085) auf ihn ein und zerren ihn *mit gwalde* (8083) von der Bahre

---

97 Der *Roman d'Eneas* gibt zwar auch die ausführliche Klagerede des Eneas an Pallas' Bahre wieder (6147–208) und berichtet von seinem Racheschwur, von Schmerz und Zorn (6210) sowie davon, dass Eneas an der Bahre zusammenbricht. Seine Trauer ist dort aber als nicht so maßlos dargestellt, dass die Gefolgsleute eingreifen müssen. Etwas gefasster begleitet Eneas die Bahre so lange, bis seine Leute ihn schließlich zurückhalten (6214–28).

98 *wîse man* (8082) – „verständige[] Dienstleute" (Kartschoke, wie Anm. 1) oder eher „einige seiner Leute, die besonnen waren" (Fromm, wie Anm. 1) – sind diejenigen, die wissen, was richtig und falsch ist, und deshalb das Verhalten des Eneas richtig und angemessen beurteilen können.

weg.[99] Die Trojaner sind erschrocken wegen der Maßlosigkeit der Emotionen ihres Anführers, und zwar deswegen, weil die Art und Weise, wie Eneas seine Trauer äußert, offensichtlich nicht angemessen ist: „Es droht Ehrverlust."[100] Dabei steht nicht die Trauer des Kriegers an sich in Frage. Der Erzähler weist ausdrücklich darauf hin, dass auch die anderen Trojaner aufgrund von Pallas' Tod *vil trûrich wâren* (8112), und unterstreicht diesen Hinweis sogar mit einer Wahrheitsbeteuerung: *daz man gelouben wole mach* (8113). Das zeigt, dass nicht die Trauer als solche unangemessen ist, sondern die spezifische Form ihrer Äußerung.[101] Diese wird allerdings nicht als g e s c h l e c h t s s p e z i f i s c h unangemessen bewertet, wie Ridder meint, wenn er davon ausgeht, dass die „geschlechtsspezifischen Ausdrucksformen" in Frage stünden, weil sich Eneas „unmännlich[]" verhalte.[102] Das tut er zwar, er klagt aber nicht unmännlich im Sinne von ‚weibisch', sondern *kintlîch* (8087).[103] Genau deshalb hat er in den Augen seiner Gefolgsleute mit seinem Verhalten eine Grenze überschritten,

---

99 Auch hier wird also ein Zusammenhang zwischen *zorn* und Gewalt angedeutet, jedoch auf einer gänzlich anderen Ebene.

100 Ridder (wie Anm. 12), 47.

101 Dass Emotionen im Mittelalter in der öffentlichen Kommunikation nicht primär als Gefühlsäußerungen, sondern eher als ritualisierte Zeichen verstanden wurden, die bestimmte Funktionen erfüllten, wie etwa Treue zu signalisieren, hat Althoff in zahlreichen Arbeiten plausibel gemacht. Vgl. z. B. die in Anm. 24 genannten Titel sowie Gert Althoff: Gefühle in der öffentlichen Kommunikation des Mittelalters, in: Emotionalität. Zur Geschichte der Gefühle, hrsg. von Claudia Benthien u. a. (Literatur – Kultur – Geschlecht. Studien zur Literatur- und Kulturgeschichte 16), Weimar/Wien 2000, 82–99. Althoff, Aufgeführte Gefühle (wie Anm. 24), warnt daher: „Wir sollten also vorsichtig sein, wenn wir in mittelalterlichen Texten mit extremen emotionalen Ausdrucksformen konfrontiert werden, die auf den ersten Blick auf eine hohe Windstärke der Emotionen weisen" (17f.). Die von Veldeke beschriebenen Reaktionen der Gefolgsleute auf den Gefühlsausbruch ihres Anführers lassen allerdings vermuten, dass es sich bei Eneas' Verhalten an der Totenbahre des Pallas nicht um ein wohl durchdachtes Ritual handelt, sondern um einen ‚emotionalen' Ausbruch, um ‚echte' Gefühle (bzw. deren literarische Repräsentation). Genau das scheint das Problem an Eneas' Verhalten zu sein. – Schulz (wie Anm. 34), 114–16, weist mit Bezug auf die Literatur des 13. Jahrhunderts und am Beispiel von *Mai und Beaflor* darauf hin, dass die literarische Darstellung von übermäßiger Trauer bzw. von übermäßigen Affektäußerungen generell auch der Authentifizierung der Figuren dienen kann. Das lässt sich mit den nötigen Einschränkungen durchaus auf den *Eneas* allgemein und speziell auf die Klageszene an Pallas' Totenbahre übertragen. – Grundlegend zu Trauer als Emotion und der Bedeutung ihrer literarischen Repräsentation: Elke Koch, Trauer und Identität. Inszenierungen von Emotionen in der deutschen Literatur des Mittelalters (TMP 8), Berlin/New York 2006.

102 Beide Zitate Ridder (wie Anm. 12), 47.

103 Es stimmt zwar, dass die „‚Kulturtätigkeit' des Klagens und der Verkörperung von Leid [...] vorrangig Frauen zugeschrieben" wird; Ridder (wie Anm. 12), 47, der hier Claudia Benthien u. a., Einleitung, in: Emotionalität. Zur Geschichte der Gefühle (wie Anm. 101), 7–20, hier 10, zitiert; vgl. dazu auch Ingrid Kasten, Einleitung, in: Codierungen von Emotionen (wie Anm. 12), XIII–XXVIII, hier XIV. Man kann die Stelle also durchaus so verstehen, dass Eneas' Verhalten Züge einer *effeminatio* trägt – aber der Erzähler bezeichnet sein Verhalten explizit als *kintlîch* (8087), nicht als *wîplich*.

denn in der problematischen Situation, die der Verlust eines wichtigen Bündnispartners erzeugt hat, sind ‚Männlichkeit' sowie Führungsstärke[104] und die ritualisierte Ostentation von beidem gefordert und keine hemmungslose, unmännlich-k i n d l i c h e Trauer. Erst das *zorenlîche* (8085) Eingreifen der Gefolgsleute macht Eneas wieder handlungsfähig: „Der Affekt produziert Interaktion."[105]

Die unmäßige, exorbitante Trauer von Eneas unterstreicht ebenso wie seine blindwütige Zornreaktion zuvor die herausgehobene Stellung der Kampfpartnerschaft und den übergroßen Verlust, den Eneas erlitten hat – offensichtlich nicht nur im Hinblick auf den Kriegserfolg, sondern auch persönlich. Eneas macht sich nämlich Selbstvorwürfe, weil er Pallas nicht beschützt hat (8049–54), und betrauert den Tod des persönlichen Freundes, aber auch des jungen, idealen Helden, des „exemplarischen *iuvenis*",[106] sowie indirekt auch das Ende von Euanders Dynastie.[107] Die Passage zeigt aber noch etwas anderes: Eneas kann im Gegensatz zu Turnus seinen Zorn auch auf andere Weise als kämpfend kanalisieren. Er ist zu angemessener Empathie und damit zu *compassio* fähig.[108] Ob seine ebenso maßlose Trauer allerdings ‚besser' ist als sein und des Turnus Wüten auf dem Schlachtfeld, lässt der Text zumindest an der Oberfläche und in der aktuellen Situation offen. Erst später findet eine Bewertung statt, allerdings nicht durch den Erzähler, sondern wiederum durch eine der handelnden Figuren: Eneas' Verhalten an Pallas' Bahre und seine daraus erkennbare besondere ‚Beziehung' zu Pallas bringt ihm nicht nur den Tadel seines Gefolges ein, sondern setzt ihn auch dem Verdacht der Homosexualität aus, den Amata, die latinische Königin, gegenüber ihrer Tochter Lavinia äußert (10642–61),[109] den Veldeke aber im Vergleich zum *Roman d'Eneas* deutlich abschwächt:[110]

---

104 So auch Dittrich (wie Anm. 38), 255: „einem Herrscher nicht geziemend".

105 Schulz (wie Anm. 34), 115 (allgemein zur narrativen Funktion der literarischen Emotionsdarstellung, ohne spezifischen Bezug auf den *Eneas*).

106 Friedrich (wie Anm. 35), 175, der auch darauf hinweist, dass sich an Pallas „heroische Gewaltdynamik und ihre soziale Prämierung par excellence" sowie „der ideale Standpunkt feudaler Kriegsethik" (beide Zitate 175) erweisen.

107 Pallas' Begräbnis und die Klagereden seines Vaters und seiner Mutter legen es nahe, die Pallas-Figur als ‚Märtyrer' des römischen Reiches aufzufassen. Vgl. dazu Haiko Wandhoff, Ekphrasis. Kunstbeschreibungen und virtuelle Räume in der Literatur des Mittelalters (TMP 3), Berlin/New York 2003, 92–99.

108 Vgl. dazu Kraß (wie Anm. 7), 289, der in diesem Zusammenhang auch die Abschiedsszene von Eneas und Dido und die Begegnung des Eneas mit Didos Schatten in der Unterwelt thematisiert (ebd., 288f.) und nachweist, dass Veldeke gezielt die Fähigkeit seines Protagonisten zu *compassio* herausstellt.

109 Inwiefern der Homosexualitätsvorwurf bereits in Amatas Streitgespräch mit König Latinus (4158–256) anklingt – so Michaelis (wie Anm. 57), 183 – bleibt unklar. Dort befürchtet die Königin neben anderen Dingen vielmehr Lavinias Ehrverlust durch den Verlust ihres *magetûm[s]* (4247).

110 Im *Roman d'Eneas* (8567–602) beschreibt Amata Eneas völlig unverblümt als homosexuell

her geminnete nie wîb.
ezn ist ze sagenne niht gût,
waz her mit den mannen tût,
daz her der wîbe niene gert. (10646–49)

Er hat noch nie eine Frau geliebt. Es schickt sich nicht auszusprechen, was er mit den Männern macht, daß er die Frauen nicht begehrt.

Lavinia nimmt diesen Vorwurf später im Zorn (11427, 11455 und 11467) auf, als sie nach dem gegenseitigen Liebesgeständnis zunächst vergeblich auf Eneas wartet (11442–54), und reflektiert auch in ihrem Minne-Monolog direkt im Anschluss an das Gespräch mit Königin Amata darüber, was ihre Mutter gesagt hat (10769–71).

Der aus der Eneas-feindlichen Perspektive Amatas verständliche Vorwurf der Homosexualität, der durch Lavinias Äußerungen im Text zunächst präsent bleibt, sich dann aber nicht zuletzt gerade durch die letztlich *rehte* Liebe zwischen Lavinia und Eneas als haltlos erweist, betrifft wie Eneas' übermäßige Trauer die Mechanismen und die ‚Qualität' der Gemeinschaftsbildung zwischen Eneas und Pallas (bzw. Euander), auch wenn Amata ihren Vorwurf nicht direkt auf Pallas bezieht, sondern diesen wohl eher aus Eneas' Verhalten gegenüber Dido ableitet. Zudem argumentiert sie mehr dynastisch als moralisch.[111] Man sollte dieses abwertende Sprechen über Homosexualität allerdings gerade wegen

---

orientiert und bezeichnet ihn ausdrücklich als *un sodomite* (8583). Vgl. dazu William Burgwinkle, Knighting the Classical Hero: Homo/Hetero Affectivity in *Eneas*, in: Exemplaria 5 (1993), 1–43; Simon Gaunt, From epic to romance: Gender and sexuality in the *Roman d'Eneas*, in: Romanic Review 83 (1992), 1–27; ders., Gender and Genre in Medieval French Literature, Cambridge 1995, v. a. 81–85. Zu Veldekes Abschwächung vgl. z. B. Annette Volfing, Sodomy and *rehtiu minne* in Heinrich von Veldeke's *Eneit*, in: *Oxford German Studies* 30 (2001), 1–25, hier 8, und Michaelis (wie Anm. 57), 192 mit Anm. 91. Bei Vergil gibt es keine Entsprechung. Allerdings klingt in Turnus' Ansprache an seine Lanze vor dem entscheidenden Zweikampf gegen Aeneas ebenfalls der Vorwurf der Homosexualität an: Turnus bezeichnet Aeneas als *semivir* (XII,99) und macht sich über seine geölten Locken lustig (XII,99f.).

111 Amatas Argumentation zielt in erster Linie auf den Vorwurf der mangelnden Bereitschaft zur Fortpflanzung und damit auf dynastische Erwägungen (10652–70). Der drohende Untergang Karthagos, durch den von Eneas verursachten Selbstmord der kinderlosen Herrscherin Dido ausgelöst, dient ihr als abschreckendes Beispiel; Eneas' angebliche Sodomie ist bei Veldeke Amata nicht mehr der Hauptanklagepunkt. Vgl. Susanne Hafner, Maskulinität in der höfischen Erzählliteratur (Hamburger Beiträge zur Germanistik 49), Frankfurt a. M. u. a. 2004, 64f. Auf der *histoire*-Ebene ist Amatas Vorwurf des mangelnden Prokreationswillens bei Eneas haltlos, wie schon das Geschlechterregister in der Prophezeiung des Anchises bei der Unterweltfahrt (3642–97) gezeigt hat. In diese Richtung lässt sich auch die überzeugende Deutung von Amatas Sodomie-Vorwurf im Hinblick auf die Publikumslenkung bei Volfing (wie Anm. 110) verstehen: „the function of the motif is to [...] reassure the audience of his [Eneas'] worthiness as a *minne*-partner for Lavine" (10); „the sodomy allegations [...] serve to strengthen the audience's confidence in the success of the love relationship between Eneas and Lavine" (25).

Veldekes Betonung des dynastischen Problems nicht in erster Linie auf der Diskursebene als typisch heteronormatives (Dis-)Artikulieren eines homoerotischen Begehrens, als Reden über „sexuelle[s] Begehren, Geschlecht und Körper[]" in einem „diffamatorische[n] Modus" werten, wie es Beatrice Michaelis tut,[112] sondern primär auf der Ebene der *histoire* als den Versuch Amatas, nicht nur Eneas, sondern auch seine politisch motivierte Kampfpartnerschaft mit Pallas Lavinia gegenüber zu diskreditieren und die Mechanismen der Konstituierung dieser Kampfgemeinschaft und ihre Qualität nachträglich zu desavouieren. Von einer homoerotischen Beziehung zwischen Eneas und Pallas ist nirgends explizit die Rede, und solch eine Beziehung wird auch nirgends angedeutet: nicht durch Eneas' Verhalten gegenüber Pallas, nicht durch seine unmäßige Trauer[113] und auch nicht durch die Reaktion von Eneas' Gefolge, die nicht darauf zielt, Eneas zu effeminieren, sondern seine drohende (politische) Handlungsunfähigkeit als Anführer problematisiert. Nur Amatas Vorwürfe unterstellen Eneas ein homoerotisches Begehren. Amata hat sich in der Darstellung des Erzählers durch ihr Verhalten jedoch von Anfang an als verlässliche Wertungsinstanz selbst disqualifiziert.[114] Man kann Veldeke also kaum vorwerfen, es handele sich bei seinem *Eneas*

um eine jener literarischen Instanzen, in welchen das charakteristische beredte Schweigen oder schweigsame Reden eines diffamierenden und verurteilenden Dis-

---

112 Beide Zitate Michaelis (wie Anm. 57), 190.

113 In Eneas' Trauerrede findet sich ein eindeutiger, meines Wissens in der Forschungsdiskussion bisher nicht beachteter Bezug auf die politisch motivierte Allianz von Eneas und Pallas. Eneas sagt mit Bezug auf die Götter: Hätten sie *mir dîn gegunnen, / ich hete wol gewunnen / mîn wîb unde mîn lant* (8039–41). Das ‚Begehren‘ des Eneas gegenüber Pallas ist also kein homoerotisches, sondern ein politisches, das auch mit dem Label „homosozial" (so Kraß, wie Anm. 57, 103f., und ders., wie Anm. 54, 12f.) nicht treffend beschrieben ist. Im Rahmen der Kriegergemeinschaft, die die Erzählwelt des *Eneas* prägt, ist die strikte Entgegensetzung von homosozialem und heterosexuellem Begehren als Analyseinstrument nicht sinnvoll, zumal sich diese beiden Begehrens-Strukturen in Eneas' Geschichte nicht eindeutig auf eine Vor-Lavinia- und eine Lavinia-Phase verteilen, wie die Dido-Geschichte zeigt, die in Veldekes Darstellung nicht an Eneas' mangelndem heterosexuellen, weil homosozial überlagerten Begehren scheitert, sondern letztlich an Didos Fehlinterpretation von Eneas' Intention und der gesamten Ereignisse sowie daran, dass Dido ihr Begehren nicht mit ihrer Position als Herrscherin in Einklang bringen kann. Dies hier näher auszuführen, würde den Rahmen des Beitrags sprengen.

114 Vgl. dazu Volfing (wie Anm. 110). Auch Michaelis (wie Anm. 57), 191, betont zurecht: „Der Vorwurf, Eneas würde die Männer statt der Frauen lieben, dient einer Denunziation der Person, fällt aber zugleich auf die Verleumderin selbst zurück, da sie sich einmal mehr in ihrer Maßlosigkeit der Rede gegen die höfische Zucht stellt. [...] Heinrich behält den Verdacht der afrz. Vorlage bei, funktionalisiert ihn aber nicht etwa, um Eneas glaubhaft abzuwerten, sondern vorrangig, um Amatas Sprecherinnenposition zu verunmöglichen."

kurses nicht normatives sexuelles Begehren zwischen Männern zu fassen versucht bzw. über die Verleumdung (dis-)artikuliert.[115]

Es geht Veldeke und seinem Erzähler nicht darum, indirekt ein Tabu zur Sprache zu bringen, und der Vorwurf Amatas ist auch keine „strategische Fiktion"[116] auf der Diskursebene. Er hat eine Funktion ausschließlich auf der Handlungsebene.

3. Akt: Die Rache des Eneas

Der gewaltsame und ehrlose Tod des Pallas hat zu einem späteren Zeitpunkt der Handlung Auswirkung auf eine im Wortsinn entscheidende Szene der Geschichte. Der finale Zweikampf zwischen Eneas und Turnus endet nach einem langen und äußerst erbitterten ritterlichen Kampf, in dessen Beschreibung immer wieder auf den unbändigen *furor* der Kontrahenten verwiesen wird, den der Erzähler aber nur im Hinblick auf Turnus als *zorn* bezeichnet,[117] mit der Niederlage des Turnus, der zuerst nach und nach seine Waffen verliert und dem Eneas schließlich einen Oberschenkel durchtrennt, so dass er den Kampf aufgeben muss. Turnus gesteht seine Niederlage ein und bittet um sein Leben. Das weckt bei Eneas zunächst Mitleid und Barmherzigkeit:

> *Dô e r b a r m d e z dem Troiân,*
> *daz Turnûs der edel man*
> *alsô klagelîchen sprach.*
> *b a r m e c h l î c h e in ane sach*
> *der herzoge Ênêas,*
> *wande Turnûs was*
> *ein edel vorste wol geboren,*
> *ze allen tugenden ûz erkoren.* (12559–66, Hervorhebungen C. S.)

Da packte den Trojaner das Erbarmen, daß Turnus, der edle Mann, so kläglich sprach. Voll Mitleid sah Herzog Eneas ihn an, weil Turnus ein edler Fürst von Geburt und in jeder Hinsicht ausgezeichnet war.

---

115 Michaelis (wie Anm. 57), 190.
116 Michaelis (wie Anm. 57), 192.
117 Beim Lanzenstechen kämpft Turnus *mit grimmigeme zorne* (12332), beim anschließenden Schwertkampf agieren beide *mit grimmigeme mûte* (12355), und von beiden sagt der Erzähler: *si gâben unde nâmen / slege grimme unde grôz* (12366f.). Er berichtet auch von einer körperlichen Reaktion des Turnus: *Turnûs der helt balt / vaht mit grôzer gewalt, / her was von zorne worden warm* (12409–11). Ein kräftiger Schlag auf Eneas' Helm weckt dessen Wut: *des erbalch sich Ênêas* (12424). Der Anblick von Lavinia befeuert ihn zusätzlich: *des gewan der helt gût / grimmigen hôhen mût* (12431f.). Zum Ablauf des Kampfes und seiner entscheidenden Wendung vgl. auch Gerok-Reiter (wie Anm. 37), 146–49.

Er will Turnus nicht nur das Leben lassen, sondern ihm sogar ein Vasallenverhältnis anbieten, beides in Anerkennung von Turnus' Heldenstatus. Eneas zeigt Milde[118] und agiert damit bereits in der Rolle des künftigen Herrschers, die er im selben Moment durch den Sieg über Turnus einnimmt. Doch es kommt anders: Als Turnus Eneas seine Hände reicht, um sein Dienstmann zu werden, erblickt Eneas den Ring, den Turnus dem toten Pallas geraubt hatte, und spricht:

> [...] *ez mûz al anders sîn,*
> *hien mach sûne niht geschehen:* [...]
> *des ne was dir nehein nôt,*
> *daz dû sîn vingerlîn trûge,*
> *den dû in mîner helfe slûge:*
> *es waz ein bôsiu girheit.*
> *des sage ich dir die wârheit,*
> *nû mûstû sîn engelden.* [...]
> *Pallas sal ich rechen,*
> *der reiner tugende hete genûch.* (12590–605)

Es muß doch alles ganz anders sein. Eine Versöhnung kann hier nicht stattfinden. [...] Du hattest es nicht nötig, den Ring dessen zu tragen, den du aus meinen Hilfstruppen heraus erschlagen hast. Es war niedrige Beutegier. Ich versichere dir, dafür mußt du nun büßen. [...] Ich werde Pallas rächen, der vorbildlich und ohne jeden Makel war.

Dann schlägt Eneas Turnus den Kopf ab, und der Krieg ist endgültig beendet. Turnus muss sterben, weil Eneas den Ring sieht, der ihn als materiales Zeichen seiner Freundschaft und Kampfpartnerschaft mit Pallas an den Tod des Freundes erinnert und eine entsprechend affektive Reaktion auslöst, wobei Veldeke das emotionale Handeln des Eneas bei Vergil (XII,945 f.: *furiis accensus et ira terribilis*) und im *Roman d'Eneas* (9800: *Toz teinst d'ire* – „vor Zorn wechselte er gänzlich die Farbe") zugunsten einer eher rationalen Entscheidung abändert, denn Veldeke streicht die Nennung einer affektiven Reaktion und übernimmt aus dem *Roman d'Eneas* lediglich die Begründungsrede des Eneas. Es ist hier nicht in erster Linie die Tatsache, dass Turnus Pallas getötet hat, die zu

---

118 Die mittelalterlichen Fassungen unterstreichen diesen Umstand, der bei Vergil nur angedeutet ist. Dort bittet Turnus um Gnade (XII,931–38), Aeneas zögert und fängt gerade erst damit an, über eine milde Reaktion nachzudenken, als er das geraubte Wehrgehänge des Pallas erblickt und Turnus zornig und wütend (XII,946 f.) aus Rache für Pallas' Tod erschlägt. Damit endet die *Aeneis*. Der *Roman d'Eneas* gestaltet die Szene ähnlich, hebt aber Eneas' Mitleid und seine Bereitschaft zur Milde deutlicher hervor und fügt eine Passage ein, in der Eneas seine Entscheidung, Turnus zu töten, begründet. Veldeke ändert den Ablauf signifikant, indem er Eneas Turnus zunächst ein Lehnsverhältnis in Aussicht stellen lässt, das Mitleids- und Milde-Motiv also noch stärker akzentuiert, bevor auch hier Eneas seine Meinung ändert und Turnus tötet: „Veldeke hat die Szene psychologisch vertieft, indem er das Mitgefühl des Helden als Solidarität mit dem ebenbürtigen Widersacher deutet"; Kraß (wie Anm. 7), 290.

seiner Enthauptung führt. Der eigentliche Grund ist die *bôsiu girheit* (12599) des Turnus, die ihn unnötigerweise dazu verleitet hatte, den Ring an sich zu nehmen und zu tragen: *des ne was dir nehein nôt, / daz dû sîn vingerlîn trûge* (12596f.). Mit dieser Bewertung, die Veldeke ergänzend einfügt, nimmt Eneas ein Begründungsmuster auf, das der Erzähler bereits in der Ringraub-Szene prominent platziert hatte (7612f.: *Turnûs der helt kûne / vergaz sîn selbes sêre drane*) und in der Einleitung zu Eneas' Begründungsrede wiederholt (12576: *als im ubile gezam*). Turnus hat sich selbst und auch Pallas durch den Ringraub entehrt – eine zentrale Änderung der mittelalterlichen Fassungen gegenüber Vergil, bei dem Turnus Pallas das Wehrgehänge abnimmt, das aber anders als der Ring als ‚reguläre' Kriegsbeute und nicht als durch *rêroup* erworbenes Diebesgut einzustufen ist.[119] Folgerichtig steht in der *Aeneis* bei Aeneas' Entscheidung, Turnus zu töten, auch nicht dessen ehrloses und entehrendes Verhalten, sondern die Rache für den Tod des Freundes und Bündnispartners im Vordergrund. In den mittelalterlichen Romanen, besonders bei Veldeke, muss Turnus dagegen primär für seine Selbstvergessenheit büßen:

> Schwäche der rationalen Kräfte und Übermacht des Begehrens sind somit bei Veldeke die zentralen Charakteristika, die er an der Figur des Turnus sinnfällig demonstriert und auf die seine Darstellung des Geschehens unmittelbar abhebt.[120]

Eneas bestraft Turnus für seine ehrlose Tat und grenzt sich so bewusst und demonstrativ von dessen Habgier sowie von mangelnder *ratio* und Selbstkontrolle ab.[121] Ähnlich wie zuvor agiert Eneas auch hier bereits in seiner neuen Rolle als Herrscher. Gleichwohl spielen auch der Tod des Freundes und das damit einhergehende Ende der Kampfgemeinschaft bei Eneas' Entscheidung eine wichtige Rolle. Diese beiden Faktoren werden in Eneas' Begründungsrede ebenfalls genannt (12594f.: Tod des Freundes; 12598: Tod des Verbündeten).

Die Fokussierung der Erzählung auf Eneas und Turnus im finalen Zweikampf gibt die Möglichkeit, die beiden Protagonisten vergleichend im Hinblick auf den Zusammenhang von Zorn und aktivem Verhalten in den Blick zu nehmen, nach ihrer ‚Charakterisierung' zu fragen, die Verbindungen zwischen den genannten Punkten und dem ‚Schicksal' der beiden Helden zu beleuchten und so ein erstes Fazit zu ziehen.

---

119 Dass der Ringraub als „Chiffre für Beutehaltung schlechthin" aufgefasst werden kann – so Friedrich (wie Anm. 35), 174 –, ist demnach wenig wahrscheinlich, gilt dies doch eher für den Raub des Wehrgehänges bei Vergil und gerade nicht für den *rêroup*, als der der Ringdiebstahl, anders als der Diebstahl des Messapus-Helms durch Euryalus, im *Roman d'Eneas* und bei Veldeke erscheint. Der Ring als Freundschaftszeichen verschiebt in den mittelalterlichen Fassungen das Begründungsmuster.

120 Ridder und Lemke (wie Anm. 51), 110. In eine ähnliche Richtung argumentiert Kraß (wie Anm. 7), 290.

121 Vgl. Friedrich (wie Anm. 35), 174.

Der Erzähler in Veldekes *Eneas* vermeidet es fast schon systematisch, das Handeln seiner Figuren ausdrücklich zu bewerten, was an Turnus und Eneas besonders deutlich wird. Deren „Positionen sind [...] nicht eindeutig qualifiziert", vielmehr sind Ambivalenzen bestimmend. Auch der „Heros Turnus ist eine ambivalente, keine negative Figur":[122] Er wird anders als bei Vergil in den mittelalterlichen Fassungen in der Regel mit denselben durchweg positiven Epitheta bedacht wie Eneas und erscheint insgesamt wie der Trojaner als makelloser Held und machtvoller, starker Krieger.[123] Das zeigt sich verdichtet in der Ruhmesrede des Erzählers auf Turnus nach dessen Tod, die Veldeke im Vergleich zu seinen Vorlagen hinzufügt und die unter anderem dazu dient, Eneas' Siegesruhm durch die Aufwertung des Gegners zu steigern:[124]

> [...] *nehein sîn genôz*
> *mêr tugende nie gewan,*
> *wie her wâre ein heidensch man.*
> *doch daz her dâ was belegen,*
> *her was des lîbes ein degen,*
> *kûne unde mahtich,*
> *wîse unde bedahtich,*
> *getrouwe unde wârhaft,*
> *milde unde êrhaft,*
> *ein adelar sînes gûtes,*
> *ein lewe sînes mûtes,*
> *ein ekkestein der êren,*
> *ein spiegel der hêren.*
> *her hete wol getânen lîb,*
> *vil lieb wâren im diu wîb,*
> *si wâren ouch ime holt:*
> *daz was sîner tugende scholt.*
> *her hete in sîner jugende*
> *ûz erwelder tugende*
> *wol zehener sîner gnôze teil,*
> *wan daz klagelîch unheil,*
> *daz her des tages veige was*
> *unde daz her Ênêas*
> *sîn lîb danne solde tragen,*
> *Turnûs het anders in erslagen.* (12610–34)

[K]einer seiner Standesgenossen vereinigte mehr Vorzüge auf sich, obwohl er doch ein Heide war. Wenn er auch unterlegen war, war er ein Held an Körperkräften gewesen,

---

122 Beide Zitate Friedrich (wie Anm. 35), 174.
123 Vgl. dazu Fromm (wie Anm. 1), 895 f. (Kommentar zu 332,2–21); McDonald (wie Anm. 7), 85–88; Gerok-Reiter (wie Anm. 37), 147 f.
124 Vgl. dazu z. B. Kartschoke (wie Anm. 1), 814 (Kommentar zu 308,24).

kühn, kräftig, klug, besonnen, treu, aufrichtig, freigebig und ehrenhaft, ein Adler im
Umgang mit seinem Besitz, ein Löwe in seiner Gesinnung, ein Eckstein der Ehre, ein
Vorbild der Fürsten. Er war schön. Er liebte die Frauen, sie liebten ihn auch dank seinen
Vorzügen. Er vereinigte, so jung er war, die ganze Vorbildlichkeit von gut zehn seiner
Standesgenossen auf sich, wenn man von dem erbarmenswerten Unglück absieht, daß
er an diesem Tag sterben mußte und Herr Eneas mit dem Leben davonkommen sollte.
Sonst hätte Turnus ihn erschlagen.

Mit Turnus wird das zunächst nicht negativ konnotierte und auch nicht so
bewertete[125] „Stereotyp eines affektgeladenen heroischen Kriegers entworfen:
Selbstgewißheit, Kampfeifer und Jähzorn bilden seine Attribute",[126] wobei der
Zorn eines solchen Kriegers ein grundlegender ‚Habitus' im Kampf ist. Obwohl
diese Zornaffinität weniger „eine innere Befindlichkeit als [...] die ständige
Bereitschaft zu gewalttätigem Handeln"[127] bezeichnet, erscheint der Zusammenhang zwischen Zorn und Gewalthandeln in der spezifischen Ausprägung bei
Veldeke doch bestimmend für das ‚Psychogramm' der Figur des Turnus.[128] Dem
entspricht auf einer anderen Ebene, dass Turnus in seiner Funktion als Heerführer, von wenigen Ausnahmen abgesehen, solistisch agiert, im Gegensatz zu
Eneas, der sich nicht nur während des Krieges um Italien, sondern auch im
ersten Handlungsteil bei der Flucht aus Troja und in der Dido-Episode vor allen
wichtigen Entscheidungen mit seinem Gefolge berät. In den Ratsszenen am Hof
des Latinus, an denen Turnus beteiligt ist, verhält sich dieser nicht ruhig und
besonnen und legt keinen Wert auf die Meinung der Verbündeten. Vielmehr
geriert er sich durchweg zornig.[129] Schon zuvor hat er mit Zorn auf die Entscheidung des Latinus, ihn zu ‚enterben', reagiert, was der Erzähler gleich
zweifach erwähnt: *dô zornde Turnûs* (4365); *Turnûs hete grôzen zoren* (4401).[130]

Im Gegensatz zum ständig zürnenden und zorngesteuert handelnden Turnus
erleben wir Eneas im Kampf nur einmal in besinnungslosem und rasendem
Zorn:[131] nach dem Tod des Pallas als exorbitante Reaktion auf ein exorbitantes

---

125 Das zeigt sich etwa an Turnus' aussichtsloser Attacke auf Montalbane, die seitens des
     Erzählers allenfalls sehr zurückhaltend kommentiert wird (siehe dazu oben, v. a. Anm. 71).
126 Friedrich (wie Anm. 35), 173.
127 Ridder (wie Anm. 12), 46.
128 Man kann Röcke (wie Anm. 41) nur bedingt zustimmen, wenn er Turnus „wohl kalkulier-
     te[] Zornesausbrüche[]" (153) unterstellt. In Veldekes Darstellung scheint es sich bei
     Turnus doch eher um nicht steuerbare, affektgeladene (Re-)Aktionen zu handeln.
129 In der Ratsversammlung nach dem Überfall der Trojaner auf Tyrrhus ist Turnus zornig
     wegen der Parteinahme des Latinus: *dô was dem hêren vil z o r e n / Turnô und vil unge-*
     mach, / daz Latînûs dise rede sprach. / her clagetez sînen mannen / und gienk mit z o r n e
     dannen (4940–44, Hervorhebungen C. S.). Bei einer späteren Beratung ist Turnus zornig
     über den geschlossenen Waffenstillstand (8441 f.). In derselben Versammlung verteidigt
     Drances die Position des Latinus, worauf Turnus *mit zorne* (8633) reagiert.
130 Vgl. dazu auch Dittrich (wie Anm. 38), 211.
131 Diesen wichtigen Unterschied zwischen Turnus und Eneas beachtet Ridder (wie Anm. 12),

Ereignis. Auch abseits des Schlachtfeldes ist Eneas nur in einer Situation zornig, die zunächst nicht direkt mit den Kampfhandlungen zu tun hat: in der Liebe. Nachdem durch den Amor-Pfeil in Eneas die Liebe zu Lavinia geweckt worden ist, reflektiert er in einem langen Minnemonolog die ihm bis dahin unbekannten Gefühle.[132] Auf die typischen Minne-Symptome wie Appetitlosigkeit (11000 f. und 11015), Schlaflosigkeit (11022 f.), tranceartige Versunkenheit (11024–26) sowie innere Hitze, Erröten und andere Krankheitszeichen (11030–35) reagiert Eneas mit Zorn auf sich selbst:

> *do erzornde sich Êneas,*
> *daz im war daz ungemach;*
> *in zorne er zime selben sprach* [...] (11040–42; ähnlich auch 11053).

> Da geriet Eneas in Wut, daß diese Krankheit ihn befallen hatte. Zornig sprach er zu sich selbst [...].

Er fürchtet den Verlust von *manheit* (11045), *wîsheit* (11046) und körperlicher Kraft (11084–96), mithin seiner Kampffähigkeit. Er hat Angst, Turnus in dieser Verfassung nicht besiegen zu können, besinnt sich aber in seinem Monolog schließlich auf die kraftbringende Wirkung der Minne (11311–38).[133] In Eneas' emotionaler Reaktion auf die Minneüberwältigung wird ein grundsätzlicher Unterschied zwischen Eneas und Turnus deutlich: „Auf einer neuen reflektierten Stufe gewinnt Eneas personale Identität – die eines höfischen Ritters".[134] Das ermöglicht ihm einen anderen Umgang mit aggressiven Affekten:

> Die enge Verknüpfung von Affektgenese und gewalttätigem Handeln ist aufgebrochen, wenn die Figuren über einen inneren Raum verfügen, der aggressive Affekte auszuhalten und zu integrieren ermöglicht.[135]

45–47, insgesamt zu wenig. Ebenso wenig ist McDonald (wie Anm. 7), 83, zuzustimmen, wenn er behauptet: „Heinrich hesitates not at all to depict his Aeneas as beset by violent emotions."

132 In seinem Minnemonolog sagt Eneas: *wie seltsâne mir diz was / hie bevor al mînen lîb, / wande mir nie maget noch wîb / sus unmâzlîchen lieb ne wart* (11118–21).

133 Im entscheidenden Zweikampf mit Turnus zeigt sich, dass Eneas' Sorge, die Minne könne seine Kraft mindern, unbegründet war, denn der Anblick Lavinias gibt ihm neue Kraft (12428–33) und markiert den entscheidenden Wendepunkt. Vgl. dazu Gerok-Reiter (wie Anm. 37), 148 f.

134 Ridder (wie Anm. 14), 215.

135 Ridder (wie Anm. 12), 46. Hier zeigt sich ein wesentlicher Unterschied im höfisch überformten Heldenbild des *Eneas* zum heldenepischen etwa des *Nibelungenlieds*. Dazu Müller (wie Anm. 14), 204: „Psychische Konstellationen erscheinen nicht als Ergebnis einer Interaktion von ,Innenwelt' und ,Außenwelt'. Es fehlt eine Ebene, auf der ein Impuls der Außenwelt gemäß persönlicher Disposition einer Figur verarbeitet wird und sich dann als Affekt dieser Figur äußert. Die affektische Reaktion ist unmittelbar von der Situation abhängig, so daß es keiner charakterlichen Disposition bedarf. Das Fehlen dieser Zwischeninstanz kann sich darin äußern, daß bestimmte Figuren [...] durchgängig durch einen affektischen Habitus gekennzeichnet sein können. Dann ist keine auslösende Si-

So reagiert Eneas am Ende des Zweikampfes, anders als direkt nach Pallas' Tod, nicht mehr unkontrolliert affektiv, sondern rational abwägend auf die Erinnerung an den toten Freund und Kampfpartner, die durch die materiale Präsenz des Freundschaftszeichens wachgerufen wird: Der Heros ist gezähmt. Indem sich Eneas direkt nach dem Zweikampf zunächst um die Herrschaftssicherung kümmert, anstatt zu Lavinia zu eilen, zeigt er zudem, dass er auch in der Lage ist, das von Eros geprägte Begehren zu zähmen. Eneas agiert als höfischer Herrscher, nicht als ‚Held' und auch nicht als Liebender.

In der Darstellung des Affekts Zorn und des Umgangs der Figuren damit zeigt sich bei genauer Betrachtung trotz der grundsätzlich gleichen positiv-ambivalenten Figurenzeichnung bei Eneas und Turnus ein signifikanter Unterschied: Turnus ist die literarische Repräsentation eines zornigen Charakters, Eneas ist das nicht – bzw. er geht mit seiner selten eintretenden zornigen Verfasstheit anders um. Auf einer nicht nur auf die Handlung beschränkten Analyseebene ist es sicher nicht unangemessen festzuhalten, dass Turnus' charakteristische Affinität zum Zornaffekt mit all ihren eskalativen Folgen zu seinem Untergang beiträgt, ganz ähnlich wie dies bei der Königin Amata der Fall ist,[136] die als „monströse Karikatur einer mächtigen Frau"[137] mit Turnus eine Art ‚Zorngemeinschaft' bildet. In den wenigen Szenen, in denen der Erzähler von ihr berichtet,[138] erscheint sie durchweg zornig und handelt fast ausschließlich zorngesteuert. Am Ende geht sie an ihrem eigenen Zorn zugrunde:

> *si was nâch ûz ir sinne*
> *komen dorch den grôzen zorn:*
> *ir witze het si nâch verlorn,*
> *si wart vil ubile getân.* [...]
> *mit grôzen rouwen si lach*
> *ich ne weiz wie manegen tach,*
> *unz ir der tôd inz herze quam,*
> *der ir den lîb unsanfte nam.* (13014–17, 13089–92)

---

tuation, kein Impuls der Außenwelt nötig, damit der entsprechende Affekt auftritt. Unterwirft sich im einen Fall die Situation die psychische Reaktion, so im anderen der psychische Habitus jedwede Situation. Ein Dazwischen gibt es nicht."

136 Vgl. dazu Gerok-Reiter (wie Anm. 37), 144. Ridder (wie Anm. 12) weist hier zu Recht auf die Geschlechtsspezifik der Affektzuschreibung hin: „Der Mutter Lavinias fehlt die Möglichkeit, den Affekt über die Gewalttat nach außen zu tragen" (47).

137 Lienert (wie Anm. 6), 96.

138 Es sind dies die Streitgespräche mit Latinus (4148–352) und Lavinia (9735–990 und 10497–721). Schon bei ihrem ersten Auftreten ist Amata zornig: *dô daz mâre vernam / sîn wîb diu kuneginne, / mit zorne âne minne / gienk si vor den kunich stân / und wart vil ubele getân* (4148–52).

Sie war beinahe von Sinnen vor großer Wut. Sie hatte fast ihren Verstand verloren und sah verwirrt aus. [...] In großem Schmerz lag sie, ich weiß nicht, wie viele Tage, bis ihr der Tod ins Herz kam, der ihr Leben gewaltsam auslöschte.

Auch hier lässt sich eine Parallele zu Turnus erkennen. Der Umgang mit Zorn und die Qualität von zorngesteuertem Verhalten sind also neben dem in den mittelalterlichen *Eneas*-Romanen nicht ganz getilgten göttlichen Fatum einer der wenigen wesentlichen Unterschiede zwischen Eneas und Turnus. Dabei ist (zorniges) Gewalthandeln in der antiken Erzählwelt auch der mittelalterlichen Romane zunächst ‚normal‘ und ethisch unproblematisch: „Gewalt [...] erwirbt und sichert Macht und ist neben Erbe, Filiation und Kauf ein präsenter Modus der Aneignung von Herrschaft.“[139] Zorn als Reaktion auf vorausgegangene Unrechtshandlungen und somit als ‚gerechter Zorn‘, nicht als Ausdruck von Unbeherrschtheit, ist an sich ebenso unproblematisch, auch wenn er Gewalthandlungen nach sich zieht. In Kombination mit Gewalthandlungen und einem damit einhergehenden eskalativen Kontrollverlust wird der Zorn in bestimmten Konstellationen jedoch anscheinend zum Problem. Dieser ‚problematische‘ Zorn wird zwar weder vom Erzähler noch von den handelnden Figuren positiv oder negativ bewertet, wohl aber von der *narratio*, wie neben den zuvor behandelten ‚Laborsituationen‘ auch die Geschichte der Kampfpartnerschaft von Pallas und Eneas mit ihrem Antagonisten Turnus zeigt:[140] „Auf der Ebene der Kriegsethik wird [...] in Turnus [...] das Prinzip unkontrollierter Haltung abgestraft“.[141]

4. Fazit: Zornige Charaktere und affektive Handlungsfunktionen

Der *Eneas* Heinrichs von Veldeke bietet vor der Folie seiner beiden Vorgängertexte ein reiches Untersuchungsmaterial für die Analyse der literarischen Darstellung des eingangs skizzierten Zusammenhangs zwischen zorniger Affektreaktion und eskalierender Gewaltentladung im Rahmen von gemein-

---

139 Friedrich (wie Anm. 35), 171. Vgl. dazu auch Lienert (wie Anm. 9), 34: „Der Antikenroman kennt keine Schwarzweißmalerei, die Wahrnehmung des Kriegs ist denkbar wenig getrübt durch Parteilichkeit: Glanz und Elend des Krieges werden auf beiden Seiten verbucht.“ Da es sich im Antikenroman um ‚heidnische‘ Kriege handelt, stellt sich zudem nicht die Frage nach einer christlichen Legitimierung des Kampfes; vgl. dazu ebd., 33 f.

140 Bei Turnus’ aussichtslosem Angriff auf Montalbane wird seine „heroische Affektartikulation [...] negativ akzentuiert. Vorbild ist der strategisch operierende Herrscher mit reguliertem Gewaltpotential“; Friedrich (wie Anm. 35), 173 – und das ist Eneas. Allerdings findet diese negative Akzentuierung durch den Erzähler nur verdeckt statt, siehe oben Anm. 71 und 125.

141 Friedrich (wie Anm. 35), 174.

schaftlichen (Kampf-)Handlungen: „In a word, *Eneide* is a study in violence".[142]
Oft, aber nicht zwangsläufig, ist dabei ein enger Konnex zwischen zornbe-
dingtem Kontrollverlust und gemeinschaftlichem Handeln erkennbar: mit
Ausnahme der Remulus-Episode nicht bei Turnus, der meistens allein kämpft
und sich dabei genauso zorngetrieben gibt wie in der Gruppe, wohl aber bei den
anderen analysierten Gruppierungen. Hier zeigt sich, dass nicht allein die
Kampfgemeinschaft, sondern in erster Linie weitere gemeinschaftsbildende
Faktoren, die dieser zur Seite treten, auf allen beteiligten Seiten zu affektiven,
von Zorn und Rachegelüsten geleiteten Aktionen und/oder zu unbedachtem
Handeln führen und eine Kettenreaktion auslösen, die in die Katastrophe
mündet. Zwei verschiedene, sich zum Teil überlagernde Faktoren sind dabei in
unterschiedlichen Konstellationen relevant: Freundschaft (Nisus und Euryalus,
Eneas und Pallas) und Verwandtschaft (Bitias und Pandarus, Turnus und Remulus, Tyrrhus und seine Söhne, Mezzentius und Lausus).

Der Eindruck einer kausalen Verbindung von ‚zornigem' Gemüt und ver-
heerendem Kontrollverlust, der sich in den untersuchten Episoden und Figuren-
bzw. Handlungskonstellationen immer wieder aufs Neue erwiesen hat, ist auf
gezielte Änderungen zurückzuführen, die Veldeke im Vergleich zu seiner direkten Quelle vornimmt. Diese dürften nicht nur im Hinblick auf die Handlungsfunktion vorgenommen worden sein, sondern auch der psychologischen
Profilierung der Figuren dienen – eine Tendenz, die sich in Veldekes Fassung
auch in anderen Zusammenhängen beobachten lässt. Zudem ergibt sich dadurch eine implizite Wertungstendenz: Kampfzorn ist zwar keine per se
schlechte Eigenschaft, vor allem nicht im Antikenroman, in Veldekes Darstellung rückt er aber immer wieder in ein negatives Licht, da er mit Kontrollverlust
und unbedachtem Handeln mit katastrophalen Folgen einhergehen kann. Das
zeigt sich an Ascanius und dem Gefolge des Tyrrhus, an Nisus und Graf Volcens,
an den Riesenbrüdern und Turnus, an Ascanius, Remulus und Turnus, an Eneas,
Mezzentius und Lausus sowie schließlich an Pallas, Eneas und Turnus. Allerdings muss dieses Ergebnis differenziert betrachtet werden: Zwar erscheinen
Ascanius, Turnus und einmal auch Eneas ebenfalls als von hemmungslosem
Kampfzorn beflügelt, aber ohne tödliche Folgen für sie selbst. Turnus stirbt nicht
durch eine von enthemmtem Zorn ausgelöste Kettenreaktion, sondern an den
‚Spätfolgen' seiner irrationalen Habgier – und nicht zuletzt auch deswegen, weil
die Figur aufgrund ihrer zornigen Grundverfasstheit, ähnlich wie Amata, in der
höfisch überformten antiken Erzählwelt nicht (mehr) tragbar ist, schon gar nicht
als höfisch idealer Herrscher: „Heinrich's exemplar of inordinate violence is
Turnus".[143] Obwohl es in Veldekes Darstellung durchaus auch positiv gefärbten

---

142 McDonald (wie Anm. 7), 83.
143 McDonald (wie Anm. 7), 84.

Kampfzorn gibt (etwa in den Ascanius-Szenen), findet nirgends eine explizite Bewertung statt. Eine solche ergibt sich nur implizit aus der *narratio* selbst. Sie spricht ein eindeutiges Urteil, indem sie Zornreaktionen meist mit einem darauf folgenden Kontrollverlust und dem Verlust der *ratio* einhergehen lässt.

Es ist nicht von der Hand zu weisen, dass Zorn und zornaffine Emotionen wie Rache und Hass oder Feindseligkeit als *movens* für Kampfhandlungen und auf einer übergeordneten Ebene auch grundsätzlich als universelles *movens* der Handlung fungieren. Damit haben der ‚Charakter‘ und das ‚Psychogramm‘ der Figuren eine Handlungsfunktion. Es würde aber zu kurz greifen, wenn man beides darauf reduzierte – dafür betreibt Veldeke einen zu großen Aufwand im Hinblick auf Detailänderungen, die gerade im Vergleich mit dem *Roman d'Eneas* und mehr noch mit Vergils *Aeneis* einen Bedeutungsüberschuss produzieren, der in der bloßen Handlungsfunktion nicht vollständig aufgeht, sondern zusätzlich eine implizite Wertungsperspektive eröffnet: Zorn als ein ‚Gefühl‘, als ein über den Text vermittelter, in der dichterischen Präsentation stilisierter und in Metaphorik reflektierter, das heißt codierter Affekt,[144] verheißt in der höfisch überformten antiken Erzählwelt von Veldekes *Eneas* beim Kampf und darüber hinaus nichts Gutes, zumal wenn er in Kombination mit einem grundsätzlichen affektiv-emotionalen Involviertsein aufgrund verschiedener gemeinschaftsbildender Faktoren auftritt.

---

144 Vgl. zu dieser im Hinblick auf die literarische Vermittlung von ‚Gefühlen‘ notwendigen Abstraktion Bumke (wie Anm. 25) und Philipowski (wie Anm. 33).

Titus Knäpper (Gießen)

Darumb ist besser das man des zornes meister sy.[1]
Zur Ambiguität von *vreude* und *zorn* in Konfliktdarstellungen des *Erec* und des *Prosa-Lancelot*

Abstract. This paper examines the depiction of anger and pleasure in conflicts of Arthurian knights in the *Erec* of Hartmann von Aue and the *Prose Lancelot*. Although strategies of conflict avoidance like Wolframs ‚Schonungsgebot' (*Parzival* 171,25–30) are common in Middle High German literature, some of King Arthur's knights seem to lose control in combats. Not in every case this rage is criticized, moreover the Knights of the Round Table enjoy their superiority in contrast to the modern perspective of ‚civilized warfare'.

Das erste Wort des ältesten erhaltenen literarischen Werks Europas lautet Zorn oder besser: μῆνιν,[2] Akkusativ Singular zu μῆνις, dem homerischen Begriff für Wut und Zorn. Die Geschichte der europäischen Literatur beginnt also weder mit dem Wort für ‚Liebe' noch mit einem griechischen Pendant für ‚Lachen' oder ‚Freude'; nein, sie beginnt mit dem Wort ‚Zorn'.[3] Es ist ein unheilbringender

---

1 Das Zitat ist einem Vermittlungsversuch der Anführer zweier Konfliktparteien – Phariens und dessen Lehnsherr Claudas – entnommen und lautet in Gänze: *Darumb ist es besser das man des zornes meister sy dann der zorn sin meister* (PL I 224,12–14). „Deshalb ist es besser man beherrsche den Zorn, als dass dieser einen selbst beherrsche." Der deutschsprachige Text kürzt mit diesem Chiasmus eine wesentlich detailliertere Ausführung Phariens der französischen Vorlage. *Mais aprés tous damages et toutes ires doit l'en garder honor et honte cremir en terre, car nus hons hounis en terre ne puet el siecle demorer, se goute voit. Et qui droiture ne garde, de paradis a il perdue l'entree sans recovrier: et por che vient miex a preudomme souffrir ses ires et ses dolors et ses damages que faire desloiauté ne felonie par coi il perde l'onor de chestui siecle, por coi toute proeche se travaille, et l'autre qui jamais ne prendra fin, ch'est la haute joie en paradis* (Micha VII, XIV, 163 f.). Bezeichnenderweise legt der französische Text bereits an dieser Stelle einen größeren Schwerpunkt auf die jenseitige Freude als die deutsche Übersetzung. Diese stellt im *Lancelot propre* der ‚joie en paradis' noch das diesseitlich-weltlich orientierte Artusrittertum entgegen. Verwendete Ausgaben: *Prosalancelot* I–V. Nach der Heidelberger Handschrift Cod. Pal. germ. 147, hrsg. von Reinhold Kluge, ergänzt durch die Hs. Ms. allem. 8017–8020 der Bibliothèque de l' Arsenal Paris, übers. und hrsg. von Hans-Hugo Steinhoff (Bibliothek des Mittelalters 14), Frankfurt a.M. 1995–2004. *Lancelot. Roman en prose du XIIIᵉ siècle I–IX*, hrsg. von Alexandre Micha, Genève 1978–83.
2 Hom. Il. 1,1. Verwendete Ausgabe: *Homeri opera*, hrsg. von David B. Monro und Thomas W. Allen, 5 Bde., ³1958–61.
3 Aus mediävistischer Perspektive haben sich in den letzten Jahren etliche Beiträge dem Thema ‚Zorn' gattungsübergreifend genähert, sodass aufgrund der notwendigen Kürze nicht alle

Zorn (μῆνιν [...] οὐλομένην), der nicht schnell verrauchen und noch tausende Jahre später die Menschheit faszinieren wird. Diese Beobachtung scheint zunächst lediglich Altbekanntes wiederzugeben, doch birgt sie eine Erkenntnis, die nicht oft in dieser Form zum Ausdruck gebracht wird: Wir sind vom Zorn vormoderner Helden fasziniert und noch mehr, wir erfreuen uns an Erzählungen blutiger Mordtaten ebenso wie Figuren im Text selbst freudig Gewalt ausüben. So abstoßend diese Feststellung zunächst für den aufgeklärten und gebildeten Leser der Moderne auch klingt, erfreuen wir uns doch im Rahmen der Rezeption antiker wie mittelalterlicher Literatur an der ästhetisch aufbereiteten Wiedergabe monströser Gewalttaten. Die eigentliche Antithese von Freude und Zorn beziehungsweise Gewalt verschmilzt auf narrativer wie auf Rezeptionsebene zu einem Gefühl freudigen Gewaltgenusses, der sich aus dem basalen Wunsch nach Wiederherstellung von je individuell empfundener Gerechtigkeit begründet.

Zweifelsohne ist die Freude am Ausüben von Gewalt auf rezeptionsästhetischer wie auf narrativer Ebene auch konstitutiver Bestandteil der deutschsprachigen Artusromane des Mittelalters.[4] So wie man sich als Hörer/Leser am – zugegeben zu erwartenden – erfolgreichen Kampfausgang des Protagonisten oder an perpetuierter Erfolglosigkeit Keies in physischen Konflikten erfreut, scheinen die Ritter der Tafelrunde gattungsintern jede Möglichkeit des agonalen Wettkampfs zu genießen. Zudem erfreuen sich die Ritter der Tafelrunde nicht allein am Kräftemessen untereinander, also am Aufrechterhalten der eigenen gesellschaftlichen Relevanz durch ständige Kampfbereitschaft, sondern auch am vermittels der Anwendung brutaler Gewalt erzielten Herrschaftsgewinn sowie an der Wiederherstellung der Ehre von Potentaten im Krieg. So freut sich Königin Ginover im *Prosa-Lancelot*, dem wohl frühesten deutschsprachigen Prosaroman,[5] bezeichnenderweise über die Bedrohung des eigenen Reichs durch

---

Erwähnung finden können. Stellvertretend sei dennoch auf den von Bele Freudenberg herausgegebenen Sammelband hingewiesen, dessen Beiträge verschiedene Erscheinungsformen des Zorns gattungsübergreifend zum Thema machen. *Furor, zorn, irance.* Interdisziplinäre Sichtweisen auf mittelalterliche Emotionen, hrsg. von Bele Freudenberg (Das Mittelalter 14), Berlin 2009. Des Weiteren sei hier auf den von Martin Baisch u. a. herausgegebenen Band zu literarischen Darstellungen negativer Emotionen verwiesen. Rache – Zorn – Neid. Zur Faszination negativer Emotionen in der Kultur und Literatur des Mittelalters, hrsg. von Martin Baisch, Eva Maria Freienhofer und Eva Lieberich (Aventiuren 8), Göttingen 2014.

4   Dass selbst die Auswirkungen von Gewalt in Form des Mitgefühls oder der Trauer um eine Figur dem Rezipienten Vergnügen bereiten, untersucht Thomas Anz. Vgl. Ders., Freuden aus Leiden. Aspekte der Lust an literarischer Trauer, in: Trauer, hrsg. von Wolfram Mauser und Joachim Pfeiffer (Jahrbuch für Literatur und Psychoanalyse 22), Würzburg 2003, 71–82.

5   Vgl. hierzu den Kommentar von Hans-Hugo Steinhoff in: *Prosalancelot* II. Nach der Heidelberger Handschrift Cod. Pal. germ. 147, hrsg. von Reinhold Kluge, ergänzt durch die Hs. Ms. allem. 8017–8020 der Bibliothèque de l' Arsenal Paris, übers. und hrsg. von Hans-Hugo Steinhoff (Bibliothek des Mittelalters 15), Frankfurt a.M. 1995, hier 747. Die Bemerkung

Sachsen und Iren, während sich ihr Ehemann, der sagenumwobene König Artus, selbst *sere unfro* über den Einfall gibt (PL I 1184,19). Der König ist der einzige am Hof, der den Krieg fürchtet. So wird auch an späterer Stelle deutlich, dass es die Ritter um Lancelot sind, die sich über einen Krieg freuen, denn es ist eben der beste Ritter der Welt, der auf Freunde hoffen kann, die ihn, nach Aussage der Königin,[6] im Kampf freudig unterstützen.

> *Wann ir sehent das inn dißem hoff die hohsten mann der welt sint und die besten ritter, das keyner under yn sy, so ferre ir bittend, er zieh gern mit, und besunder die gesellen von der tafelronde, die uch zu mal lieb hant. Sie sind die duersten und die mechtigsten ritter der welt und gewúnnen groß freud darinn das ir den krieg anhúbent [...].*[7] (PL IV 426, 12–17)

> Denn Ihr seht, dass sich an diesem Hof die besten Männer und Ritter der Welt befinden und es befindet sich niemand unter ihnen, der nicht gerne mit Euch zöge, sofern Ihr darum bittet, besonders die Ritter der Tafelrunde, die Euch besonders lieben. Sie sind die edelsten und mächtigsten Ritter der Welt und sie würden sich sehr darüber freuen, wenn Ihr den Krieg beginnen würdet.

Ein Mangel an Begeisterung bezüglich der Ausübung kriegerischer Tätigkeiten führt auf der Handlungsebene somit rasch zu Ehrverlust und damit zum sozialen Abstieg. Ginover bittet nicht ihren Ehegatten Artus, den hier dargestellten Krieg gegen den Tyrannen Claudas zu beginnen, sondern ihren heimlichen Geliebten Lancelot. Im Gegensatz zum lamentierenden Artus wird dieser freudig die Ehre der Königin verteidigen. Artus selbst ist demgegenüber nur noch

---

Steinhoffs hat insofern nach wie vor Bestand, weil etwa die deutschsprachige Überlieferung des *Tristan en prose* nicht eindeutig datiert werden kann, da die ‚Übersetzung‘ dieses altfranzösischen Prosaromans nur spät und zudem fragmentarisch erhalten ist. Vgl. dazu Karl Bartsch, Bruchstücke eines prosaischen Tristanromans, in: Germania 17 (1872), 416–19.

6 Die Rolle der Frau hinsichtlich der Freude an Gewalttaten ist in diesem Kontext nicht zu übersehen. Es ist in erster Linie die *minne*-Dame, die sich am Sieg des Ritters erfreut, der selbst oftmals passiv – paradigmatisch übersteigert etwa in Lancelots perpetuierter Handlungsstarre beim Anblick Ginovers – oder in Aussicht auf (*minne*-)Lohn agiert. Zwar ist Ginover keine Kriegstreiberin wie etwa die Kriemhild der Dietrichepik, doch ist sie als Wächterin der Freude des Hofes motivierende Kraft in puncto Gewaltausübung.

7 [...] *car vos veez que a ceste cort sont orendroit li plus haut home del monde et li millor chevalier, dont il n'i avra un seul qui ne vos aït volentiers, se vos les en volez proier, meesmement li compaingnon de la Table Reonde qui trop vos aiment et sont encor li plus redouté chevalier dou monde et de greignor prouesces. Si en avront trop grant joie, se vos ceste guerre voliez conmancier* [...] (Micha VI, C, 31). Der mittelhochdeutsche Text hebt hervor, dass *die von unserm geschlecht und die mann die ir inn den burgen und stetten gewonnen hant* (PL IV 426,27 f.) [*çaux de vostre chevalerie et de vostre parenté et de çaux des chastiaux que vos avez conquis* (Micha VI C, 31); offensichtlich zählt Ginover die Ritter der Tafelrunde – von denen ja tatsächlich einige mit ihr verwandt sind – zu ihrem Geschlecht, während der französische Text die Artusritter deutlicher von den Blutsverwandten und den Gefolgsleuten Lancelots trennt.] Lancelot nicht nur ‚mit Freude folgen‘, sondern mit Freude bereit sind einen von ihm ausgerufenen Krieg zu führen.

Marionette höfischer Intrigen und dem Untergang geweiht. An den zahlreichen mörderischen Gewalttaten und schrecklichen Kriegshandlungen ist er kaum mehr aktiv beteiligt.

Aus rezeptionsästhetischer Sicht ergibt sich die Freude am Hören/Lesen von Gewalthandlungen allerdings mit Blick auf den höfischen Artusroman nicht aus dem Ergötzen an einer Bluttat – die für die Gattung ungewöhnliche Detailliertheit der Gewaltdarstellungen im *Prosa-Lancelot* erzeugt tatsächlich zumindest beim modernen Rezipienten eher eine gewisse Distanz zum Geschehen –, sondern vielmehr aus dem Vergnügen am agonalen Wettkampf, aus der Anteilnahme am Sieg über den zumindest weniger vollkommenen Kontrahenten. Gerade die ,klassischen' Artusromane Hartmanns und Wolframs vermeiden folglich die explizite Darstellung von Brutalität und deren physische Auswirkungen in Form von schweren Verletzungen. Die Vorliebe der deutschsprachigen Literatur des Spätmittelalters für „Schmutz und Kot, Leiblichkeit und Obszönität, Betrug und Übervorteilung"[8] findet sich noch nicht in der frühen deutschen Artustradition. Diese ist mit Ausnahme des *Prosa-Lancelot* ebenso von der Absenz des alltäglich Niederen geprägt wie von der Vermeidung der Darstellung detaillierter Gewalt.[9]

Vreude und *zorn* im *Erec*

Das Versehren oder Verstümmeln des Kontrahenten wird folglich im ,klassischen' Artusroman, wenn überhaupt, nur spärlich in seiner rohen Brutalität vermittelt. Im Wesentlichen werden aus höfisch ritterlichen Konflikten hervorgehende physische Auswirkungen auf den Körper der Beteiligten idealisiert und von Blut ,bereinigt' dargestellt.[10] Selbst in den Fällen, in denen die französische Vorlage die Körperlichkeit des Geschehens in den Vordergrund rückt, vermeiden deutschsprachige Adaptionen häufig die Beschreibung blutender Wunden. Während bei Chrétien beispielsweise das vergossene Blut eine zentrale

---

8 Werner Röcke, Die Freude am Bösen. Studien zu einer Poetik des deutschen Schwankromans im Spätmittelalter, München 1987, 17.

9 Pincikowski betont, dass das Thema Gewalt auch in der Heldenepik kritisch betrachtet wird. Zudem seien die negativen Effekte von Gewalt auch fester Bestandteil höfischer Literatur. Scott E. Pincikowski, Comparing Violence in German Heroic and Courtly Epics, in: Violence in Medieval Courtly Literature. A Casebook, hrsg. von Albrecht Classen, New York/London 2004, 97–114.

10 Selbst die Darstellung von Narben erscheint im Artusroman als problematisch, da sie die Unversehrtheit des adligen Körpers in Frage stellen. Vgl. dazu Armin Schulz, Schwieriges Erkennen. Personenidentifizierung in der mittelhochdeutschen Epik (Münchener Texte und Untersuchungen zur deutschen Literatur des Mittelalters 135), Tübingen 2008.

Rolle in der Kampfdarstellung zwischen Ydier und Erec einnimmt,[11] beschreibt Hartmann die physischen Auswirkungen ritterlicher Konflikte selten und wenig detailliert. Oftmals gerät dadurch der Kampf in der Hartmann'schen Adaptation zur „wüsten Materialschlacht" in der die Konzentration konsequent „auf den Einsatz und die Zerstörung von Waffen"[12] gerichtet wird.

Im Rahmen von Kämpfen mit außerhöfischen Wesen rückt die Darstellung des Blutes und schwerer Wunden allerdings wieder in den Mittelpunkt. Die ‚Spielregeln' der Darstellung erlauben es in diesen Fällen, die Körperlichkeit des Geschehens zu betonen. Folglich ist es nicht-höfischen Kontrahenten nur selten möglich, den *sicherheits*-Schwur zu leisten, um Gnade zu erfahren. In Hartmanns *Erec* wird in der Regel von blutenden Wunden im Vorfeld eines Kampfes berichtet, um das Vergehen des zukünftigen Kombattanten zu pointieren oder zu bestrafen. Der Zwerg Maliclisier etwa wird für seinen Geißelschlag bestraft, bis *daz bluot abe im ran* (1072). Die Riesen wiederum geißeln Cadoc, bis dieser beinahe durch den erlittenen Blutverlust ums Leben kommt.

> *Er was geslagen unz ûf das zil*
> *daz er des bluotes was ersigen*
> *unde nû sô gar geswigen*
> *daz in schrîens verdrôz.*
> *Daz bluot regens wîs vlôz*
> *des rosses sîten hin ze tal:*
> *ez was bluotic über al.* (5417–23)

Er wurde solange geschlagen, bis sein Blut versiegte und er derartig geschwächt war, dass er nicht mehr schreien wollte. Das Blut floss wie Regen an den Flanken des Pferdes herunter: Es war ganz blutig.

Die Illegitimität des außerhöfischen Einbrechens in die Idealität der arthurisch ritterlich-höfischen Gesellschaft erfährt mit der Enthauptung der Riesen und der blutigen Strafe Maliclisiers Eindeutigkeit. Wut und Zorn werden in diesen Szenen den unhöfischen Tätern zugeschrieben, deren *unzuht* durch affektkontrollierte Kampfkraft gesühnt wird. Lediglich die Angehörigen der eigenen gesellschaftlichen Elite erfahren in ähnlichen Fällen Schonung.

Der Vermeidung von blutigen höfisch-ritterlichen Kampfdarstellungen zum Trotz, bleibt der ritterliche Zweikampf zentrales Thema der Artusepik. Ohne Konflikt und Kampf verharrt die Artusgesellschaft in sinnloser Handlungs-

---

11 *Del sanc vermoil rogist li fers.* („vom roten Blut verfärbte sich das Eisen." 886); *Chascuns del sanc grant masse i pert* [...] („Beide verloren sehr viel Blut." 966). Verwendete Ausgabe: Chrétien de Troyes, Erec et Enide, hrsg. und übers. von Albert Gier, Stuttgart 1987.

12 Thomas Bein, *Hie slac, dâ stich!* Zur Ästhetik des Tötens in europäischen *Iwein*-Dichtungen, in: LiLi 109 (1998), 38–58, hier 49.

starre.[13] Das Ausbleiben von Gewalthandlungen in all ihren Formen, sei es der agonale *âventiurehafte* Zweikampf, die Schlacht oder der rechtlich bindende Gerichtskampf, vermag den Artushof in die Krise zu führen und *des hoves vreude* zu zerstören.[14] Passives Verhalten, also das Ausbleiben der Bewährung in physischen Konflikten – paradigmatisch etwa (um beim Hartmann'schen Œuvre zu bleiben) in Erecs *verligen* –, erfährt Kritik und führt mit der Infragestellung der *êre* zu Existenz gefährdenden Szenarien.[15] Aus diesem Grund ist es für die Ritter der Tafelrunde unabdingbar, in ständiger Gewaltbereitschaft, die sich im *zorn* der Ritter spiegelt, zu verbleiben. Diesem Zorn steht in den höfischen Romanen des Mittelalters zumeist das Ideal der höfischen Affektkontrolle gegenüber. Dieses, das gilt es noch einmal zu betonen, zeichnet sich jedoch nicht durch passives Verhalten, sondern vielmehr durch rationales, Affekte regulierendes Handeln aus. Der Kampf als solcher bleibt legitimes Element der Konfliktlösung. Der mögliche Tod wird im Rahmen der Konfliktaustragungen immer mitgedacht.[16]

---

13 Dies wird besonders deutlich am Topos der Essensverweigerung bei Hofe, die erst mit dem Bericht einer *âventiure* aufgehoben wird. So muss König Artus, um nur eines der zahlreichen Beispiele für dieses Motiv zu nennen, im *Wigalois* Wirnts von Grafenberg *unze wol nâch mittem tage* (255) auf seine Mahlzeit warten, da er es sich zur Gewohnheit machte, sich erst dann an den Tisch zu begeben, wenn er von *âventiure* gehört habe (247–57). Verwendete Ausgabe: Wirnt von Grafenberg, Wigalois. Text, Übersetzung und Stellenkommentar, hrsg. von Sabine und Ulrich Seelbach, Berlin/New York 2005. Bereits Sonja Kerth hat darauf verwiesen, dass sich dieses ‚Gattungssignal' für den Artusroman auch in der Dietrichepik – etwa in der *Heidelberger Virginal* – wiederfindet. Hier ist es Dietrich, der während des Mahls am Hof nichts von *vremder mære* (*Virginal* 7,6 f.) – das impliziert Kampfhandlungen – weiß. Verwendete Ausgabe: Virginal, hrsg. von Julius Zupitza (Deutsches Heldenbuch 5), Berlin 1870, Repr. Hildesheim 1968, 1–200. Sonja Kerth, Gattungsinterferenzen in der späten Heldendichtung (Imagines Medii Aevi 21), Wiesbaden 2008, 157.
14 Vgl. dazu Walther Haug, Chrétien de Troyes und Hartmann von Aue. Erec und des *hoves freude*, in: Ders., Die Wahrheit der Fiktion [zuerst 1999], 223–38; Zu Erec als ‚Sucher der großen Freude' Alois Wolf, Die ‚Große Freude'. Vergleichende Betrachtungen zur Eros-exsultatio in Minnekanzonen, im *Erec* und im *Tristan*, in: Erzählkunst des Mittelalters. Komparatistische Arbeiten zur französischen und deutschen Literatur, hrsg. von Martina Backes u. a., 365–98, hier 381–87. Vgl. auch Hans-Werner Eroms, *Vreude* bei Hartmann von Aue (Medium Aevum 20), München 1970.
15 Zur Rolle der Ehre in Kampf und Krieg vgl. Wolfgang Haubrichs, Ehre und Konflikt. Zur intersubjektiven Konstitution der adligen Persönlichkeit im früheren Mittelalter, in: Spannungen und Konflikte menschlichen Zusammenlebens in der deutschen Literatur des Mittelalters. Bristoler Colloquium 1993, hrsg. von Kurt Gärtner u. a., Tübingen 1996, 35–58; Gerd Althoff, *Compositio*. Wiederherstellung verletzter Ehre im frühen und hohen Mittelalter, in: Verletzte Ehre. Ehrkonflikte in Gesellschaften des Mittelalters und der Frühen Neuzeit, hrsg. von Klaus Schreiner und Gerd Schwerhoff (Norm und Struktur 5), Köln 1995, 63–76.
16 Baisch und Meyer haben veranschaulicht, dass im *Prosa-Lancelot* sogar der in Bewegung gebrachte ‚tote Körper' als Kommunikationsmittel dienen kann. Martin Baisch und Matthias Meyer, Zirkulierende Körper. Tod und Bewegung im *Prosa-Lancelot*, in: Körperkonzepte im

Dadurch gerät das ritterliche Anwenden von Gewalt, oftmals motiviert durch höfischen *minne*-Dienst, aber auch durch politische und freundschaftliche Verpflichtungen zu einem der zentralen Themen der deutschsprachigen Artusromane des Mittelalters. Als wesentliches Leitmotiv der höfischen Artusepik fungiert neben der *minne* – also dem kämpferischen Streben des Ritters nach Gunst einer Dame – die gesellschaftliche Legitimation des eigenen Stands, die sich ebenfalls in der Bewährung der Artusritter im Kampf vollzieht. Das Ausüben von Gewalt, verstanden als „aufbauendes Element des Romans,"[17] konstituiert das Geschehen, kann Krisen auslösen und ebendiese wieder überwinden. Es „ist eine der Hauptausdrucksformen ritterlichen Wesens."[18] Die Darstellungen des Kampfgeschehens bilden somit den Handlungskern des Artusromans und ermöglichen den Werdegang des Protagonisten.

Im Rahmen mittelalterlicher Konfliktlösungsstrategien fungiert die Affektkontrolle als ein zentrales Leitmotiv arthurischer Ritterlichkeit, denn das höfische Ideal orientiert sich unter anderem an der *mâze*, die *ir zil enzwischen lutzel unde vil* (Thomasin, *Der Welsche Gast*, 9937 f.) hat.[19] Die Kontrolle der eigenen Emotionen zielt somit auf eine Vermeidung von unnötigen, Blutrache provozierenden Gewaltexzessen und stabilisiert mittels Unterbinden von inneren Konflikten die Herrschaft. Der Ritter, der sich und somit seinen Zorn zu beherrschen vermag, ist gleichfalls befähigt, eine Eskalation von Gewaltausbrüchen einzudämmen und rettet somit, den klerikalen Tötungsverboten folgend zumindest christliche Leben. So kann beispielsweise Erec seinen *zorn* mäßigen, als dieser ihn im Konflikt mit Iders zu übermannen droht. Erec ist in dieser Passage nicht auf eine Konfrontation außerhalb der höfischen Welt vorbereitet, da er unbewaffnet reitet. Daher kann die Ehre des Artushofs zunächst nicht wiederhergestellt werden. Erec muss Maliclisier mit seinem Herrn Iders und dessen Dame weiterziehen lassen.

> *ouch wolde er sich gerochen hân,*
> *wan daz er wîslîchen*
> *sînem zorne kunde entwîchen.*
> *der ritter hete im genommen den lîp,*
> *wan Êrec was blôz als ein wîp.* (99–103)[20]

---

arthurischen Roman, hrsg. von Friedrich Wolfzettel (Schriften der Internationalen Artusgesellschaft 6), Tübingen 2007, 383–404.

17 Hans-Christoph Graf von Nayhauss-Cormons-Holub, Die Bedeutung und Funktion der Kampfszenen für den Abenteuerweg der Helden im *Erec* und *Iwein* Hartmanns von Aue, Freiburg 1967, 39.

18 Ebd., 34.

19 Zur *mâze* vgl. Helmut Rücker, *Mâze* und ihre Wortfamilie in der deutschen Literatur bis um 1220 (Göppinger Arbeiten zur Germanistik 172), Göppingen 1975.

20 Verwendete Ausgabe: Hartmann von Aue, Erec. Mit einem Abdruck der neuen Wolfenbütteler und Zwettler Erec-Fragmente, hrsg. von Kurt Gärtner, Tübingen ⁷2006.

Erec hätte sich rächen wollen, doch konnte er bedacht seinen Zorn besänftigen. Der Ritter hätte ihn getötet, denn Erec war ungerüstet wie eine Frau.

Es gilt den Zorn als aufwallenden situationsgebundenen Affekt zu kontrollieren, um nicht selbst geschädigt zu werden. Doch *zorn* erscheint nicht nur als eine durch Herabsetzung des Einzelnen oder der ihm zugehörigen Gemeinschaft evozierte Reaktion, sondern er ist generell ein Attribut heroischen wie ritterlichen Wesens. Somit steht der ritterliche *zorn* weniger für eine „innere Befindlichkeit als für die ständige Bereitschaft zu gewalttätigem Handeln."[21]

Diese Bereitschaft Konflikte immer wieder gewaltsam auszutragen, kulminiert im *Prosa-Lancelot* in einer arthurischen ‚Gewaltgemeinschaft', die geprägt ist von einer dauerhaften Repräsentation physischer Dominanz. Jeder Verstoß gegen ritterliche Verhaltensnormen führt zwangsläufig in einen blutigen, oftmals tödlichen Konflikt.

Die Ambiguität arthurischen *zorns* im *Lancelot propre*

Im *Lancelot propre* fließt das Blut in ritterlichen Kämpfen geradezu in Strömen. Über Lancelot selbst wird im Rahmen einer Schlacht gar geäußert, er sei *von blut so rot das* [ihn] *nymant erkennen kan* (PL I 1272,13 f.). Natürlich handelt es sich dabei nicht um sein eigenes Blut, sondern um das seiner Feinde. Gedärme quellen aus Pferdeleibern und der Sachsenanführer Hargadabrant leidet derart an seinen schweren, von Lancelot geschlagenen Wunden, *das er sichselben dot stach mit eim meßer.* Lancelots Wüten unter den heidnischen Sachsen wird in letzter Konsequenz als Rache Gottes dargestellt. Sein gnadenloser Zorn repräsentiert göttlichen Willen. So äußert Iwein in diesem Kontext: *Es mag vil bas unsers herren gottes rach sin dann irdischer menschen* (PL I 1270,24 f.). Lancelot fungiert innerhalb des Kampfes als Werkzeug göttlich-gerechten Zorns, der ihn schweigend und geradezu mechanisch Gegner töten lässt. Kein Wahnsinn lenkt seine Hand, sondern christlich-religiös motivierter Tatendrang. So verlieren

---

21 Klaus Ridder, Kampfzorn. Affektivität und Gewalt in mittelalterlicher Epik, in: Wahrnehmen und Handeln. Perspektiven einer Literaturanthropologie, hrsg. von Wolfgang Braungart, Klaus Ridder und Friedmar Apel, Bielefeld 2004, 41–55, hier 46. Vgl. dazu Jan-Dirk Müller, Spielregeln für den Untergang. Die Welt des *Nibelungenliedes*, Tübingen 1998, 204 f. Dass der *zorn* nicht an Gattungen gebunden ist, hat bereits Grubmüller betont. Klaus Grubmüller, Historische Semantik und Diskursgeschichte: *zorn, nît* und *haz*, in: Codierungen von Emotionen in der Kultur und Literatur des Mittelalters und der Frühen Neuzeit. Paradigmen und Perspektiven, hrsg. von C. Stephen Jaeger und Ingrid Kasten (Trends in Medieval Philology 1), Berlin/New York 2003, 47–69, hier bes. 53. Darauf dass *zorn* kontextabhängig verschiedene Aspekte aufweisen kann, verweist Thorsten W.D. Martini, Facetten literarischer Zorndarstellungen. Analysen ausgewählter Texte der mittelalterlichen Epik des 12. und 13. Jahrhunderts unter Berücksichtigung der Gattungsfrage, Heidelberg 2009.

Widersacher in zahlreichen Konflikten Körperteile und erhalten große Wunden. Auch hier werden besonders unhöfische Gegner, die als antropomorphisiertes ,*malum morale*' im Leibniz'schen Sinne fungieren, in äußerster Brutalität und Rohheit getötet. Doch auch der agonale Wettkampf, etwa in Turnieren, endet nicht selten mit schweren Verletzungen oder gar tödlich und verursacht langjährige Fehden.[22] Die höfische Freude am Wettstreit ist längst einem Zustand allgemeiner Not und Trauer gewichen, indem selbst Unbewaffnete und Bauern aus Angst vor den Artusrittern die Flucht ergreifen.[23]

Die Artuswelt erweist sich von Beginn der Trilogie an als fern von höfischer *vreude*. Sie ist dem Untergang geweiht. Dem jungen Artus gelingt es kaum, seine aufbegehrenden Vasallen unter Kontrolle halten (PL I 12,19–25), König Ban und anderen Gefolgsleuten zu ihrem Recht zu verhelfen (PL I 16,6–9) und zu guter Letzt sich gegen Galahot, einem höfischeren und mächtigeren König, zu wehren (PL I 640f.). Allein Lancelot vermag es aufgrund seiner außerordentlichen Kampfkraft, das labile arthurische Herrschaftsgebilde aufrecht zu erhalten, indem er einer Wunderwaffe gleich alle Konflikte zu Gunsten König Artus – das heißt eigentlich zu Gunsten seiner zukünftigen Geliebten Ginover – entscheiden kann. Das Bild des handlungsunfähigen schwachen Herrschers wird konsequent weitergeführt. Während Lancelot beispielsweise in der Schlacht gegen die Sachsen seine bis zur Absurdität gesteigerte Kampfkraft präsentiert – die ,Blume der Ritterschaft' verlagert das Kampfgeschehen immer wieder in das Blickfeld der Königin, damit diese sich an seinem Anblick erfreuen kann (PL I 1228,24–1234,7) –, vergnügt sich König Artus anschließend mit der unterlegenen Burgherrin (PL I 1236,24–33). Mit diesem Verhalten erweist sich Artus als würdiger *primus inter pares*, bedrängen und vergewaltigen seine Ritter der Tafelrunde doch Edelfrauen *en masse*: So macht sich Agravain schuldig, Damen im Verlauf seiner *âventiuren* zu kompromittieren,[24] während Mordret, Guerrehes und Brandelis Damen in ihren Zelten verführen respektive vergewaltigen.[25] Bereits an den letztgenannten drei Szenen lässt sich die Aporie arthurischen

---

22 Lancelot etwa tötet im Turnier vor der Frauenburg einen Kombattanten (PL II, 508,24–29). Dodinel wird gefangen genommen, da er einen Ritter im Rahmen eines Turniers verletzte (PL III, 122,28–33). Gawan bricht einem Kontrahenten im Turnier vor Burg Moulin den Arm (PL III, 13,27).

23 Vgl. PL I 1011,11–34.

24 Vgl. Elizabeth Andersen, Brothers and Cousins in the German Prose *Lancelot*, in: Forum for Modern Language Studies 26 (1990), 144–59, hier 152.

25 Derartig eindeutige Darstellungen von Vergewaltigungsszenen sind in mittelhochdeutschen Artusromanen selten anzutreffen. Häufig dagegen sind Szenen, in denen die Frau eines Ritters geraubt werden soll, was eine intendierte Vergewaltigung, obwohl nicht explizit ausgeführt, impliziert. Vgl. Albrecht Classen, Sexual Violence and Rape in the Middle Ages. A Critical Discourse on Premodern German and European Literature (Fundaments of Medieval and Early Modern Culture 7), Berlin/Boston 2011, hier bes. 83f.

Handelns erkennen, denn die strukturell eng miteinander verbundenen Episoden stellen die Artusritter als Raubritter dar, die sich ohne Zögern nehmen, was sie begehren. Wenn Lancelot als einer der besten Ritter als willenloses Werkzeug der Liebe blindlings den egomanen Wünschen der Königin folgt und der engste Kern der arthurischen Königsfamilie ihre Triebe mit Gewalt durchsetzt, hat die Ritterschaft ihren ideal-zivilisatorischen Wert verloren. Gewalt dient dann nicht mehr dem Wohle der Gemeinschaft, sondern wird Instrument der Durchsetzung des eigenen zügellosen Willens.

Während es Mordret nach seiner Missetat noch gelingt, den heraufbeschworenen Konflikt beizulegen, indem er den kompromittierten Partner der Dame besiegt und zu einem *sicherheits*-Schwur drängen kann, sieht sich Guerrehes dazu gezwungen, sein Vergehen mit der Ermordung des Geliebten der Dame zu beenden. Eine weitere Steigerung des sündhaften Verhaltens lässt sich aus der Position der begehrten Dame erkennen. Mordret und die anonym bleibende Dame haben einvernehmlich *große freude mitt ainannder* (PL III 222,33); Guerrehes hingegen bedrängt die Dame, die den Artusritter irrtümlich für ihren Geliebten hält, selbst dann weiter, als diese die Verwechslung erkennt[26] und sich weigert mit dem Ritter zu reiten, *der yren herren erdöt hett* (PL III 312,8f.). Nachdem Guerrehes die zur Hilfe eilenden Brüder der Dame zum Teil schwer verwundet, gelingt es seinem Opfer schließlich heimlich in den Schutz der *wyß nûnen* (PL III, 318,5) zu fliehen und den Habit anzulegen.[27] Der Zorn

---

26 Das irrtümliche Beieinanderliegen ist ein häufiges Motiv des *Prosa-Lancelot*. So kann Lancelot seinen Zorn gegen die Tochter des Königs Pelles besänftigen, mit der er, durch einen Zauber beeinflusst, Galahad zeugt. Lancelot droht die Königstochter zu erschlagen, hält aber inne, um *sich zu bedencken*. „*Jungfrauw, ich bin zornig als ye keyner was und stan als eyner der sich an uch nit gerechen mag oder dare, wann ich sere ungetruw funden wurd ob ich uch so in großer schonheit ungetruw herzeygt. Ich bitt uch das ir mir verzyhen wollent das ich myn schwert uber uch gezogen han, wann zorn und unmut michs zu thun uberwûnden hatt.*" „Fräulein, ich bin so zornig wie nie jemand zuvor und stehe hier wie jemand, der sich nicht an Euch rächen kann und darf, denn man würde mich für untreu halten, wenn ich an Euch in Eurer großen Schönheit Untreue beweisen würde. Ich bitte Euch mir zu verzeihen, dass ich mein Schwert gegen Euch gerichtet habe, denn Zorn und Verzweiflung haben mich dazu gezwungen."(PL III 553,34–554,6). Die Passage stellt hier tatsächlich eine Genauigkeit anstrebende Übersetzung der französischen Vorlage dar. „*Damoisele, je m'en irai si vaincuz et si recreanz com cil qui ne s'ose de vos vengier, car trop seroie cruex et desloiax, se si grant biauté destuioie com il a en vos. Si vos pri que vos me pardoingniez ce que je tres m'espee sor vos, car ire et mautalant le me fist faire.*" (Micha IV, LXXIX, 212f.) Auch Bohort zeugt unter Einfluss eines Zaubers Helain den Weißen, den zukünftigen Kaiser von Konstantinopel. Er reagiert auf diesen Betrug jedoch *sehr trawrig* (PL II 634,29).

27 Möglicherweise handelt es sich bei dem Hinweis auf den weißen Habit um ein weiteres Indiz für den problematischen aber häufig angebrachten zisterziensischen Einfluss auf den *Prosa-Lancelot*. Vgl. etwa Joachim Heinzle, Zur Stellung des *Prosa-Lancelot* in der deutschen Literatur des 13. Jh., in: Artusrittertum im späten Mittelalter. Ethos und Ideologie. FS für Wilhelm Kellermann, Gießen 1984, 104–13. Dagegen, respektive relativierend u. a. Frank Brandsma und Fritz Peter Knapp, Lancelotromane, in: Höfischer Roman in Vers und Prosa,

geht in diesen Szenen verständlicherweise zunächst als spontane Reaktion von den Opfern aus.[28] Bemerkenswert ist jedoch, dass Mordret in diesem Kontext eine passive besonnene Rolle einnimmt und nicht in Zorn gerät. Dank beidseitiger Affektkontrolle kann der Streit ohne größeres Blutvergießen beendet werden. In der Guerrehes-Passage ist aufgrund des affektiven Verhaltens beider Parteien – der Artusritter *was gar zornig* [...] *das sie die schande umb synent willen liden mûst*[29] – an eine Einigung ohne Todesfolge, schon weil die Opponenten ungerüstet gegeneinander antreten, gar nicht zu denken. Einen vorläufigen Höhepunkt erreicht das dreifach gesteigerte Motiv in der Niederlage Brandelis', die sich aus dessen Bericht vor der Folie der Entscheidungsmisere Gaheries' entfaltet. Brandelis bedrängt ebenfalls eine Dame,[30] tötet ihren Geliebten, unterliegt aber den zur Hilfe eilenden Verwandten und wird samt Begleitung gefangengenommen. Spätestens an dieser Stelle wird deutlich, dass die Artusritter nicht mehr zum Schutz der Schwachen oder zur *vreude* des Hofes in Kämpfe verstrickt sind, sondern dass von ihnen selbst die größte Gefahr ausgeht. Das Geschehen der dritten Episode erfahren wir nur aus Brandelis' Bericht selbst, der keine Rückschlüsse auf die Emotionen der beteiligten Figuren zulässt. Diesmal ist es der Artusritter, der sich zunächst die Rüstung anlegt. Er tötet den Kontrahenten und verweilt anschließend – vermutlich mit deren Einverständnis – bei der Dame. Ein Verhalten das im krassen Widerspruch zum höfischen

---

hrsg. von René Pérennec und Elisabeth Schmid (GLMF V), Berlin/New York 2010, 393–458, hier 418.

28 Der Zorn des Kontrahenten Mordrets flammt sofort auf, als dieser seine Geliebte nicht bei sich findet. *Unnd da er sie nicht fannde, da was er so zornnig, das er vor zornn branndte, unnd er gedachte wol, sie lege bey Mordrec* (PL III, 224,2–4). „Als er sie nicht fand, wurde er zornig; er brannte vor Zorn und er dachte sich, dass sie bei Mordret liege." In der Vorlage: *Et quant il ne la sent, si tressaut tos plains d'ire et de duel, kar or set il bien qu'ele s'est cochiee avec Mordret* (Micha II, LXIX, 417f.). Dennoch bewahrt der namenlose Ritter so viel Ruhe, dass er vor überstürzten Reaktionen absieht und seine Rüstung anlegt. Guerrehes Kontrahent jedoch ist derartig *zorngnugsam das er meynt uß synen sinnen komen syn*. „[...] so zornig, dass er glaubt, den Verstand zu verlieren." (PL II 310,4).

29 „[Guerrehes] war sehr zornig, [...] dass sie um seinetwillen eine solche Schande erleiden musste." (PL III 310,16).

30 Auch an dieser Stelle wird der Hinweis auf eine eindeutige Vergewaltigung vermieden. Während die spätere Nonne Gaheries nicht erkannte und ihn für ihren Geliebten hielt, willigt die Dame auf Drängen Brandelis' zögerlich ein. *Sie sprach, sie hett byderbe frunde dass sie sie umb mynen willen nit laßen wolt. Des enacht ich nit und batt sie so lang das sie sprach, sie wolt es gern thun, hett sie der wile, ‚dann myn frünt ist in dißem wald der zustunt komen wirt.* (PL III 344, 15–19.) „Sie sagte, sie habe sehr gute Freunde, die sie meinetwegen nicht aufgeben wolle. Darauf habe ich nicht weiter geachtet und ich habe sie so lange gebeten, bis sie sagte, sie würde einwilligen, wenn sie genug Zeit hätte, aber mein Geliebter ist hier im Wald und wird in Kürze zurückkommen." [...] *et ele me dist que ele avoit ami si vaillant que ele nel lairot pas por moi. Et tant li priai que ele dist que, s'ele bien voloit, n'avoit ele mie loisir del fere, ‚car bien sachiez, sire, fait ele, que mes amis vendra ja, qui est el bois'* (Micha IV, LXXII, 72f.).

Verhaltenskodex steht und das Artusrittertum – veranschaulicht an Gaheries'
aporetischer Problematik, ob er zunächst dem durch Eid verpflichteten Ritter
oder der hilflosen Dame beistehen solle – in eine ausweglose Situation und sogar
zum Tod der verführten Frau führt. Gaheries' an anderer Stelle im Text kriti-
sierte Entscheidung, dem durch Freundschaftsschwur verpflichteten Ritter
beizustehen, offenbart die durch unhöfisches Verhalten evozierte Schwäche des
längst nicht mehr idealen Artusrittertums.

Den erwähnten Fehltritten der Artusritter zum Trotz tritt besonders Lancelot
in ähnlichen Situationen als Retter der Schwachen auf. Als letztgenannter auf
einen Ritter trifft, der eine Frau körperlich züchtigt und quält, zögert der Ritter
der Tafelrunde nicht ihr beistehen zu wollen. Er kann aber die Frau nicht retten.
Auf Lancelots Versuch der Intervention reagiert der fremde Ritter drastisch und
enthauptet sein Opfer. Er entgegnet seinem Kontrahenten, dass er es ihm *zu leyd*
[hat] *gethan* (PL III 712,7f.). Darüber gerät Lancelot dermaßen in Zorn, dass er
nummer gut oder freud haben mocht biß an die zytt das er sich an dem wun-
derlichen ritter gerochen hett (PL III 712,12–14). Der Zorn kann erst der Freude
weichen, wenn die durch den Mord erlittene Schmach gerächt wurde. Den eigentlichen Grund dieser ungewöhnlichen Tat erfährt der Hörer/Leser erst an
späterer Stelle, als der im anschließenden Kampf Lancelot Unterlegene dazu
verpflichtet wird, mit dem Leichnam der Frau zu den Höfen von Artus, Ban-
demagus sowie zum König von Norgales zu reiten. Erst vor Ginover berichtet der
Täter, dass er seine Frau in einem Zelt *in flagranti* mit einem unbekleideten
anderen Ritter ertappt habe. Er erschlug den Geliebten und züchtigte die Frau.
Ob es sich in dieser Szene um eine Vergewaltigung handelt, muss offen bleiben.
Lancelot gelingt es, seinen eigenen Zorn sowie den des Widersachers zu bän-
digen, ohne ihn zu töten. Nach wilder Verfolgung, die mit der Tötung von
Lancelots Pferd durch ein Fallgatter deutlich auf den *Iwein* verweist, stellt
Lancelot seinen Gegner und gewährt ihm nach kurzem Zögern *sicherheit*. Der
Täter wird zur erwähnten *expiatio* verpflichtet. Auffallend ist, dass lediglich den
Mitgliedern der eigenen Gewaltgemeinschaft Hilfe zukommt. Während die
Vergehen der Artusritter nicht gesühnt werden, wird der Ritter, der nicht Mitglied der Tafelrunde ist, erst mit der, durch die Enthauptung evozierten Pro-
vokation zum Täter. Frauen sind im Rahmen des Motivs der ‚Verführung/Ver-
gewaltigung im Zelt' von sanktionierten Strafaktionen ausgenommen. Dass der
Gegner Lancelots gegen die gewohnheitsmäßigen ‚Regeln' des Artushofs ver-
stößt – es wäre schließlich denkbar den Ehebruch mit dem Töten der Ehefrau zu
strafen, zumal der Ehemann sozial höhergestellt ist[31] – zeigt letztendlich die

---

31 *Und ich trauwt ir, ich was von großen freuden und großem gůt, und sie was ein arm maget* (PL
    III 736,32f.). „Ich habe sie geheiratet, obwohl ich in großen Freuden und Reichtum lebte,
    während sie eine arme Frau war." Zumindest das Abschneiden der Nase galt offenbar als

Reaktion der Mitglieder des Königshauses. Artus und Ginover lachen vor Erleichterung, als sie erfahren, dass es Lancelot war, der den Ritter zu ihnen schickte. Um Lancelot zu ehren, müsse der fremde Ritter Gnade erfahren. Vermittels kontrollierter Wut kann Lancelot den Widersacher in die ritterliche Gemeinschaft reintegrieren. Die ungewöhnlich lange Bußfahrt zu drei Königshöfen lässt auch den scheinbar unbändigen Zorn[32] des Ritters verrauchen.

Erstaunlicherweise ist es erst *Die Suche nach dem Gral*, die nicht nur das Zuwiderhandeln höfischer Normen kritisiert, sondern den Verstoß gegen die christliche Moral in den Vordergrund rückt.[33] Die im *Lancelot propre* eingeführten Normen ritterlich-höfischen Verhaltens orientieren sich in der *Suche* wesentlich stärker an christlichen Werten.[34] Dass die Vergehen der Artusritter auch gegen göttliches Gebot verstoßen, wird erst mit diesem ‚Normenwandel‘ an Hand der stärkeren Perspektivierung auf das Gralsrittertum deutlich.

Die Aporie arthurischer Verhaltensethik in der *Suche nach dem Gral*

Für den *Prosa-Lancelot* werden besonders Lionel und Lancelot eine Affinität zu übermäßigen *zorn* zugesprochen.[35] Es sind besonders diese ‚heißen Affekte‘ wie etwa Freude, in besonderer Weise aber der Zorn, die die Vettern von ihrer Umgebung trennen.[36] So erweist sich bereits in seiner Kindheit Lancelots Zorn als problematisch. *Als er darzu getriben wart das er zurnen must, so was er mit großer pin und mit arbeit wiedder guts muts zu machen.*[37] Nicht einmal Lionel, der bereits als Kind vor *zorn* nicht essen kann, Möbel zerstört (PL I 156,26f.) und unter Einfluss einer verzauberten Brosche König Claudas mit einem Becher das Gesicht zertrümmert sowie dessen Sohn Dorin in Stücke hakt (PL I 168,16–18), ist so zornig wie Lancelot. Dabei bringt Lionel andere immer wieder in Bedrängnis, *„wann er was der unsinnigste mensch in sim zorn der ye geborn wart,*

---

legitime Strafe für sexuelle Untreue der Frau. Vgl. Valentin Groebner, Ungestalten. Die visuelle Kultur der Gewalt im Mittelalter, München/Wien 2003, 83–86.

32 [...] *da ward ich so sere zornig, das ich nit zörniger gesin mocht* (PL III 738,9f.).

33 Kritik erfährt die Entscheidung Gaheries' auch im *Prosa-Lancelot*. Der Artusritter begründet seine Handlung jedoch mit dem unter Mitgliedern der Tafelrunde geleisteten Eid. Ein Argument das zunächst nicht weiter aufgenommen wird. Vgl. PL I 362,28–366,3.

34 Vgl. Trude Ehlert, Normenkonstituierung und Normenwandel im *Prosa-Lancelot*, in: JOWG 14 (1986), 102–18.

35 Vgl. Andersen (wie Anm. 24).

36 Michael Waltenberger, Das große Herz der Erzählung. Studien zu Narration und Interdiskursivität im *Prosa-Lancelot* (Mikrokosmos 51), Frankfurt a.M. 1999, 65.

37 „Wenn er aber dazu gebracht wurde, in Zorn zu geraten, war er nur mit Mühe und Not wieder zu besänftigen" (PL I 106, 32–34). Die französische Vorlage pointiert hier stärker das erlittene Übel, das Lancelot zornig macht. *Mais quant il se courechoit d'aucune chose que l'en li eust mesfaite, n'estoit lors pas legiere chose de lui apaier* (Micha VII, IXa, 74f.).

ane Lancelot alleyn."[38] Doch handelt Lionel in seiner Raserei anfangs keineswegs gegen ritterliche Ethik. Er befreit sich mit diesen Taten aus der Gefangenschaft des König Claudas und wehrt sich gegen erlittenes Unrecht. Sein *zorn* bündelt seine Kampfkraft auf ein Ziel: die Freiheit, und verhilft ihm als ein gewisses genealogisches Surplus einer Situation zu entkommen, die zunächst ausweglos erscheint.[39] Das selbstzerstörerische Potential affektierten Verhaltens wird mit der Verweigerung der Nahrungsaufnahme zwar angesprochen, doch bleibt Lancelots Halbbruder unversehrt. Ganz ähnlich verhält es sich mit autoaggressivem Verhalten bezüglich des Wahnsinns. Denn wie die Möglichkeit des Todes in Zweikämpfen immer mitgedacht werden muss, so sind die wutentbrannten Aktionen, die zumeist aus altruistischen Reaktionen auf erlittenes Unrecht von anderen, nicht aus selbst erlebten Unrecht hervorgehen, nur vor der Folie des Verlusts der Sinne zu verstehen. Im *Lancelot propre* allerdings geraten höfische Figuren zumeist nur beinahe von Sinnen. Das weltliche Rittertum vermag in Trauer, Freude und Wut seinen Verstand zu wahren.[40]

Gänzlich divergent wird hingegen der Zorn außerhöfischer Wesen dargestellt. Die durch Iweins leichtfertig provozierende Handlungsweise entfesselte Wut des

---

38 „[…] denn in seinem Zorn war er der unsinnigste Mensch, der je geboren wurde, von Lancelot abgesehen" (PL I 152,34–154,1). Auch an dieser Stelle bleibt die französische Vorlage weniger drastisch und eindeutig in der Charakterisierung der Figuren. Die Bezeichnung Lionels als *une fois cuer sans fraim* durch Galahot wird im Wortlaut ,*afrener*' (zäumen, zügeln) vorausgedeutet. *Et che fu li plus defferrés cuers d'enfant qui onques fust que Lyonel, ne nus ne retraist onques si naturelment a Lancelot com il faisoit.* (Micha VII, XIIa, 108). Von Zorn oder gar Raserei ist hier keine Rede. Das Bild des zügellosen Herzens wird an späterer Stelle erneut durch Galahot aufgenommen. Dieser will Lionel davon abhalten, Lancelot überstürzt zu Hilfe zu eilen. ,*Ay herze ane zaum*', sprach er [Galahot], ,*herze one zaum, wie wol magstu Lancelotes neve sin mit der unmâß!*' (PL II, 206,3–5). Lionels Zorn ist motiviert durch seinen guten Willen und kann von Seiten Galahots leicht besänftigt werden. Eine negative Komponente des Zorns wird meines Erachtens auch in dieser Episode nicht thematisiert. Die *unmâze* ist durch das heroische Naturell der Figuren gekennzeichnet, die sich gerade aufgrund dieses Charakterzugs auszeichnen.

39 Die Argumentation, die beiden Brüder seien durch die Edelsteine der Spangen, die ihnen die Frau vom See schenkte, in Rage versetzt worden, erscheint beinahe überflüssig (PL I 166,17f.). Bereits zuvor wird Lionel *grimm zornig* und seine *augen und syn antlicz wurden röter dann ein fuer, und scheyn als im allenthalben blut uß breche under synen augen.* „Sein Gesicht und die Augen wurden röter als Feuer, und es sah aus, als bräche ihm überall Blut aus dem Gesicht" (PL I 156, 11–13). Besonders das Feuer der Augen erinnert in diesem Kontext an den Feuerodem Dietrichs. Dieser speit beispielsweise im Kampf gegen Heiden in der *Heidelberger Virginal* Feuer. Zwar erfahren wir über Dietrichs Kampf selbst relativ wenig, da auch dieser aus der Perspektive des Waffenmeisters Hildebrand dargestellt wird. Aber dieser berichtet Dietrich sondere vor Zorn Feuer ab (*Virginal* 104,9) womit er, der ihm zugewiesenen heldenepischen Verhaltensnorm entsprechend zunächst zaghaft und schließlich wutentbrannt agiert.

40 Vgl. Waltenberger (wie Anm. 36), 66, FN 176.

Riesen Maldigant gleicht einer Naturgewalt. Der Riese tötet wie von Sinnen alles, was sich ihm in den Weg stellt.

Da begunden im die augen umb gan, die zene zusamen zu bißen, und mit dem heubt zu zittern von großem zorn, das keyner was der syn dörst erbeyten darumb das er so groß was und aller übeltat vol. " (PL III, 628,26–30)

Da verdrehten sich ihm die Augen, die Zähne biss er zusammen und sein Kopf begann vor großen Zorn zu zittern, sodass sich niemand getraute in seiner Nähe zu bleiben, weil er so groß und voller Übel war.

Im Wahn lacht Maldigant über die begangenen Untaten und agiert „*als ob er besessen were*" (PL III 630,4). Zwar ist es kein Artusritter, der hier wahllos tötet, doch wird Iwein für die leichtfertig in Kauf genommene ‚Befreiung' des Riesen zur Verantwortung gezogen. Unfähig die Geister, die er rief, wieder unter Kontrolle zu bringen wird Iwein von den Rittern, deren Land durch Maldint verwüstet wird, gefangen genommen.

In ganz ähnlicher Weise wird Lionels Zorn in der *Suche nach dem Gral* thematisiert. Erstmals repräsentiert Lionel, „associated with excessive violence"[41] die negativen Aspekte von Lancelots Rittertum[42] und in seiner repräsentativen Stellvertreterfunktion die des gesamten Artushofs. Bohort trifft auf seinen Bruder Lionel und eine Dame, die von weiteren Rittern gegeißelt werden. Bohort, der sich als *ritter Jhesu Christi* (PL V 364,18),[43] als würdiger Gralsritter erweist, entscheidet sich – entgegen Gaheries' Wahl – der Dame zu helfen und betet für das Heil seines Bruders.

Die Artusritter sind in dieser Episode nicht allein durch Schwurfreundschaft, sondern auch per Blutsverwandtschaft verbunden, sodass zu erwarten wäre, dass die Entscheidung zur Hilfeleistung im Vergleich mit der Gaheries-Episode eindeutig ausfallen müsste. Doch das Gegenteil ist der Fall. Bohort rettet das in Not geratene Edelfräulein und handelt dem Klischee des gottgefälligen christlich-altruistischen Retters entsprechend.

---

41 Nancy B. Black, Violence in *La Queste del Saint Graal* and *La Mort le roi Artu*, in: Violence in Medieval Courtly Literature. A Casebook, hrsg. von Albrecht Classen, New York/London 2004, 127–50, hier 155.

42 Andersen (wie Anm. 24), 150.

43 Bereits im *Lancelot propre* erweist sich Bohort als frommer christlicher Ritter. Schon die häufigen Rückbezüge auf Gott und die pronancierte Stellung des Glaubens in der direkten Rede grenzt Bohort von den übrigen ‚weltlichen' Artusrittern ab. So *muß ich uch gott bevelhen, […]; dann ich wol weiß das myn herre da syn wirt, ob got will, der yn behút vor dem tode und gefengkniß. Ich wil, ob got wil, auch da syn, ob ich mag.* [meine Hervorhebungen]. „Ich muß Euch in Gottes Hand befehlen, […]; denn ich bin überzeugt, dass mein Vetter dort sein wird, so Gott will, der ihn vor Tod und Gefangenschaft behüten möge. Ich möchte, so Gott will, ebenfalls dort sein, wenn ich kann" (PL III, 601,12–17).

Zwar wird Lionel, *der da nit hat an im keyn gut zu unserem herren*,[44] nicht ausdrücklich als Sünder beziehungsweise Vergewaltiger dargestellt, doch legt der mitgedachte Kontext des Fehlverhaltens durch Brandelis eine ähnliche Zuschreibung nahe, auch wenn ein Verwandter der gegeißelten Dame als Sünder eingefügt wird (PL V 346,30f.). Es ist letztendlich Lionel derjenige, der *große súnde* (PL V 366,19) in sich trägt.

Bohort, „[l]e plus voisin de l'ordinaire imperfection humaine,"[45] löst sich hingegen als *miles christianus* vom sündhaften Artusrittertum, indem er Lionel weder als potentiellem Vergewaltiger noch als seinem Blutsverwandten Hilfe leistet, sondern die *kuscheit* und *reynigkeit* der Dame bewahrt. Bohort durchschaut durchaus den Sinn dieser *âventiure* und handelt bewusst ‚richtig'.[46] Das legt schon die Wiederholung der Szene, das Gebet und die daraus folgende Konfrontation mit dem Bruder, nahe. Doch Bohort löst sich von der Gemeinschaft der Artusritter, indem er deren Verhaltensnormen ignoriert und einem christlichen Weg der Hoffnung, der Reinheit des Grals und des Glaubens folgt. Dass Bohort für diesen Wechsel geradezu prädestiniert ist, wird bereits an anderer prominenter Stelle deutlich. Es ist Bohort, der einem Priester widerspricht, als dieser ihn auf Grund seiner genealogischen Abstammung preisen will. Der Mensch sei nicht nach Vater oder Mutter zu beurteilen, sondern nach seinen Taten.[47] Vermittels eigenständiger Handlungen, legitimiert durch die Kraft des omnipräsenten großen Herzens, vermag sich der Artusritter aus der Gemeinschaft zu lösen.

Nicht der Eid gegenüber dem Verwandten oder Freund, sondern die Treue zu Gott und Festigkeit im Glauben entscheiden also über das Schicksal der Ritter. Die Gottesfreundschaft (PL V 350,15) vermag die folgenschwere Sündhaftigkeit der Gaheries-Episode zu verhindern. Keines der gegeißelten Opfer muss mit dem Leben büßen, da die Ritter, die Lionel vexieren, mit Hilfe eines – durch ein Gebet Bohorts evozierten – Wunders ums Leben kommen.

Lionels zornerfüllte Reaktion auf seine Rettung unterstreicht abschließend die radikale Trennung von geistlichem Grals- und weltlichem Artusrittertum. „Die *Queste* dividiert die unzertrennlichen Brüder auseinander, indem sie Bohort den Erwählten, Lionel hingegen dem Lager der Verworfenen zuordnet."[48]

---

44 „der keine Tugenden unseres Herrn in sich trägt" (PL V 366,17f.).

45 Albert Pauphilet, Études sur la *Queste del Saint Graal* attribuée á Gautier Map, Genève 1996 (Nachdruck der Ausgabe von 1921, 131.

46 Vgl. dagegen Haug, der die Sinnlosigkeit des Handelns auch in dieser Szene hervorhebt. Walter Haug, Das Endspiel der arthurischen Tradition im *Prosalancelot*, in: Das Ende. Figuren einer Denkform, hrsg. von Karlheinz Stierle und Rainer Warning (Poetik und Hermeneutik 16), München 1996, 251–66, hier bes. 261.

47 Vgl. dazu Hans Fromm, Lancelot und die Einsiedler, in: Geistliche Denkformen des Mittelalters, hrsg. von Klaus Grubmüller u. a., München 1984, 198–209, hier 204.

48 Elisabeth Schmid, Familiengeschichten und Heilsmythologie. Die Verwandtschaftsstruk-

Zwar hat Bohort mit seiner Entscheidung „*unseres herren zorn*" (PL V 368,16f.) vermieden, doch der arthurischen Verhaltensnorm verhaftet, wirft Lionel seinem Bruder zornig *ungetruwekeyt* vor. Wie von Sinnen ist Lionel darauf aus, die durch den Treuebruch seines Bruders erlittene Herabsetzung zu rächen. Er will seinen Bruder töten – zurecht wurde in diesem Kontext auf die Nähe zum Bruderstreit zwischen Kain und Abel verwiesen[49] – und richtet mit der Ermordung des Einsiedlers seinen Zorn sinnbildlich gegen die geistlich-klerikale Ordnung sowie mit dem Töten Kalogrenants gegen die eigene Peer-Group. Der Zorn ist nicht mehr auf ein legitimes Ziel gerichtet, sondern wendet sich gegen Wehrlose und Angehörige des eigenen Personenverbandes. Die ‚Reinheit' des opferbereiten Bohort aber bleibt erhalten.[50]

Bereits zu Beginn des *Prosa-Lancelot* deutet Phariens das Schicksal desjenigen, der seinen *zorn* nicht zu beherrschen vermag, voraus. *Welch man sim zorn volgen wil, der muß dick untrúw und schalckeit thun, da er beyde, gott und die welt, mit verluset.*[51] Als Mitglied einer Welt, die noch nicht mit der absoluten Dominanz christlicher Werteordnungen im Konflikt steht, gelingt ihm, woran Lionel scheitert. Der Bruder verliert aus der bereits offenkundigen Perspektivlosigkeit des Artusrittertums heraus Gott und die Welt: veranschaulicht durch den getöteten Einsiedler und Kalogrenant. Doch ist das Verhalten des Artusritters nicht einer negativen Charaktereigenschaft geschuldet, sondern der grundsätzlichen Kritik des Artusrittertums in der *Suche nach dem Gral*.

Lionels Verharren in weltlichen Verhaltensnormen, die nicht auf eine Nähe zu Gott zielen, verdeutlicht die Unvereinbarkeit von arthurischem Rittertum und Gralsdienst. Mehr noch, indem Lionel sinnbildlich sowohl das weltliche Rittertum sowie die klerikale Ordnung zerstört, wird der Gralsdienst als letzte fortbestehende Instanz dargestellt. Es ist somit nicht der Zorn Lionels, der als negative Charaktereigenschaft den Zweikampf mit dem Bruder provoziert, sondern vielmehr das Verbleiben in einer Gesellschaft, die in ihrer sündhaft-weltlichen Form dem Untergang geweiht ist. Als *miles christianus* und ‚Heiliger Mann' kann sich Bohort der zur Sündhaftigkeit verdammten Artuswelt entziehen und am Heilsversprechen der Gralswelt partizipieren.

Das noch im *Lancelot propre* ins Leere verlaufende Motiv des ‚unsinnigen' Ritters erfährt erst in der *Suche* mit Kalogrenants Frage *Sint ir unsinnig?* (PL V

---

turen in den französischen und deutschen Gralromanen des 12. und 13. Jahrhunderts, Tübingen 1986, 243.

49 Andersen (wie Anm. 24), 155.

50 Vgl. dazu Klaus Ridder, Religiöse Tabus und negative Emotionen in der *Suche nach dem Gral*, in: Baisch u. a. 2014 (wie Anm. 3), 27–48, hier 43.

51 „Wer sich seinem Zorn hingibt, der muss oft Untreue und Arglist üben, da er damit Gott und die Welt verliert." (PL I 224,14–16.). Vgl. dazu Wolfgang Harms, Der Kampf mit dem Freund oder Verwandten in der deutschen Literatur bis um 1300, München 1963, 181.

374,32) seine Vollendung.[52] Lediglich Bohort kann sich als demütiger Freund Gottes der exzessiven und sinnlosen Gewalt entziehen. Ein göttliches Wunder in Form eines Feuerstrahls verhindert den Verwandtenmord.

Während die Artusritter im *Lancelot propre* in der eigenen Sündhaftigkeit verharren, werden in der *Suche* Lösungsvorschläge unterbreitet, die auf Basis der Freundschaft zu Gott einen Weg aus der Aporie ritterlichen Handelns zum Seelenheil der *miles christiani* führen. Die ritterliche Freude am agonalen Wettkampf sowie die aus amoralischen Verhalten resultierenden Mordtaten wandeln sich zur Verpflichtung zu Hilfe- und Schutzleistungen innerhalb des Gralsdienstes.

---

52 Zwar erscheint der Teufel im Umfeld dieser Szene immer wieder im Gewand des Verführers, doch gibt es leider keinen Hinweis darauf, dass Lionel selbst vom Teufel besessen ist, wie etwa Keygin im *Rappolsteiner Parzival*. Vgl. zu letzterem Anna-Lena Liebermann, Der Ritter im Baum – Wahnsinn als Auslöser von Gewalt am Beispiel des *Rappoltsteiner Parzifal*, in: Regeln und Gewalt. Zur Kulturgeschichte der kollektiven Gewalt von der Spätantike bis zum konfessionellen Zeitalter, Berlin/New York 2014, 157–74.

Claudia Ansorge (Gießen)

Des einen Freud, des anderen Leid. Rache und Emotionalität in *Garin le Loherain* und *Gerbert de Metz*

Abstract. The Old French *Geste des Loherains* tells the story of the tremendous and never-ending feud between the noble families from Lorraine and Bordeaux. This feud is always accompanied by emotions of joy and sorrow on both sides. It is striking that on the one hand not only the villains from Bordeaux enjoy their evil deeds but also the heroes from Lorraine occasionally take pleasure in their revenge. On the other hand the feud generates grief and sorrow among surviving family members on both sides. By analyzing two episodes from *Garin le Loherain* and *Gerbert de Metz* (both stand at the beginning of the five-part cycle) I want to point out that – even though certain analogies between the hostile noble families can be found – the heroes from Lorraine still appear in a more positive light than their counterparts. The reason for this is to be found in different descriptions of situations, characters and deeds.

Die altfranzösische *Geste des Loherains*, die als eigenständiger Zyklus der Karlsepik zuzurechnen ist, erzählt von Macht und Gewalt, von Loyalität und Verrat, von Freude und Leid. Verwandtschaft und Rache, so fasst es der Romanist François Suard prägnant zusammen, strukturieren und motivieren dabei die Handlung:[1] Über mehrere Generationen hinweg führen die strahlenden Helden aus Lothringen eine erbitterte Fehde gegen das niederträchtige und missgünstige Adelsgeschlecht aus Bordeaux.

Im Zentrum des fünfteiligen Zyklus stehen die beiden ältesten Werke *Garin le Loherain* (vor 1200) und *Gerbert de Metz* (um 1200),[2] die in allen erhaltenen Handschriften gemeinsam überliefert sind und die als Vorlage für den ersten Teil

---

1 Vgl.: François Suard, Le cycle des *Lorrains*, in: Cyclification. The Development of Narrative Cycles in the Chansons de Geste and the Arthurian Romances, hrsg. von Bart Besamusca u. a., Amsterdam u. a. 1994, 219 f.

2 Komplettiert wird der Zyklus durch die jeweils zu Beginn des 13. Jahrhunderts entstandenen Werke *Hervis de Metz*, eine Vorgeschichte zu *Garin le Loherain*, und *Yon (ou la Venjance Fromondin)* sowie *Anseys de Metz*, zwei voneinander unabhängige Fortsetzungen von *Gerbert de Metz*. Vgl.: Thordis Hennings, Französische Heldenepik im deutschen Sprachraum. Die Rezeption der Chansons de Geste im 12. und 13. Jahrhundert. Überblick und Fallstudien, Heidelberg 2008, hier: 36–42; Geert Claassens, Lothringerepen, in: Historische und religiöse Erzählungen, hrsg. von Geert Claassens, Fritz Peter Knapp und Hartmut Kugler (GLMF IV), Berlin, Boston 2014, 329–49, hier: 329–34.

des mittelniederländischen *Roman der Lorreinen* (Mitte des 13. Jahrhunders) dienten.[3] *Garin le Loherain* erzählt vom Beginn der Fehde: Hier kämpfen die lothringischen Brüder Garin und Begon gegen den Bordelosen Fromont. In *Gerbert de Metz* setzen die Söhne nach dem gewaltsamen Tod ihrer Väter die Fehde fort: Gerbert (Garins Sohn), Gerin und Hernaut (Begons Söhne) vertreten die lothringischen Interessen, Fromondin die seines Vaters Fromont. Beide Seiten werden dabei stets von zahlreichen Verwandten und Freunden unterstützt. Auch König Pepin, der sich als schwacher und manipulierbarer Herrscher entpuppt, trägt zur Verstetigung des Konflikts bei.

Rache und Gewalt sind in der *Geste des Loherains* allgegenwärtig. Sowohl die vorbildlichen Ritter aus Lothringen als auch die Bösewichte aus Bordeaux machen davon im Übermaß Gebrauch – und ihr Handeln wird dabei oftmals von extremen Emotionen begleitet. Dieser Emotionalität soll im vorliegenden Beitrag nachgegangen werden, wobei folgende Fragen im Mittelpunkt stehen: Welche Emotionen rufen die Racheakte hervor? In welchem Verhältnis stehen Freude und Leid zueinander? Gibt es unterschiedliche Bewertungen der Racheakte und der mit ihnen in Verbindung stehenden Emotionen, je nachdem, ob die Lothringer oder die Bordelosen Vergeltung üben? Bevor jedoch versucht werden kann, diese Fragestellungen anhand zweier Beispiele zu beantworten, wird zunächst der Zusammenhang zwischen Rache und Emotionalität kurz näher beleuchtet.

1. Rache und Emotionalität

Rache stellt in ihrer einfachsten Definition „Vergeltung für erlittenes Unrecht"[4] dar. Der Wunsch nach Rache ist also nie einfach gegeben, sondern er benötigt eine ihm vorausgegangene Schädigung, um realisiert werden zu können. Das Verlangen nach Vergeltung kann dabei nur in solchen zwischenmenschlichen Konfliktsituationen aufkommen, in denen das zuvor von der einen Seite zugefügte Leid von der anderen Seite als so großes Unrecht wahrgenommen wird,

---

3 Obwohl die niederländische Version lediglich fragmentarisch erhalten ist, konnte beispielsweise Ben van der Have durch einen Vergleich zeigen, dass sich der Übersetzer des *Roman der Lorreinen* meist sehr genau an seine französische Vorlage gehalten hat. Vgl.: Ben van der Have, *Roman der Lorreinen*, in: *Olifant* 26,1 (2007), 27–44, hier: 31. Im Gegensatz zum ersten Teil des *Roman der Lorreinen* handelt es sich beim zweiten Teil um eine genuin niederländische Fortsetzung des Werks, die sich nicht an der *Geste des Loherains* orientiert. Vgl.: ebd., hier: 37; Bart Besamusca, Verstümmelter Überfluss. Die mittelniederländische Karlsepik, in: Dialog mit den Nachbarn. Mittelniederländische Literatur zwischen dem 12. und 16. Jahrhundert, hrsg. von Bernd Bastert, Helmut Tervooren und Frank Willaert (ZfdPh 130), Berlin 2011, 97–111, hier: 108 f.; Claassens (wie Anm. 2), hier: 334–46.
4 Karl Kroeschell, Rache, in: Lexikon des Mittelalters, Band 7, München 1995, 383.

dass es nicht durch eine einfache Wiedergutmachung aus der Welt geschafft werden kann.[5] Als ein solches Unrecht werden beispielsweise die Ermordung bzw. die körperliche und seelische Verletzung eines geschätzten Mitglieds der eigenen Gruppe oder eines geliebten Menschen sowie die vorsätzliche schwerwiegende Schädigung der eigenen Ehre oder des Ansehens der ganzen Gruppe angesehen. Zudem ist Rache per se durch eine gewisse Janusköpfigkeit gekennzeichnet, denn es handelt sich um einen Prozess, dem nicht nur ein Unrecht vorausgeht, sondern der auch neues Unrecht generiert.[6] So erweist sich die Rache als Teufelskreis der Gewalt, wobei sich nach einer Vergeltungstat meist die Position von Schädiger und Geschädigtem ins Gegenteil verkehrt.[7] Durch die freigesetzte Dynamik der Gewalt kann die Rache zeitlich, räumlich und personell wuchern.

Da es ein zentrales Merkmal der Rache ist, dass das vorausgegangene Unrecht als höchst persönlich wahrgenommen wird, mag es nicht verwundern, dass ihr eine starke emotionale Involviertheit sowohl der Schädiger als auch der Geschädigten immanent ist. Dabei gilt, je stärker das erfahrene Unrecht als solches empfunden wird, desto emotionaler fällt voraussichtlich die Reaktion des Rächers aus. Doch nicht nur Emotionen wie Trauer, Zorn oder Hass, sondern auch Freude spielen in diesem Kontext eine zentrale Rolle. Freude und Leid liegen dabei oftmals nicht weit voneinander entfernt und bedingen sich mitunter sogar gegenseitig. So kann einerseits – auf einen Einzelnen oder eine Gruppe bezogen – der Gemütszustand abrupt von Freude in Leid umschlagen (oder umgekehrt), andererseits kann – auf das Verhältnis zwischen den Gegnern oder den gegnerischen Gruppen bezogen – der eine über das Glück des anderen Leid verspüren oder selbst Freude empfinden, wenn er dem Feind schadet. Freude und Leid resultieren also nicht nur aus Handlungen und stellen somit einen ‚Zustand' dar, sondern sie treten auch vor oder während einer Handlung auf und motivieren so das weitere Geschehen.

---

5 Vgl.: Fabian Bernhardt, Was ist Rache? Versuch einer systematischen Bestimmung, in: Rache, Zorn, Neid. Zur Faszination negativer Emotionen in der Kultur und Literatur des Mittelalters, hrsg. von Martin Baisch, Evamaria Freienhofer und Eva Lieberich (Aventiuren 8), Göttingen 2014, 49–71, hier: 53–60.

6 Vgl.: Martin Baisch, Evamaria Freienhofer und Eva Lieberich, Einleitung, in: Rache, Zorn, Neid. Zur Faszination negativer Emotionen in der Kultur und Literatur des Mittelalters, hrsg. von dens. (Aventiuren 8), Göttingen 2014, 9–25, hier: 12–14.

7 Wo Wiedergutmachung die gegnerischen Seiten zu versöhnen vermag, da spaltet die Rache, denn sie erfüllt in erster Linie eine nach innen gerichtete (also auf die eigene Gruppe bezogene) stabilisierende Funktion, nicht jedoch eine, welche die gesellschaftlichen Strukturen und Bedürfnisse in den Blick nimmt. Vgl.: Hans-Rudolf Hagemann, Blutrache, in: Lexikon des Mittelalters, Band 2, München 1983, 289 f.

Der Teufelskreis der Gewalt, der durch Rache ausgelöst wird, ist nun auch eines der zentralen Motive der mittelalterlichen Literatur.[8] Elemente dieses literarischen Rachemotivs sind unter anderem das destruktive Potenzial und die exzessive Maßlosigkeit der Vergeltung sowie die emotionale Anteilnahme der Figuren. Ein beeindruckendes Beispiel hierfür stellt die altfranzösische *Geste des Loherains* dar, in welcher Rache zum Leitmotiv par excellence avanciert. Wie die Vergeltung der verfeindeten Adelsgeschlechter erzählerisch umgesetzt wird, welche Folgen sie für die weitere Handlung hat und welche Emotionen sie jeweils hervorruft, soll im Folgenden anhand zweier Episoden aus den ältesten beiden Teilen des Zyklus, *Garin le Loherain* und *Gerbert de Metz*, gezeigt werden. Die erste Episode stellt das Leid der Lothringer, das aus dem Verlust ihres Anführers Begon resultiert, in den Vordergrund, die zweite Episode die Freude, die der Lothringer Gerbert empfindet, als er sich an den Bordelosen rächt. Dabei gilt sprichwörtlich: des einen Freud, des anderen Leid.

2. Begons Tod in *Garin le Loherain*

2.1 Begons Leid

Die erste hier ausgewählte Episode, der Tod des Lothringers Begon de Belin[9] in *Garin le Loherain*, steht ganz im Zeichen des Leids. Zum Zeitpunkt der Ermordung Begons herrscht zwischen Lothringen und Bordeaux bereits eine längere Periode des Friedens. Begon, der seinen Bruder Garin seit einigen Jahren nicht mehr gesehen hat, beschließt, diesen in Metz zu besuchen. Auf dem Weg dorthin macht er Jagd auf einen wilden Eber und verirrt sich dabei unwissentlich im Wald von Gauhere, der zum Herrschaftsgebiet des Bordelosen Fromont gehört. Auf ‚feindlichem Gebiet' kann Begon den Eber schließlich überwältigen und töten. Doch der Erzähler weiß bereits, dass dieser Jagderfolg ein tragisches

---

8 Man denke nur an die verschiedenen Bearbeitungen des Troja-Stoffs in der mittelalterlichen Antikenrezeption oder an die altfranzösischen *Chansons de geste* (z. B. *Chanson de Roland*, *Raoul de Cambrai*) und die mittelhochdeutsche Heldenepik (*Nibelungenlied*), um nur einige prägnante Beispiele zu nennen. Antje Holzhauer bietet eine ausführliche Übersicht über das Vorkommen des Rachemotivs in der Literatur des deutschen Mittelalters. Vgl.: Antje Holzhauer, Rache und Fehde in der mittelhochdeutschen Literatur des 12. und 13. Jahrhunderts, Göppingen 1997.

9 Diese Szene ist – wenn auch nur fragmentarisch – ebenfalls im mnl. *Roman der Lorreinen* überliefert, der sich eng an seine Vorlage hält. Vgl.: De Roman der Lorreinen. Nieuw ontdekte gedeelten, hrsg. von Jan Matthes, Groningen 1876; Ben van der Have, Roman der Lorreinen. De Fragmenten en het Geheel, Schiedam 1990, hier: 162–64. Dass die Episode wohl auch im englischsprachigen Raum Verbreitung fand, stellt Susan H. Cavanaugh zur Diskussion. Vgl.: Susan H. Cavanaugh, The identification of a lost english analogue of the ‚Death of Begon' episode from the old french epic *Garin le Loherain*, in: *Medium Aevum* 57,1 (1988), 64–67.

Ende nach sich ziehen wird. Er schildert die latente Dramatik der Situation wie folgt: *seul ont Begon en la forest gerpi, / Dex! quel dolor et quel domage a ci!*[10] (9770f.; Begon hatte sich allein in den Wald begeben. Oh Gott! Welch ein Leid und welch ein Unglück für ihn!). Die unheilvolle Stimmung, welche der Erzähler durch seine Vorausschau suggeriert, wird ferner durch die Beschreibung der düsteren Atmosphäre des Waldes[11] verstärkt:

> *Endroit le vespre commance a ploviner,*
> *et la broïne commança a lever.*
> *Li dus ne vit ne chastel ne cité,*
> *ne chevalier ne conut el regné,*
> *ne il ne sot quel part deüst torner.*
> *Desoz .i. arbre s'est li dus arestez;*
> *ce est .i. tranble, da foille ot grant planté.*
> *Ez vos le duc foiblemant ostelé!* (9814–21)

Gegen Abend begann es zu regnen und Nebel breitete sich aus. Der Graf erblickte weder eine Festung noch eine Stadt und er wusste nicht, in welche Richtung er sich wenden sollte, denn er kannte keinen Ritter in dieser Gegend. Er ruhte sich unter einem Baum aus; es war eine Espe mit besonders dichtem Blätterwerk. Das war ein armseliger Unterschlupf für einen Grafen!

Begons Orientierungslosigkeit und Vereinzelung[12] sowie die dunkle Abendstimmung und das schlechte Wetter kündigen bereits das bevorstehende Unglück an und verwandeln den Wald in einen Ort des Schreckens und des Bösen.[13]

Das Verhängnis nimmt nun seinen Lauf: Begon, der sich unter der Espe ein Feuer gemacht hat, wird vom Förster des Waldes entdeckt, der den tapferen Ritter für einen Wilddieb hält. Der Förster erstattet daraufhin dem Seneschall an Fromonts Hof in Lens Bericht über den Vorfall, denn er wagt es nicht, den Fremden allein zur Rechenschaft zu ziehen. Er stellt dem Seneschall reichen Lohn in Aussicht, den sie von dem Jäger – *le plus bel home qui onques fust soz ciel* (9855; der vornehmste Mann, der jemals auf der Welt gelebt hat) – erbeuten können. Vom Seneschall erfährt man daraufhin: *Qant cil l'entent, s'en fu joianz et liez! / I l'en corut acoler et bessier* (9860f.; Als er das vernahm, war er fröhlich und zufrieden! Er eilte zu ihm, umarmte und küsste ihn.). Die hier beschriebene

---

10 Im Folgenden wird zitiert nach: Garin le Loherenc, Band II, hrsg. von Anne Iker-Gittleman, Paris 1996. Die Zitate wurden jeweils mit einer eigenen Übersetzung versehen.

11 Vgl.: Jean-Charles Herbin, *Trois fuelles d'erbe a pris entre ses piez*. Recherches sur la *Mort Begon* dans *Garin le Loherain*, in: *Le Moyen Age* 112,1 (2006), 75–110, hier: 94.

12 Vgl.: Peter Wunderli, Der Wald als Ort der Asozialität. Aspekte der altfranzösischen Epik, in: Der Wald in Mittelalter und Renaissance, hrsg. von Josef Semmler (Studia humaniora 17), Düsseldorf 1991, 69–112, hier: 87f.

13 Vgl.: Wunderli (wie Anm. 12), hier: 82; Philippe Verelst, Le „Locus Horribilis". Ébauche d'une étude, in: La Chanson de Geste. Écriture, intertextualité, translations, hrsg. von François Suard (Littérales 14), Nanterre 1994, 41–59, hier: 58.

Freude ergibt sich aus den schlechten Charaktereigenschaften der beiden
Männer – der Förster wird zweimal explizit als *max lechieres* (9847, 9851; sehr
lasterhaft) beschrieben –, deren Sinn allein auf die reiche Beute und den er-
strebten Ruhm gerichtet ist und die dabei alle möglichen negativen Konsequenzen ausblenden. Falsche *joie* führt so zu falschem Handeln und dies wird
auch im Folgenden in Szene gesetzt: Der Seneschall schickt den Förster sogleich
mit sechs *pautoniers* (9866; Bösewichten) los, um den Wilderer gefangen zu
nehmen oder zu töten, sollte dieser sich widersetzen – ihr Herr Fromont soll erst
über den Vorfall informiert werden, wenn der Übeltäter bereits zur Rechenschaft gezogen worden ist.

Ohne Fromonts Wissen und ohne dessen Erlaubnis machen sich die Schurken
also auf den Weg in den Wald. Als wäre diese Konstellation für Begon nicht
bereits verhängnisvoll genug, schließt sich der gewaltbereiten Gruppe des
Försters ein weiterer Akteur an, der zufällig zugegen ist: Es handelt sich um den
Bösewicht Tiebaut del Plesseïs, der mit dem Lothringer noch eine Rechnung zu
begleichen hat. Hierfür ist ein Blick auf die Vorgeschichte der Feinde nötig:
Begon hat die schöne Bïatriz, die Tochter des mächtigen Königs Milon de Blaives,
mit Pepins Einverständnis geheiratet und wird nach dem Thronverzicht seines
alten Schwiegervaters Herrscher über dessen Territorium. Doch für Tiebaut
stellt der Vorfall einen Affront dar, denn er hatte Bïatriz bereits für sich selbst
bestimmt. Er hat daraufhin mehrfach versucht, den Frieden zwischen Lothringen und Bordeaux zu stören und sich an Begon zu rächen, doch ist er bisher
erfolglos geblieben. Nun erhält er also eine neue Möglichkeit der Vergeltung.

Im Wald angelangt, stellen Fromonts Männer den vermeintlichen Wilderer
zur Rede. Obwohl sich Begon zu erkennen gibt und beteuert, dass er unwissentlich und unwillentlich in Fromonts Territorium gejagt hat, kann der
,schuldlos Schuldige‘ die angespannte Situation nicht entschärfen. Auch sein
Angebot, sich vor Gericht für seine Taten rechtfertigen und Fromont für den
entstandenen Schaden entschädigen zu wollen, trifft auf keinerlei Gehör. Im
Gegenteil: Tiebaut, der Begon bereits gut kennt, kann oder will seinen früheren
Konkurrenten nicht identifizieren – ob dieses Verhalten eine kalkulierte
Handlung des Bordelosen darstellt, bleibt vorerst im Dunkeln. Stattdessen sta-
cheln Tiebaut und die anderen Schurken den Förster zum Angriff auf: *„Ja dist
por soi garir!/ Alez avant, forestier, biax amis"* (9929 f.; „Das sagt er nur, um sich
zu schützen! Vorwärts, Förster, guter Freund.“). Daraufhin greift der Förster
Begon an, wird jedoch von diesem überwältigt und schließlich getötet; auch
weitere Angreifer kann der Lothringer durch seinen Kampfzorn ausschalten
oder zur Flucht bewegen.

Als Tiebauts Rache nun abermals Gefahr läuft zu scheitern, versucht er seine
Männer durch Androhung von Sanktionen zum Bleiben zu bewegen und wendet
sich schließlich an den Neffen des Försters, der ebenfalls zugegen ist. Tiebaut

erinnert ihn an die starke Verbundenheit mit seinem Verwandten – *„Mors est tes oncles li gentis forestier, / qui tot jorz t'a norri et enseignié!"* (9971 f.; „Dein Onkel, der edle Förster, der dich immer versorgt und unterstützt hat, ist tot!") und fordert ihn zur Blutrache auf – *„Va tost, biau frere, si panse del vengier!"* (9974; „Schnell, guter Freund, nimm Rache!"). Zornig greift der Neffe des Försters sogleich zu seinem Bogen und trifft Begon mit einem Pfeil tödlich ins Herz. Der Lothringer sinkt in sich zusammen und spricht seine letzten Worte, die an Gott und seine Familie gerichtet sind, dann stirbt er: *L'ame s'en va del gentil chevalier, / or en ait Dex et menaide et pitié!* (10005 f.; Die Seele verließ den edlen Ritter. Nun helfe ihm Gott und habe Erbarmen und Mitleid!).

Der Erzähler berichtet daraufhin von der Malträtierung des leblosen Körpers durch Tiebauts Männer: *chascuns le fiert de son tranchant espié* (10007; jeder von ihnen stach mit seinem scharfen Spieß auf ihn ein).[14] An dieser Stelle wird nochmals auf die tragischen Umstände von Begons Tod verwiesen, die sich durch die Diskrepanz zwischen Schein und Sein erklären:

> *Or quident il avoir ocis brenier.*
> *Non ont, par foi, mais un bon chevalier,*
> *le plus cortois et le miex enseignié*
> *qui onques fust en France ne sou ciel!*
> *Begues ot non, le Loherenc proisié.* (10009–13)

> Nun dachten sie, sie hätten einen Jäger getötet. Das haben sie aber nicht, wahrhaft, sondern einen guten Ritter, den höfischsten und edelsten, der jemals in Frankreich und auf der Welt gelebt hat. Begon, der ruhmreiche Lothringer, war tot.

Es ist indessen auffällig, dass Begons Feind Tiebaut in der ganzen Episode nie selbst zur Waffe greift, sondern immer in einer dirigierenden und delegierenden Rolle auftritt. Dies hat wohl weniger mit Feigheit zu tun, als mit der Tatsache, dass Tiebaut seine eigene Schuld minimieren und gegenüber seinen Männern nicht zugeben will, dass Begon seinesgleichen ist. Er lässt die Männer durch sein listiges Verhalten in dem Glauben, dass sie aus eigenem Willen eine aggressive Haltung gegenüber Begon einnehmen. Doch betrachtet man die Ereignisse etwas genauer, so wird deutlich, dass Tiebaut vor allem durch sein Drohen und Drängen sowie dadurch, dass er die anderen über seine eigenen Motive im Unklaren lässt, den fatalen Ausgang heraufbeschwört. Seine Motive erwachsen aus einem tiefen Hass gegenüber Begon, der, wie gezeigt, seine Wurzeln bereits in der Vorgeschichte der Episode hat. Die Rache am früheren Gegner hat aber

---

14 Die Schändung des Leichnams bringt nicht nur Eindeutigkeit über den Tod des Feindes, sie kann zudem als Genugtuung angesehen werden, dass man den übermächtigen Gegner letztlich besiegt hat. Darüber hinaus entspringt diese Tat der Logik des kollektiven Handelns, die Gewalt dynamisieren und eskalieren lassen kann. Vgl: Michel Wieviorka, Die Gewalt, Hamburg 2006, hier: 149.

noch kein Ende gefunden. Völlige Genugtuung verschafft sich Tiebaut erst, indem er die Leiche im Wald zurücklässt – im Gegensatz zu seinen toten Kameraden und der reichen Beute, die auf die Pferde geladen und zu Fromont gebracht werden. Ein solcher Tod ist für einen edlen und tapferen Ritter, wie es Begon war, schlicht unwürdig, so der Erzähler.

In Lens wendet sich das Blatt jedoch: Als Fromont die reiche Beute erblickt, wird er misstrauisch, denn er erkennt, dass seine Männer einen vornehmen Edelmann getötet haben. Diese erklären, sie hätten im Wald aus ‚Notwehr' einen Wilderer getötet – das ist eine Lüge oder zumindest eine Verdrehung der Tatsachen – und den Leichnam danach dort zurückgelassen. Für die Tat machen sie Tiebaut verantwortlich: *„ce nos fist fere dant Tiebaus vostre niés! / Se il ne fust, par nos ne fust touchiez!"* (10123f.; „Das hat uns Herr Tiebaut, Euer Neffe, aufgetragen! Wäre er nicht gewesen, von uns wäre er [Begon] nicht angefasst worden!"). Fromont weist seine Männer daraufhin harsch zurecht und bezeichnet ihre Tat als *granz pechiez* (10068; großes Unglück). Er lässt den Toten aus dem Wald holen und erkennt Begon sofort an den Narben der Wunden, die er ihm in der Vergangenheit selbst zugefügt hatte. Der Bordelose ist erschüttert über den unwürdigen Tod seines früheren Feindes und erweist ihm die letzte Ehre. In einer Klagerede äußert er sein Mitgefühl[15] – er ist *griés et marriz* (10194; betrübt und niedergeschlagen) – und sorgt sich um die Folgen der Gewalttat: *„Or vos ont mort, certes ce poise mi, / car li domages en revandra sor mi!"* (10214f.; „Nun, da Ihr tot seid, schmerzt mich das wahrhaft, denn der Schaden wird auf mich zurückfallen!"). Fromont weiß nur zu gut, dass nichts Geringeres als der instabile Frieden zwischen Lothringen und Bordeaux auf dem Spiel steht. Er tut, was er als Herrscher tun muss: Er sanktioniert das Handeln seiner Männer[16], das seine Autorität untergräbt und das er deshalb als Verrat ansehen muss, und nimmt sie gefangen, um sie den Lothringern auszuliefern – ein guter Vorsatz, der jedoch später nicht in die Tat umgesetzt werden soll. Neben der Parteilichkeit des Erzählers, der die Mörder von Anfang an als Bösewichte brandmarkt und so deren untugendhaftes Handeln herausstellt, missbilligt also auch der eigene Herr die kollektive Gewalttat seiner Männer.

---

15 Diese Beobachtung steht in Kontrast zu der in der älteren Forschung häufig konstatierten, generalisierenden Behauptung, in der *Geste des Loherains* gehe es den Figuren darum, „dem Gegner möglichst zu schaden", wobei sie „in Verfolgung dieses Zweckes kein Mitleid, kein Erbarmen" kennen. Georg Büchner, Die Chanson de Geste des Loherains und ihre Bedeutung für die Culturgeschichte, Leipzig 1886, hier: 43. Vgl. hierzu auch: Alain Labbé, „Vivrez en voz?" Le corps et la mort dans *Garin le Loheren* et dans *Gerbert de Mez*, in: Le Corps et ses énigmes au Moyen Âge, hrsg. von Bernard Ribémont, Caen 1993, 87–120, hier: 103.

16 Fromont obliegt als Herrscher des Landes die richterliche Entscheidungsgewalt, was mit Wilderern geschieht. Vgl.: Wunderli (wie Anm. 12), hier: 89; Sigrid Schwenk, Wilddiebstahl, in: Lexikon des Mittelalters, Band 9, München 1998, 114.

2.2   Die Trauer der Lothringer

Der Verlust könnte für die Lothringer nicht größer sein, denn gemeinsam mit seinem Bruder Garin fungiert Begon als Identifikationsfigur für die ganze Sippe. Es wundert daher kaum, dass sich die zerstörerische Dynamik des Konflikts im Folgenden nicht aufhalten lässt. Doch nicht bei allen Figuren führt der Tod des Helden dazu, dass sie Kummer und Mitleid empfinden, wie der Erzähler bemerkt: *Li .i. font joie; et li autre font criz / por la novele qu'ont de Begon oï* (10541 f.; Der eine freute sich und der andere klagte über die Nachricht, was mit Begon geschehen war). Dies ist jedoch eine der wenigen Ausnahmen in dieser Episode, in welcher *joie* überhaupt thematisiert wird, liegt doch der Schwerpunkt auf der Reaktion der Lothringer, die allesamt Trauer und Zorn über die schreckliche Tat empfinden.

Der junge und ungestüme Rigaut ist einer der ersten, der vom Tod seines Onkels Begon erfährt. Als er den Leichnam erblickt, ist er tief erschüttert: *Rigauz li anfes s'est a la biere pris; / son oncle enbrace, entre ses bras l'a pris.* (10324 f.; Der Jüngling Rigaut trat an die Bahre heran, nahm seinen Onkel in die Arme und drückte ihn an sich.). Rigaut ist nun auch derjenige, der seine Verwandten über Begons Tod informiert und der zudem nach Paris reitet, um Blancheflor, der Ehefrau von König Pepin, das Unrecht zu klagen, das seiner Sippe wiederfahren ist:

> *Et dit Rigauz: „Mes sires est ocis,*
> *li riches princes qui souëf me norri!*
> *Li quens Thiebauz, par mon chief, l'a trahi,*
> *li max lechieres, cui Diex puist maleïr!"* (10411–14)

Rigaut sagte: „Mein Herr wurde getötet, der mächtige König, der mich so geduldig aufgezogen hat! Graf Tiebaut, der so lasterhaft ist, das schwöre ich, hat ihn verraten. Gott möge ihn verfluchen!"

Rigaut berichtet daraufhin, welche körperlichen und seelischen Auswirkungen Begons Tod für ihn hatte: *„Il a .ii. nuiz, dame, je ne dormi, / ne ne menjai, tant ai le cuer marri!"* (10432 f.; „Herrin, seit zwei Nächten habe ich weder geschlafen noch gegessen, so sehr ist mein Herz betrübt."). Dieser Zustand der Trauer wird, so erklärt der Erzähler, noch längere Zeit andauern: *molt fu dolente, n'i ot ne gieu ne ris. / d'un mois entier ne se pot resbaudir.* (10442 f.; Er war sehr betrübt, er hatte weder Freude noch Heiterkeit. Einen ganzen Monat lang konnte er seine Freude nicht wiedererlangen.). Auch hier wird auf einen freudvollen Zustand verwiesen, allerdings ex negativo, denn Leid und Freude schließen sich aus. Die Trauer über den Verlust wird zudem mit dem Wissen über den Schuldigen verknüpft: Tiebaut ist derjenige, an dem es sich im Zweifelsfall zu rächen gilt –

und Rigaut macht deutlich, dass er nicht ruhen will, *„tant que je aie vengié mon bon ami"* (10457; „bis ich meinen guten Freund gerächt habe").

Doch nicht nur Rigaut ist tief erschüttert, sondern auch Garin und die anderen Lothringer bzw. ihre Freunde und Verbündeten äußern mehrfach ihre Trauer und Betroffenheit über den Verlust. Auf diese Weise wird die Ermordung Begons im kollektiven Gedächtnis[17] der Lothringer bewusst gehalten und führt wiederum zur gruppeninternen Motivation und Legitimation weiterer Racheakte. Noch Generationen später wird man von der hinterlistigen Ermordung Begons sprechen und sich durch die gemeinsame Trauer als Gemeinschaft konstituieren. Begon ist im Übrigen nicht der einzige Lothringer, der durch einen Hinterhalt der Bordelosen ums Leben kommt: Sein Bruder Garin wird später ein ähnlich beklagenswertes Schicksal erleiden.

Zuletzt sei noch auf Begons treue Begleiter, seine Jagdhunde und sein Pferd, hingewiesen, die ebenfalls starke Trauer über den Tod ihres Herrn empfinden. So können die Bordelosen beispielsweise, als sie Begon im Wald zurücklassen, die Hunde nicht zum Mitkommen bewegen:

> *Sol ont Begon en la forest lessié.*
> *Mes avoc lui remenent si .iii. chien,*
> *ullent et braient com fussent enragié.* (10020–22)

Begon wurde allein im Wald zurückgelassen. Aber seine drei Hunde blieben bei ihm, heulend und jaulend, so als ob sie vor Schmerz ganz verrückt wären.

Auch später, als Begon bereits nach Lens gebracht wurde, heulen und jaulen seine Jagdhunde weiter und drücken ihren Schmerz über den Verlust ihres Herrn aus: *totes les plaies comancent a lechier, / et puis le cors trestot de chief en chief* (10088 f.; Sie begannen sämtliche Wunden zu lecken und danach den ganzen Körper von Kopf bis Fuß.). Die Trauer der Jagdhunde ist so groß, dass selbst die anwesenden Damen und Ritter an Fromonts Hof nicht umhin kommen, dies zu kommentieren: *„molt l'amoient si chien!"* (10098; „Seine Hunde lieben ihn sehr!"). Ähnlich leidet Begons Pferd, als man es in Lens in einen Stall bringen will:

> *Enz enz l'estable menerent le destrier:*
> *fronche et banist et regrete des piez,*
> *li oil li teignent com charbon de brasier,*
> *que nus n'i ose adesser ne touchier!* (10026–29)

Das Pferd brachten sie in den Stall. Es schnaubte und wieherte und scharrte mit den Hufen, die Augen wurden aus glühender Leidenschaft ganz nass, so dass niemand es wagte, sich ihm zu nähern oder es zu berühren.

---

17 Vgl.: Bernhardt (wie Anm. 5), hier: 56.

Die Zitate lassen erahnen, in welchem Ausmaß die Episode von Begons Tod durch das Leid der Figuren geprägt ist: Trauer empfinden dabei nicht nur die Verwandten, Freunde und Verbündeten, sondern auch die Tiere, ja sogar der Erzfeind der Lothringer Fromont kann die unehrenhafte Ermordung seines früheren Feindes nur beklagen.

3. Gerberts Rache in *Gerbert de Metz*

3.1 Gerberts Freude

Stand im letzten Abschnitt das Leid der Lothringer im Mittelpunkt, so fokussiert die zweite gewählte Episode, Gerberts listige Rache an Fromondin in *Gerbert de Metz*,[18] die Freude der Helden am Leid der Feinde aus Bordeaux. Doch was ist geschehen, dass ein Lothringer seine Rache genießt, ist doch Schadenfreude eine Eigenschaft, die man sonst eher bei den negativ gezeichneten Figuren der *Geste des Loherains* erwartet. Der namengebende Held der Geschichte, Garins Sohn Gerbert, empfindet tiefen Hass gegenüber den Bordelosen, die sowohl seinen Vater als auch seinen Onkel Begon ermordet haben. Die Schuld am Tod seiner Verwandten gibt er Fromont, auf den sich im Folgenden seine Rachegelüste hauptsächlich richten. Doch die direkte Vergeltung wird ihm verwehrt, da Fromont mittlerweile von den Sarazenen, mit denen er paktiert hatte, ermordet worden ist. Fromondin, der ebenfalls mit den Lothringern im Streit liegt, lässt seinen Vater in Frankreich beisetzen und versöhnt sich daraufhin mit Gerberts Sippe, da es gilt, gemeinsam mit Pepin die Sarazenen zu besiegen, die zuvor mit Fromonts Hilfe in Frankreich eingefallen sind. Seite an Seite können sie die Heiden in die Flucht schlagen.

Der gemeinsame Erfolg kann jedoch nicht über den immer noch bestehenden, unterschwelligen Konflikt hinwegtäuschen. Auf der einen Seite versucht Fromondin weiterhin, den Lothringern Schaden zuzufügen; seine Pläne scheitern jedoch und er ist gezwungen, die Feinde um Vergebung zu bitten und Gerberts Lehnsmann zu werden. Auf der anderen Seite wird deutlich, dass Gerberts Wunsch nach Rache dadurch nicht gestillt werden kann. Er heckt einen hinterlistigen Plan aus, um sich sowohl an dem toten Fromont als auch stellvertretend an dessen Sohn Fromondin rächen zu können, seine Rache ist somit doppelt motiviert. Unterstützung erhält er dabei von seinem treuen Verwandten

---

18 Vgl.: Labbé (wie Anm.15), hier: 109–14; Despina Ion, Banquet, conflit et fidélité dans *Garin le Lorrain* et *Gerbert de Metz*, in: Banquets et manières de table au moyen âge, hrsg. von Cuerma (Senefiance 38), Aix-en-Provence 1996, 305–18, hier: 316 f. Diese Episode ist im mnl. *Roman der Lorreinen* aufgrund seiner fragmentarischen Überlieferung nicht erhalten geblieben. Vgl. hierzu: van der Have (wie Anm. 9), 164 f.

Mauvosin. Unter dem Vorwand, Fromont ein würdiges und prächtiges Grabmal errichten zu wollen, lässt er seine sterblichen Überreste exhumieren:

> *La fosse esgarde Gerbers, li fiz Garin.*
> *Il en apelle l'orguillox Fromondin:*
> *„Fromons," dist il, „entendez envers mi.*
> *Vilainnement gist vostre peres ci!*
> *Si m'eït Dieus, li rois de Paradis,*
> *Plus richement le ferai enfoïr."*
> *Dist Fromondins: „La vostre grant merci!"* (12707–13)

Garins Sohn Gerbert betrachtete das Grab. Er rief den hochmütigen Fromondin zu sich: „Fromondin," sagte er, „hört mir zu. Euer Vater liegt hier auf unwürdige Weise begraben. So wahr mir Gott, der König des Paradieses, helfe, er soll sehr prunkvoll begraben werden." Fromondin sagte: „Habt vielen Dank dafür!"

Gerbert betreibt in der Folge großen Aufwand und investiert ein Vermögen in den Bau einer neuen Grabstätte. Als alles nach Plan verläuft, ist er höchst zufrieden: *Li rois le voit, molt s'en est esjoïs* (12730; Als der König das sah, freute er sich sehr).[19] Fromondin ahnt indessen nicht, was Gerbert wirklich im Schilde führt: Während der Exhumierung entwendet dieser nämlich den Schädel des alten Feindes, um ihn für seine Rachepläne zu benutzen. Als Gerbert in seiner Residenz in Aix angekommen ist, lässt er seinen Goldschmied zu sich rufen und befiehlt ihm, den Schädel heimlich in einen prächtigen, mit Edelsteinen verzierten Goldkelch umzuarbeiten.[20] Als der Goldschmied Gerbert den fertigen Kelch kurze Zeit später präsentiert, ist dieser erneut *molt joianz* (12845; höchst erfreut). Gerberts Freude über die filigrane Handwerkskunst lässt sich dabei sinnbildlich auch als Freude über seine akribisch geplante Rache deuten.[21] Er beschenkt seinen Goldschmied reich, was nun auch diesen fröhlich stimmt.

Gerbert wartet mit seiner eigentlichen Vergeltung bis zum Pfingstfest, zu dem er seine Verwandten und Untertanen, unter ihnen auch Fromondin, nach Aix einlädt. Er macht gegenüber Mauvosin keinen Hehl daraus, was er vorhat:

---

19 Im Folgenden wird zitiert nach: Gerbert de Mez. Chanson de geste du XIIe siècle, hrsg. von Pauline Taylor, Louvain, Lille 1952. Die Zitate wurden jeweils mit einer eigenen Übersetzung versehen.

20 Auch hier liegt eine Störung der Totenruhe vor: Neben dem Raub der Gebeine werden diese zudem zweckentfremdet und als Instrument der Rache gebraucht. Wie Begon, so wird auch Fromont durch die verwehrte Totenruhe noch über den Tod hinaus zum Opfer der gegnerischen Rache.

21 Auch Alain Labbé sieht hierin eine Parallele: „Froide, lentement calculée, minutieuse et subtile comme la monture de délicate orfévrerie qui va bientôt enchâsser le livide camée du crâne, la pensée de Gerbert achève sur un tout autre mode ce long trajet de meurtres expiatoires […]. La vengeance de Gerbert a vieilli avec lui; comme lui elle a mûri, comme lui elle s'est glacée en calcul en même temps qu'elle s'est spécialisée." Labbé (wie Anm. 15), hier: 110.

„Fromondins, li fier, / me servira devant moi al mengier" (12742 f.; „der verhasste
Fromondin wird mich damit bei der Mahlzeit bedienen"). Mauvosin, Fromondin und andere Ritter haben im Folgenden die Aufgabe, ihre Herren bei der
Mahlzeit zu bedienen. Die Stimmung ist dabei für Fromondin keineswegs als
gefahrvoll erkennbar, der Kontext des höfischen Festes und der Freude lassen
ihn am scheinbaren Frieden nicht zweifeln.[22] Dass es sich jedoch um ein ‚Fest der
Rache'[23] handelt, wird durch die List[24] verschleiert. Unwissentlich bedient Fromondin im Laufe der Mahlzeit erst Gerbert mit dem unheilvollen Goldkelch und
später, als die Herren in den Garten gegangen sind und alle anderen die Mahlzeit
einnehmen können, will er sogar selbst daraus trinken. Gerbert lässt sich un-
terdessen immer noch nicht anmerken, was er im Schilde führt.

3.2   Fromondins Zorn

Die Handlung nimmt eine entscheidende Wendung, als ein nicht beim Namen
genannter Ritter, der anscheinend die Wahrheit über den Kelch kennt, Fromondin über Gerberts listiges Verhalten informiert. Es bleibt jedoch unklar, ob
Gerbert das Geheimnis des Goldkelchs bereits während des Festes entlarven will
oder ob er dies zu einem späteren Zeitpunkt vorhat.[25] Der namenlose Ritter weist
Fromondin darauf hin, dass er einen großen Fehler begeht, wenn er aus dem
Kelch trinkt: *„Li hanepiers Fromont, le viel barbé, / Si m'aït Dieus, est dedenz
saelez"* (13010 f.; „der Schädel von Fromont dem Alten mit dem weißen Bart ist
im Inneren eingeschlossen"). Fromondin kann diese Schandtat zuerst kaum
fassen, denn er weiß: *„Li rois Gerbers est molt jentils et ber / Qui nel feroit por l'or
d'une cité"* (13014 f.; „König Gerbert ist sehr freundlich und tapfer, er würde so
etwas nicht für das Gold einer ganzen Stadt tun.").

Als der Ritter jedoch darauf besteht, die Wahrheit gesagt zu haben, wird
Fromondin zornig und will Gerbert zur Rede stellen. Dieser gibt seine Tat zwar
zu – doch über seine Motive lässt er den verhassten Bordelosen weiterhin im

---

22 Insofern entpuppt sich der Hof der Lothringer für Fromondin im Nachhinein als Ort des
    Schreckens und des Bösen, ähnlich wie es der Wald für Begon war.
23 Vgl.: Ion (wie Anm. 18), hier: 317.
24 Vgl.: Heinz Klingenberg, List als literarisches Motiv in germanischer Mythologie und Hel-
    densage, in: Die List, hrsg. von Harro von Senger, Frankfurt am Main 1999, 281–303, hier:
    282.
25 Dass das Geheimnis des Goldkelchs zu irgendeinem Zeitpunkt gelüftet werden sollte, scheint
    evident, denn es handelt sich hierbei um eine Trophäe. Auf den Sinn derartiger Enthüllungen
    geht Jan-Dirk Müller (in Bezug auf das *Nibelungenlied*) ein: „Als Zeichen ist die Trophäe
    keineswegs dazu bestimmt, verborgen zu bleiben – ein Sieg im Kampf findet Anerkennung
    erst durch den Beweis –, und sie bleibt es auch nicht." Jan-Dirk Müller, Spielregeln für den
    Untergang. Die Welt des Nibelungenliedes, Tübingen 1998, hier: 273.

Unklaren: *„Je ne le fis por nule malvaisté, / Ançois le fis par molt tres grant chierté"* (13039f.; „Ich habe mich nicht von irgendeiner schlechten Absicht leiten lassen, sondern habe es aus sehr großer Zuneigung getan").[26] Er bietet Fromondin den Kelch daraufhin als Geschenk bzw. Entschädigung an, was für diesen einer Verhöhnung gleichkommt.[27] Fromondin erkennt den Verrat seines Lehnsherrn und zieht die Konsequenzen:

> *„Molt grant tort en avez!*
> *En mon damaje voz voz gloirefiez.*
> *Vostre hom estoie hui main, bien le savez,*
> *Et moi et voz estïons acordez;*
> *Li vostre homages voz soit quites clamez."*
> *Lors prent .ii. pols de l'ermin engoulez,*
> *Gerbert les a enmi le vis getez.*
> *„Sire," dist il, „or soiez desfiez,*
> *Que a nul jor n'arez mais m'amistez."* (13042–50)[28]

„Ihr habt einen sehr großen Fehler begangen! Ihr verschafft Euch auf meine Kosten Ruhm. Heute Morgen war ich Euer Lehnsmann, Ihr wisst es gut, und wir haben uns vertragen. Ich erkläre die Treuepflicht Euch gegenüber für beendet." Er zog zwei Fellhaare aus dem Kragen seines Hermelinmantels und warf sie Gerbert ins Gesicht. „Herr," sagte er, „ich löse die Verbindung auf, denn Ihr werdet nie wieder meine Freundschaft genießen."

Fromondin inszeniert das Aufkündigen der Lehnsbeziehung hier als symbolische Handlung des Widersagens: das Werfen der Fellhaare ist dabei vergleichbar mit dem Werfen des Fehdehandschuhs.[29] Für Fromondin muss die Demütigung als großes Unglück erscheinen, da sie für ihn in keiner Weise vorhersehbar war.

---

26 Bevor Fromondin die Wahrheit erkennt, glaubt er daran, dass Gerbert ihm und seinem Vater durch die Errichtung eines prächtigen Grabmals Ehre erweisen will. An dieses Vortäuschen falscher Tatsachen knüpft der Lothringer an, als er Fromondin weißmachen will, auch die Zweckentfremdung des Schädels sei aus Hochachtung seinem einstigen Feind gegenüber geschehen.

27 Fromondin scheint den archaischen Brauch, den Schädel eines getöteten Gegners als Trophäe zu behalten, zu kennen. Vgl.: Katja Schulz, Schädelbecher (Literarisches), in: Reallexikon der Germanischen Altertumskunde, Band 26, hrsg. von Heinrich Beck u. a., Berlin u. a. 2004, 567–69.

28 Wenig später betont Fromondin nochmals: Gerbert ist von nun an nicht mehr sein *ami* (13063), sondern sein *anemi* (13064).

29 Das Ab- oder auch Widersagen stellt laut Werner Meyer eine „formelle Kriegserklärung" dar und dient der „Einschränkung des Fehdewesens". Des Weiteren betont Meyer: „Die A[bsage] bedeutete die Aufhebung aller Rechts- und Treuebeziehungen zw. den beiden Gegnern und gestattete dem Absager die Anwendung der vom Fehderecht vorgesehenen Kampfmittel. [...] Die formelle A. konnte durch brauchtüml. Gebärden und Handlungen (Fehdehandschuh, rituelle Drohungen und Schmähungen, Verweigern des Grußes, Abdecken der eigenen Dächer) ergänzt oder ersetzt werden." Werner Meyer, Absage, in: Lexikon des Mittelalters, Band 1, München 1980, 54f.

Er beklagt sein Leid: *„Joianz i ving, or m'en revois marriz; / Et neporcant ne l'ai pas deservi.“* (13084f.; „Ich bin frohen Herzens her gekommen, nun reise ich betrübt heim und habe dennoch keine Schuld daran.“). Auch die Versuche der ebenfalls anwesenden Lothringer Gerin und Hernaut, die angespannte Situation zu entschärfen, können Fromondin im Folgenden nicht gnädig stimmen, denn es geht ihm ums Prinzip: *„Ja n'arai joie s'arai Gerbert ocis“* (13095; „Ich empfinde keinerlei Freude mehr, bis ich Gerbert getötet habe.“) – auch hier wird gleich zweimal betont, dass Freude und Leid sich gegenseitig ausschließen.

Die Spannung, die in der Luft liegt, überträgt sich nun gleichermaßen auf Fromondin und Gerbert, deren zorniges Gemüt vom Erzähler durch eine identische Formulierung beschrieben wird: *a poi du senz n'issi* (13071, 13101; fast hätte er den Verstand verloren). Fromondins Zorn bringt nun auch seinen gewaltbereiten Charakter zum Vorschein: Er lässt sich von seinen Männern Waffen und Rüstung bringen und ruft sie zum Kampf auf, doch anstatt dem unbewaffneten Gerbert selbst Schaden zuzufügen, tötet er im Affekt einen Ritter aus der Gascogne, der seinem Herren zu Hilfe geeilt ist.[30] Fromondin hat mit seinem unbeherrschten Verhalten gegen die Regeln der Fehde verstoßen und rechtfertigt somit ungewollt, dass sich Gerbert, der sich nun ebenfalls bewaffnet, zur Wehr setzen darf.[31] Als dieser den Übeltäter jedoch gefangen nehmen will, flieht Fromondin aus der Stadt. Dieser Zwischenfall fungiert als Anlass für weitere Feindseligkeiten zwischen den Lothringern und Bordelosen.

Gerberts Freude währt, wie gezeigt, nicht lange. Aufgrund seiner unbesonnenen Rachetat und der dabei empfundenen Genugtuung wird der instabile Frieden zwischen den beiden Adelsgeschlechtern ein weiteres Mal durch die Fehde abgelöst. Anders als bei der Ermordung Begons jedoch führt die Vergeltungstat dieses Mal lediglich dazu, dass Fromondin Gerbert für seine Tat verurteilt. Weder der Erzähler noch die Lothringer kritisieren den Helden für die

---

30 Dass dies nicht im Sinne der regelhaften Fehdeführung ist, zeigt Gerd Althoff: „Mittelalterliche Fehdeführung bestand ganz wesentlich aus gezielten Drohgebärden, die den Gegner zum Nachgeben und Einlenken aufforderten. Vor wirklicher Gewaltanwendung stand also eine Phase ihrer Androhung, in der man sehr genau die Risiken der Eskalation abschätzen konnte und in der die Vermittler einer gütlichen Beilegung des Konflikts bereits am Werke waren.“ Gerd Althoff, Regeln der Gewaltanwendung im Mittelalter, in: Kulturen der Gewalt. Ritualisierung und Symbolisierung von Gewalt in der Geschichte, hrsg. von Rolf Peter Sieferle und Helga Breuninger, Frankfurt, New York 1998, 154–70, hier: 158. Die Fehde diente somit dazu, „Gewaltanwendung zu begrenzen, Eskalationen zu erschweren, und Bemühungen um die Wiederherstellung des Friedens zu befördern.“ Ebd., hier: 156. In der mittelalterlichen Literatur werden diese Regeln der Fehdeführung nur allzu oft unterlaufen. Vgl. auch: Andrea Boockmann, Fehde, Fehdewesen, in: Lexikon des Mittelalters, Band 4, München 1989, 331–34.

31 Vgl.: Manuel Braun und Cornelia Herberichs, Gewalt im Mittelalter. Überlegungen zu ihrer Erforschung, in: Gewalt im Mittelalter. Realitäten, Imaginationen, hrsg. von dens., München 2005, 7–37, hier: 32.

Freude am Leid des Gegners, für sein pietätloses Verhalten oder für seine listige Vorgehensweise – seine Handlungen erhalten dadurch eine gewisse Legitimität. Auch wird Gerbert anders als die Bordelosen an keiner Stelle als prinzipiell bösartig oder niederträchtig beschrieben. Sein Verhalten erklärt sich vielmehr durch die enorme Schmerz- und Verlusterfahrung des Helden, die der lange Prozess, den die Fehde in der *Geste des Loherains* durchläuft und der diese immer wieder zur Eskalation bringt, verursacht. Selbst tugendhafte Ritter wie Gerbert können so durch das Übermaß an zugefügtem Leid zu vermeintlich maßlosen Rachetaten im Stande sein.

Auch die Bordelosen halten im Folgenden das an ihnen begangene Unrecht in ihrem kollektiven Gedächtnis wach. So äußert Fromondin gegenüber seiner Schwester Ludie:

> *„Gerbers a fait la guerre conmencier:*
> *Antan fist faire .i. coupe d'or mier,*
> *Du viel Fromont i mist le hanepier,*
> *Le nostre pere, qui noz avoit tant chier."* (13202–05)

> „Gerbert hat den Krieg erneut entfacht: Vor kurzem hat er einen Kelch aus reinem Gold angefertigt, den Schädel von Fromont dem Alten hat er eingearbeitet, unserem Vater, der uns sehr liebte."

Die gemeinsame Erinnerung an die erlittene Demütigung ist also auch in diesem Fall ein integraler Bestandteil der Rachelogik in der *Geste des Loherains*. Wie so oft trägt sie ihren Anteil zur Verstetigung des Konflikts bei und wirkt so als Katalysator der Fehde.

4.   Ergebnisse

Die beiden Episoden zeigen beispielhaft das weite Panorama, welches sich durch das Motiv der Rache in der altfranzösischen *Geste des Loherains* öffnet. Dabei weisen die verfeindeten Adelsgeschlechter markante Parallelen auf, die durch den beiderseitigen Gebrauch übermäßiger Rache gegeben sind.[32] Neben den Ähnlichkeiten im Denken, Handeln und Fühlen lassen sich jedoch auch einige gravierende Unterschiede zwischen den Lothringern und Bordelosen feststellen. Im Folgenden werden diese Gemeinsamkeiten und Unterschiede unter zwei

---

32 Hierauf hat bereits Michael Heintze hingewiesen: „Die Morde an Begon und dem Lothringer Garin [...] stellen unzweifelhaft schreiendes Unrecht von seiten der Bordeaux-Sippe dar, aber die Schändung der Gebeine Fromonts [...] verfinster[t] das sonst helle Bild der Lothringer." Michael Heintze, König, Held und Sippe. Untersuchungen zur Chanson de geste des 13. und 14. Jahrhunderts und ihrer Zyklenbildung, Heidelberg 1991, hier: 216f.

Aspekten zusammengefasst, die sowohl dem Motiv der Rache als auch den eingangs aufgeworfenen Fragen zur Emotionalität Rechnung tragen.

(1) Gemeinsamkeiten und Unterschiede der Rache: Sowohl den Rachehandlungen der Bordelosen als auch denen der Lothringer gehen Schädigungen der eigenen Gruppe bzw. der eigenen Person voraus. Allerdings differiert die Art des zuvor zugefügten Unrechts: Während Tiebaut und Fromondin sich jeweils für eine Demütigung rächen, üben die Lothringer Vergeltung für den Mord an ihren Anführern Begon und später auch Garin. Dabei erscheint diejenige Rache, die auf die Ermordung des Gegners verzichtet, bis zu einem gewissen Grad legitimer, wie die jeweiligen Reaktionen zeigen – und wie auch Fromondins Versuch, Gerbert zu töten, deutlich macht. Grundsätzlich steht hier nämlich nicht Fromondins Anspruch auf Wiedergutmachung zur Diskussion, wie die entsprechenden Angebote der Lothringer bezeugen,[33] sondern die Art und Weise, wie er diese einfordert. Auch im Falle von Begons Tod sind es schließlich die Bordelosen, die explizit nicht auf das Angebot der Wiedergutmachung durch den Grafen eingehen.

Daneben unterscheidet sich auch die Art und Weise der Rache: Ist Tiebauts Rache eher ein Produkt des Zufalls und deshalb als spontan zu bezeichnen, so überlässt Gerbert nichts dem Zufall, seine Vergeltung ist akribisch geplant. Beiden Rächern ist jedoch gemeinsam, dass sie jeweils mit List handeln – Tiebaut, indem er seine Männer über seine Absichten im Unklaren lässt, Gerbert, indem er Fromondin vorsätzlich täuscht. Auch in dem pietätlosen Verhalten ihren früheren Feinden gegenüber ähneln sich die Rächer.

In der *Geste des Loherains* kommt die eingangs angesprochene Janusköpfigkeit der Rache vollends zum Vorschein: Die Figuren versuchen Unrecht mit Unrecht zu bekämpfen, was vor allem negative Auswirkungen auf das gesellschaftliche Zusammenleben hat. Durch die sanktionierende Funktion der Rache können dabei höchstens stabilisierende Effekte nach innen (für die eigene Gemeinschaft) erzielt werden, nach außen (für die Gesellschaft) jedoch entfaltet sie eine entgegengesetzte Wirkung. Die Gewalt bleibt somit allgegenwärtig und die Fehde verstetigt sich nicht nur, sondern sie wuchert: Immer mehr Figuren werden in immer neuen Situationen zur Rache veranlasst oder fallen ihr zum Opfer und sogar Tote werden für die Vergehen bestraft, die sie zu Lebzeiten mutmaßlich begangen haben. So persönlich die Rache also ist, sie hat immer auch Folgen für die jeweilige Gemeinschaft, die den Verlust und die Demütigung zudem über mehrere Generationen in ihrem kollektiven Gedächtnis wach hält.

---

33 Dies wäre ganz im Sinne der Fehde: „Die Vergeltung durch Genugtuung wie Geldbuße, öffentliche Demütigung oder Ehrverlust des Schuldigen wurde von den Rechtsstiftern zu allen Zeiten gefördert, um den Frieden zu erhalten." Holzhauer (wie Anm. 8), hier: 12.

(2) Emotionalität und Rache: Sowohl die Rache der Lothringer als auch die der Bordelosen wird in der *Geste des Loherains* mit starken Emotionen in Verbindung gebracht. Freude und Leid schließen sich dabei jeweils aus, sei es, dass diese bei einer Figur abrupt ins Gegenteil umschlagen – wie dies bei Fromondin beim Fest an Gerberts Hof der Fall ist –, sei es, dass eine Figur Leid über das Glück einer anderen Figur empfindet – man denke an Tiebaut vor seiner Rache an Begon – oder dass der eine Freude am Unglück des anderen hat – wie bei Gerberts Vergeltung erkennbar wird. Der Zustand der Freude hält im Gegensatz zum Leid jedoch nie lange an, denn die übermäßig zur Schau gestellte Genugtuung der Schädiger führt zu neuem Leid bei den Geschädigten, die dadurch nur noch mehr Motivation zur Vergeltung haben. Das zerstörerische Potenzial der Rache unterläuft auf diese Weise immer wieder das eigentliche Ziel der Freude: Den dauerhaften Ausgleich eines Zustandes des Leids.

Die untersuchten Episoden machen deutlich, dass nicht nur die negativ gezeichneten Figuren Freude am Leid und an der List empfinden, sondern auch die Helden aus Lothringen. Im Gegensatz zu Bösewichten wie Tiebaut ergibt sich die Freude in diesen Fällen jedoch nicht aus einer allgemeinen Charakterschwäche der Figuren, sondern aus emotionalen Extremsituationen. Zudem ist der ersehnte Triumph über den Gegner ein zentraler Aspekt, der beispielsweise bei Gerbert die Freude am Leid verständlich macht, denn das Streben nach Erfolg und der Wunsch nach Vergeltung werden in der *Geste des Loherains* nicht grundsätzlich als verwerflich angesehen. Neben Gerbert ist es auch Fromont, der eine klare Dichotomie zwischen den ‚guten‘ Lothringern und den ‚schlechten‘ Bordelosen zwischenzeitlich immer wieder als brüchig erscheinen lässt, denn er hat die Fähigkeit, über das Leid der Gegner Trauer zu empfinden.

Der erlittene Verlust der verfeindeten Parteien und die gegenseitige Demütigung werden durch starke Emotionen wie Trauer, Zorn[34] und Hass zusätzlich intensiviert. Klagen und Gesten der Trauer werden dabei vor allem dann in Szene gesetzt, wenn das Leid der Lothringer im Mittelpunkt steht. Die Trauer der Bordelosen wird hingegen stärker von Zorn und Hass überlagert – auch wenn die Handlungen der Lothringer natürlich ebenfalls von diesen Emotionen motiviert werden. Für beide Adelsgeschlechter gilt, dass bei ihnen vor allem das destruktive und maßlose Potenzial dieser Emotionen zum Vorschein kommt.

***

---

34 Christoph Demmerling und Hilge Landweer gehen auf den Zusammenhang von Trauer und Zorn ein. Sie gehen davon aus, dass sich die Trauer auf den Verlust und der Zorn gegen den Schädiger richtet. Vgl.: Christoph Demmerling und Hilge Landweer, Philosophie der Gefühle. Von Achtung bis Zorn, Stuttgart, Weimar 2007, hier: 282.

Erst der konkrete Kontext gibt also Aufschluss über den Sinn, der durch die Beschreibung und Bewertung von Rache und Emotionalität produziert werden soll; er entscheidet auch darüber, ob eine Vergeltung als legitim oder illegitim angesehen wird. Dass es meist die Gewalt des Anderen ist, die dabei als verwerflich angesehen wird, ist laut Braun und Herberichs ein zentrales Merkmal der *Chansons de geste*. Dadurch, dass die Figuren hier meist in feste Familienverbände eingebunden sind, können ganze Generationen von Helden oder Bösewichten und Verrätern innerhalb eines Adelsgeschlechts heranwachsen, die den Konflikt vorantreiben und verstetigen.[35] Die *Geste des Loherains* kann als prägnantes Beispiel hierfür gelten.

---

35 Vgl.: Braun und Herberichs (wie Anm. 31), hier: 27.

Marina Klamt (Bayreuth)

Zugehörigkeit und Verrat in den *Haymonskindern* Johanns II. von Simmern. Reynharts Kommunikation von Trauer und Freude innerhalb der brüderlichen Gewaltgemeinschaft

Abstract. Die Haymonskinder narrates the story of four brothers, Reynhart, Alardt, Gißhardt, and Reichart, feuding with Charlemagne. After years of fighting the brothers have the opportunity of achieving peace with Charlemagne. Suspecting the danger of being ambushed by King Yon, their new feudal lord who arranged the fake-reunion, the brothers agreed in making peace. This paper illustrates that showing emotions is constitutive for the composition and decomposition of the 'community of violence' (Gewaltgemeinschaft) in the text. Thereby, the character Reynhart is getting ambivalent by showing emotions of suffering, while realizing that he has been betrayed. But the ambiguous emotions cannot be identified by his brothers clearly. These emotions are only readable in a noble context in which Reynhart is meant to be their master. Because of this interpretation they decide to kill him. Showing happiness solves the problem of taking Reynhart as betrayer, because he acts as their brother and master again.

Ach meine lieben brůder / Gißhardt vnd Reichart / heut ist der tag kommen / das wir verråterlich sterben můssen / ich merck das Reynhardt vnns verraten hat / ich hets jm niemmer vertrawt / das eynige vnthat / in eyn als Edel hertz / als das sein ingangen were / Er hat vns her wider vnsern willen bracht / darumb acht ich / er hab der verråterei wol wissens gehabt. Ha Reynhardt eyn sůn Aymonts von Dordon / wer mag ymmer mehr glauben auff eynen menschen setzen so jr vnser brůder seindt / vnd wir euch fůr vnsern Herrn halten / vnd jr habent vns / vber unsern willen / zů vnserm todt gefůrt / vnd so schentlichen verraten / Ach Reichart sprach Alart: Zucket auß euer schwert / dann der verråter soll mit vns sterben / billich ist es das er sterb / dieweil er die verråterei erdicht hat. Mit diesen worten gewunnen sie all drei jre schwerdter / vnd warent des willens / wie grimmige Lǒwen / Reynhardten zuerwůrgen / dann sie vermeynten gåntzlichen / Reynhart het sie verraten.[1] (186, 12–26)

---

1 Johann II. von Simmern, Die Haymonskinder, hrsg. und mit einem Nachwort versehen von Werner Wunderlich (Frühe Neuzeit 35), Tübingen 1997. Aktuelle Forschung zu den *Haymonskindern* bezieht sich vorrangig auf die Stofftradition; vgl.: Danielle Buschinger, Die vier Heymonskinder, in: Studien zur deutschen Literatur des Mittelalters, hrsg. von ders., Greifswald 1995, 285–96; Mathias Herweg, Ronceval und Montauban: Literarische Muster von Niederlagen und ihre Erinnerungsfunktion in deutschsprachigen Romanen des 15./16. Jahrhunderts, in: Kriegsniederlagen. Erfahrungen und Erinnerungen, hrsg. von Horst Carl

‚Ach meine lieben Brüder Gißhardt und Reichart, heute ist der Tag gekommen, an dem wir durch Verrat sterben müssen. Ich erkenne, dass Reynhardt uns verraten hat. Ich hätte ihm nicht zugetraut, dass irgendeine Untat in ein edles Herz, wie seines eines ist, Einzug gehalten hätte. Er hat uns gegen unseren Willen hierher gebracht. Darum meine ich, er hat von dem Verrat gewusst. Ha, Reynhart, Sohn Aymonts von Dordon, wer mag jemals wieder an einen Menschen glauben, da ihr unser Bruder seid und wir Euch als unseren Herren betrachten. Und Ihr habt uns über unseren Willen hinweg zu unserem Tod geführt und so schändlich verraten. Ach Reichart,‘ sagte Alardt, ‚zieht euer Schwert, denn der Verräter soll mit uns sterben. Rechtmäßig ist es, dass er stirbt, weil er sich den Verrat ausgedacht hat.‘ Mit diesen Worten zogen sie alle drei ihre Schwerter und hatten den Vorsatz, Reynhart wie zornentbrannte Löwen zu erwürgen, denn sie meinten gänzlich, dass Reynhart sie verraten hätte.[2]

In diesem Zitat der *Haymonskinder* Johanns II. von Simmern, einer in der Tradition französischer Empörerepen stehenden Prosaübersetzung von 1535, die zum prominenten europäischen Erzählstoff *Renault de Montauban* gehört, geht es um nicht weniger als den Mord an einem Verwandten: Alardt, Gißhardt und Reichart nehmen sich vor, den ältesten Bruder Reynhart aufgrund seines vermeintlichen Verrats zu töten. Im Gegensatz zu dieser Szene ist das Auftreten der vier Brüder im Text sonst größtenteils ein anderes, denn die Brüder verhalten sich über weite Teile der Handlung wie ideale Vertreter einer Gewaltgemeinschaft[3]: Grundlage der Gewaltgemeinschaft der vier Söhne Aymonts von Dordon, einem der Lehensmänner Kaiser Karls, ist deren Verwandtschaft. Diese stellt überwiegend eine Begründung für deren Bindung dar, nicht jedoch das bindende Element an sich. Der die Brüder einende Streit mit Kaiser Karl – ausgelöst durch einen Lehenskonflikt ihres Verwandten Beue von Agrimont – und die damit zusammenhängende gemeinsam verübte Gewalt konstituieren über weite Teile des Textes die spezifische Bindung der vier Brüder: Erst im

---

u. a., Berlin 2004, 27–39; Elmar Schilling, Münsterische Geschichten. Sagen und Legenden. Die ‚Haimonskinder‘ und ihre Rezeption, in: Jahrbuch Augustin-Wibbelt-Gesellschaft 24 (2008), 9–19. In Bezug auf die Erschließung der Simmerner *Haymonskinder* sind besonders folgende Beiträge hervorzuheben: Beate Weifenbach, Die Haimonskinder in der Fassung der Aarauer Handschrift von 1531 und des Simmerner Drucks von 1535, Frankfurt a.M. u. a. 1999; Werner Wunderlich: Anonymität – Akrostichon – Autorschaft. Johann II. von Simmern, in: Fragen nach dem Autor. Positionen und Perspektiven, hrsg. von Felix Philipp Ingold, Konstanz 1992, 73–88.

2 Übersetzung aus dem Frühneuhochdeutschen hier und im Folgenden durch die Verfasserin.

3 Ich beziehe mich mit dem Begriff ‚Gewaltgemeinschaft‘ oder ‚Kriegergemeinschaft‘ auf die Prägung durch die Gießener Forschergruppe: Eine Gewaltgemeinschaft ist demnach bestimmt durch das gemeinsame Ausüben von nicht-hoheitlicher (physischer) Gewalt, solange ein Anlass zur gemeinsamen Aktivität vorhanden ist oder bis die Gewaltgemeinschaft ihrerseits gewaltsam aufgelöst wird. Die Bezeichnung ‚Gewaltgemeinschaft‘ ist deswegen besonders passend, da sie zwar andere Definitionen von Gewalt zunächst ausschließt und sich auf körperliche, physische Gewalt beschränkt, jedoch die Prozesshaftigkeit der Gruppenbindung sowie ein identitätsgenerierendes Moment für beteiligte Figuren betont.

gemeinsam verübten Kampf gegen den Kaiser, der abschnittsweise auch Magis, den Sohn Beues und Neffen der Haymonskinder einschließt, wird eine gemeinsame Identität[4] sichtbar.

Reichsfrieden gibt es in den *Haymonskindern* erst, nachdem Reynhart die Bedingungen Kaiser Karls (Pilgerfahrt, Armutskleidung, Überantwortung von Reynharts magischem Pferd; vgl. 357, 31–35) für den Frieden angenommen hat. Karl reagiert mit dem Friedensangebot auf einen drohenden Machtverlust – seine Fürsten hatten zuvor mehrheitlich ihre Zelte abgebrochen und das Lager des Kaisers verlassen, da sie dessen Verhalten als nicht gerechtfertigt ansahen. Ab dem Zeitpunkt des Friedensschlusses existiert die Kriegergemeinschaft der vier Haymonskinder nicht mehr und die territoriale Ordnung im Reich ist wieder hergestellt.[5] Reynhart reist mit Magis nach Jerusalem und die drei verbliebenen Brüder erkennen den Kaiser als ihren *rechten natürlichen Herren* (361, 27) an; das gemeinsame Agieren der vier Brüder spielt also ab dem Zeitpunkt keine Rolle mehr im Text, als der Streit mit Kaiser Karl beigelegt ist und Reynhart sich als Pilger ins Heilige Land begibt. Bis auf Reynharts Rückkehr (vgl. 388) und die Totenklage Alardts, Gißhardts und Reicharts über dem Leichnam ihres Bruders (vgl. 427), der aufgrund seiner herausragenden Körperkraft von neidischen Arbeitern beim Bau des Kölner Doms erschlagen wird und dessen Körper nach seinem Tod alle Zeichen eines Heiligen trägt, wird nicht mehr gemeinsam von den Brüdern erzählt. Zu bemerken ist hierbei die Tendenz des literarischen Textes mit fortschreitender Handlung eine hagiographische Vita Reynharts zu konstruieren, welche sich nicht in einer Moniage als Erzählschluß erschöpft, wie sie vorrangig in den mittelhochdeutschen Spielmannsepen vorkommt.[6]

---

4 Der Begriff ‚Identität', wie er hier vereinfacht gebraucht wird, bezeichnet u. a. das Erkennen von sich als mit sich selbst identisch und als unterschieden von etwas anderem. Identität ist damit das Ergebnis einer Differenzbeobachtung. Die Gewaltgemeinschaft der vier Brüder ist vorranging als Gruppenidentität entworfen, das heißt, es geht weniger darum, dass die Figuren als Einzelne individuelle Charaktere von sich entwerfen, sondern das Wohl der Gruppe steht für die Brüder permanent im Vordergrund. In der Selbstthematisierung der Gruppe scheinen der Älteste und Jüngste dabei stärker dafür verantwortlich zu sein, Schaden von außen für die Gruppe abzuwenden, während die mittleren Brüder eher eine Stabilisierung der Gruppe nach innen bewirken. Vgl. für eine soziologische Perspektive auf partizipative Identitäten: Alois Hahn, Konstruktionen des Selbst, der Welt und der Geschichte. Aufsätze zur Kultursoziologie, Frankfurt a.M. 2000 (besonders das Kapitel ‚Das Selbst und die Anderen').

5 Die *Haymonskinder* haben, wie in den *chansons de geste* nicht unüblich, eine deutlich zweigeteilte Struktur: einen heldenepischen Teil, der den Konflikt Karls mit den Söhnen Aymonts erzählt, sowie einen Teil, der die Heiligenvita Reynharts in den Vordergrund stellt und in der Heiligsprechung der Figur endet. Das Spezifische des Textes macht aber gerade auch aus, dass der Erzähler Reynhart in der Anonymität sterben lässt und erst im Anschluss eine Apotheose erzählt.

6 Als Moniage wird ein fiktionaler Erzählschluß verstanden, der oftmals vor dem Epilog von einem Rückzug des Herrschers oder Herrscherpaares nach einem ehrvollen Leben vom Hof in

Diese Hinweise auf das spezifische Identitätsangebot, das der Konflikt mit dem Lehens- und Landesherren Karl für die vier Brüder ‚ermöglicht', genügen, um aufzuzeigen, dass die Bindung der Söhne Aymonts als Gewaltgemeinschaft interpretiert werden kann. Dennoch ist diese Bindung nicht nur durch einen möglichen Friedensschluss mit Karl, sondern auch während des andauernden Konflikts permanent bedroht und labil, wie obiges Zitat belegt. Die Gefahr, dass die gemeinsame Identität nicht aufrechterhalten werden kann, ist dabei eine von innen: Sobald einer der Vier seine Zugehörigkeit zur Gruppe nicht kommuniziert, steht die Gewaltgemeinschaft auf dem Prüfstand. Deren Konstitution hängt nämlich wesentlich davon ab – so die Voraussetzung für deren gemeinsame Identität –, ob gewalthaftes Handeln fortgesetzt werden kann oder nicht.

Zur Kommunikation von Emotionen

Eine besondere Rolle für die Konstituierung oder das Zerfallen der Gemeinschaft spielen die kommunizierten Emotionen Reynharts, Alardts, Gißhardts und Reicharts. Will man einen Zusammenhang von Emotionsdarstellungen und Gewaltgemeinschaften in literarischen Texten erarbeiten, sind im Vorfeld jedoch einige Vorbemerkungen zur Interpretation von Emotionsdarstellungen in mittelalterlichen und frühneuzeitlichen Texten notwendig, denn die sprachlich-literarischen Darstellungsformen von Emotionen[7] sind in diesen Texten (immer noch) Sache des Körpers oder Leibs von Figuren und damit eng mit öffentlicher Kommunikation verknüpft. Bekannt ist, dass sich Gesellschaftsmodelle, wie sie in Texten des Mittelalters und der Frühen Neuzeit gezeichnet werden, am Körperschema orientieren:[8]

> In einer Gesellschaft, in der der Status eines jeden Statusträgers und die sie verbindenden Statusrelationen durch permanente Repräsentation immer wieder neu bewährt

---

ein Kloster, deren Tod und damit zusammenhängendem sicher erlangten Seelenheil berichtet. Vgl. Corinna Biesterfeldt, Das Schlußkonzept *moniage* in mittelhochdeutscher Epik als Ja zu Gott und der Welt, in: Wolframstudien XVIII (2004), 211–31, hier: 211; eine umfangreichere Untersuchung zum literarischen Motiv der Moniage in den Spielmannsepen bietet Corinna Biesterfeldt, Moniage – Der Rückzug aus der Welt als Erzählschluß. Untersuchungen zu ‚Kaiserchronik', ‚König Rother', ‚Orendel', ‚Barlam und Josaphat', Stuttgart 2004.

7 Vgl. für einen Überblick zur derzeitigen Emotionsforschung: Rüdiger Schnell, Historische Emotionsforschung. Eine mediävistische Standortbestimmung, in: Frühmittelalterliche Studien 38 (2004), 173–276, hier: 175.

8 Vgl. Horst Wenzel, Das höfische Geheimnis. Herrschaft, Liebe, Texte, in: Schleier und Schwelle. Geheimnis und Öffentlichkeit, Bd. 1, hrsg. von Aleida Assmann u. a. (Archäologie der literarischen Kommunikation 5), München 1997, 53–69, hier: 53.

und gewährleistet werden müssen, agieren Körper durch Mittel der Gestik, durch Mimik, Habitus und Ausstattung als personale Zeichenträger.[9]

Die Darstellung von Emotionen ist m. E. vor eben formuliertem Hintergrund zu lesen. Der Figurenkörper hat spezifische Möglichkeiten, aktiv Augenscheinlichkeit herzustellen, welche vom Betrachter – textintern von anderen Figuren und textextern vom Rezipienten – als bedeutungstragend erfahren wird. Auch für die *Haymonskinder* gilt vorrangig, dass jegliches öffentliche Agieren des Adels als Herrschaftshandeln lesbar ist:

> [...] so wie die Rituale der Begrüßung dem Verständigen die Rangordnung verdeutlichte oder wie die huldvolle Geste oder ein Lächeln über die *familiaritas* oder die Freundschaft von Personen informierte, so transportierten auch die gezeigten Emotionen Botschaften [...].[10]

Der Interaktion zwischen Figuren kommt dabei die Aufgabe zu, sinnfällig zu machen, ob die angenommenen Ordnungen und entsprechende Gruppenzugehörigkeit noch von allen anerkannt werden. Jeder Adelige hat sich durch die Darstellung dessen auszuweisen, was er ist oder zu sein beansprucht.[11] In der Literatur des Spätmittelalters und der Frühen Neuzeit verändert sich diese Kongruenz zwischen der Kommunikation von Emotionen und der Identität von Figuren (Stand, Verhältnis zur Gesellschaft, Geschlecht usw.). Jutta Eming entwickelt in ihrer emotionsgeschichtlichen Arbeit veränderte „Darstellungsstrategien"[12] von Liebes- und Abenteuerromanen, die es erlauben die Trennung eines subjektiven ‚Innenraums' von einem davon relativ unabhängig kontrollierbaren Körper (inklusive Sprache), zu beschreiben. Dabei lassen sich

> Verschiebungen in den Konventionen, nach denen Emotionen am Körper lesbar gemacht oder mittels kultureller Techniken verborgen werden [beobachten]. Der Körper wird als Medium des Gefühlsausdrucks auf dem Weg zur Neuzeit scheinbar marginalisiert, doch gleichzeitig wird er zum wichtigsten Instrument, um veränderte Konventionen emotionaler Expressivität zu regulieren.[13]

---

9 Horst Wenzel, Höfische Repräsentation. Symbolische Kommunikation und Literatur im Mittelalter, Darmstadt 2005, 19.

10 Gerd Althoff, Empörung, Tränen, Zerknirschung. Emotionen in der öffentlichen Kommunikation des Mittelalters, in: Spielregeln der Politik im Mittelalter. Kommunikation in Friede und Fehde, hrsg. von dems., Darmstadt 1997, 258–81, hier: 278f.

11 Vgl. Wenzel (wie Anm. 9), 11. Vgl. auch: „Repräsentatives Herrschaftshandeln verlangt die sinnlich erfahrbare, sichtbare, hörbare, fühlbare und greifbare Darstellung von sozialem Rang, von tatsächlichen oder auch angemaßten Statuspositionen, die unter vorbürokratischen Bedingungen des Personenverbandstaates nicht ausreichend gesichert sind und sich deshalb in der öffentlichen Demonstration als wahr erweisen müssen." Ebd.

12 Jutta Eming, Emotion und Expression. Untersuchungen zu deutschen und französischen Liebes- und Abenteuerromanen des 12.–16. Jahrhunderts, Berlin, New York 2006 (Quellen und Forschungen zur Literatur- und Kulturgeschichte 39), 42.

13 Eming (wie Anm. 12), 6.

Die dargestellten Reaktionen der Figuren haben auch in den *Haymonskindern* v. a. Zeichencharakter. Gerade für die in diesem Beitrag betrachtete Textstelle sind Emotionen als Zeichen mit Funktion zu betrachten,[14] da deren Verständnis die Episode erst nachvollziehbar macht. Darüber hinaus kann aber auch ein Auseinanderfallen der Emotionen einer Figur und deren Interpretation durch andere Figuren festgestellt werden, was eine rein an Emotionsdarstellungen mittelalterlicher Texte orientierte Interpretation nicht hinreichend beschreiben kann. Hierzu wird es für literarische Texte wie die *Haymonskinder* notwendig veränderte Umgangsformen mit Emotionen und deren Darstellung aufzuzeigen.

Es soll im Folgenden erarbeitet werden, dass über die Darstellung von Emotionen in den *Haymonskindern* ganz wesentlich das Funktionieren und Nichtfunktionieren der Kriegergemeinschaft angezeigt wird. Diese Darstellung verdeutlicht desweiteren das Polyvalent-Werden von kommunizierten Zeichen in einer paradox erscheinenden Weise: Die Funktion der Emotionen besteht v. a. auch darin, zunächst eine Gefährdung der Gewaltgemeinschaft herbeizuführen – und nicht diese Gefährdung lediglich anzuzeigen![15] Im Anschluss führen diese dann dazu, die Gewaltgemeinschaft für den Moment zu stabilisieren. Diese Thesen sollen im Folgenden anhand einer genauen Betrachtung des Hinterhalts im *thal Vacolŭr* (184, 24) erläutert werden. Dazu wird zunächst der Inhalt der Episode kurz umrissen, bevor eine spezifische Betrachtung die Stelle hinsichtlich der Bedeutung der gezeigten Emotionen aufschlüsselt.

Der Verrat im *thal Vacolŭr*

Die zu untersuchende Episode der *Haymonskinder* ist eingebettet in den Konflikt um unterlassene Lehensverpflichtungen, der sich genuin entspinnt zwischen Kaiser Karl und Beue von Agrimont, dem Onkel der vier Brüder. Nach jahrelangem Widerstand und Kampf der Haymonskinder lässt sich König Yon, Vater von Reynharts Ehefrau und damit dessen enger Vertrauter, von Karl überzeugen, die Brüder zu verraten. Mit einer List werden sie im *thal Vacolŭr* in einen Hinterhalt gelockt. Doch statt sofort gemeinsam zu kämpfen, beginnen Alardt, Gißhardt und Reichart zunächst ihren Bruder Reynhart anzugreifen, weil

---

14 Althoff (wie Anm. 10), 278.

15 Hier möchte ich besonders den performativen Aspekt, den die Frage nach Funktionen von Emotionen in literarischen Texten hat, betonen. Die Erkenntnis, dass Wirklichkeit durch Sprache nicht nur abgebildet, sondern erzeugt wird, gilt in besonderer Weise auch für die literarische Darstellung von Emotionen. Vgl. dazu beispielsweise den Beitrag von Jutta Eming, Ingrid Kasten, Elke Koch und Andrea Sieber, Emotionalität und Performativität in der Literatur des Mittelalters, in: Theorien des Performativen, hrsg. von Erika Fischer-Lichte und Christoph Wulf (Paragrana 10,1), Berlin 2001, 215–33.

sie annehmen, er sei an dem Verrat beteiligt (vgl. 186, 17).[16] Noch während sie auf Reynhart zustürmen, verhindert überraschenderweise sein Lachen, dass die Brüder ihn töten. Nach ihrer Versöhnung tötet Reynhart den Grafen von Angu, einen der acht von König Yon mitgesandten Grafen, um sich im Anschluss wieder gemeinsam mit seinen Brüdern dem kaiserlichen Heer zu stellen.

Es sind v. a. zwei Wendungen der Erzählung, die in dieser Episode verwundern: erstens der plötzlich unterstellte Verrat Reynharts, der zur sofortigen Tötungsabsicht der Brüder führt, und zweitens die ebenso plötzliche Bereitschaft, Reynhart aufgrund seines Lachens zu verzeihen.[17]

Zum Verratsgeschehen: Auf Geheiß des Kaisers schenkt König Yon den Brüdern vier *Scharlache mäntel mit Hermeln gefütert* (177, 25) und unterbreitet Reynhart folgenden Vorschlag:

> [...] *vnd zů letst bewilligt der Keyser mir zů lieb / in nachgeender maß / den frieden anzunemen / vnd also / das jr morn frů / auff die ebne zů Vacolůr / mit ewern Brüdern reiten sollent / vngewapnet / alleyn mit eweren schwerdtern / sitzende auff mauleseln / vnnd diesen mänteln die ich euch geben hab becleydt / Ir sollent auch zum zeychen des fridens / Rosen oder Blůmen / in den henden fůren.* (178, 8–14)

> ,[...] und am Ende erlaubte der Kaiser aus Freundschaft zu mir, in folgender Art und Weise den Frieden anzunehmen: Ihr sollt nämlich morgen früh mit Euern Brüdern auf die Ebene bei Vacoluer reiten, nicht gerüstet, bis auf eure Schwerter, auf Mauleseln sitzend und bekleidet mit diesen Mänteln, die ich Euch gegeben habe. Zum Zeichen des Friedens sollt ihr außerdem Rosen oder Blumen in den Händen halten.'

Nach einer Beratung mit seinen Brüdern und seiner Frau erklärt Reynhart, dass die Söhne Aymonts den in Aussicht stehenden Frieden nicht ausschlagen können, obwohl sie die Gefahr eines möglichen Verrats des Königs diskutieren und sich seine Brüder gegen einen Friedensschluss mit dem Kaiser in der geforderten Art und Weise aussprechen. Für Reynhart bedingt sowohl die vasallitische als auch die verwandtschaftliche Bindung an König Yon, dass dem Vorschlag des Königs gefolgt werden muss, wollen die Brüder keinen Ehrverlust hinnehmen. Nach dem Ratschluss machen sie sich gemeinsam auf den Weg in das *thal Vacolůr* (182, 1), begleitet von acht Grafen des Königs und gekleidet in der geforderten Weise, denn es *waren die zeychen / dabei man sie erkennen solt* (177, 33):

> *Nach dem das diese Meß gesungen was / begerten sie jrer Maulesel / sassen darauff / vnd mit jnen ritten die acht Graffen / welche alle anschleg der verräterei wol wissens trugen / es waren die sůn Aymonts / gar wol vor andern zuerkennen dann sie ritten becleydt mit scharlachen Mänteln / mit Hermeln gefütert / vnd fůrten in henden blůmen zů eym Zeychen des friedens / vnd jre schwerter an seiten / die sie nit begeben wolten.* (182, 5–11)

---

16 S.a. das Eingangszitat zu diesem Beitrag.
17 Eine Klärung des vermeintlichen Verrats erfolgt erst an anderer Stelle (vgl. 190, 35–37).

Nachdem diese Messe gesungen worden war, begehrten sie ihre Maulesel und saßen auf. Mit ihnen ritten die acht Grafen, die alle um den Hinterhalt wussten. Die Söhne Aymonts waren gegenüber den anderen sehr gut zu erkennen, denn sie ritten bekleidet mit scharlachroten Mänteln, die mit Hermelin gefüttert waren. Sie führten in den Händen zum Zeichen des Friedens Blumen und ihre Schwerter, die sie nicht hingeben wollten, an der Seite.

Die Aufmachung der Haymonskinder und die Zeichenhaftigkeit ihres Auftretens werden im Text mehrfach wiederholt (s. o.), womit die Relevanz des Aufzugs und der Inszenierung in den Vordergrund gestellt wird. Auffällig oft wird die besondere Ausstattung betont, die die Brüder für den vermeintlichen Friedensschluss tragen sollen. Betrachtet man in dem Zusammenhang den weiteren Handlungsgang der *Haymonskinder* und liest die Episode mit dem Wissen um den Ausgang des Textes – erwähnt wurde bereits, dass der Text Hagiographisierungstendenzen erkennen lässt,[18] da Reynhart zwar ein adeliger Ritter ist, jedoch immer wieder und gehäuft Merkmale eines Heiligen aufweist und letztlich auch heiliggesprochen wird –, kann auch die oben genannte Ausstattung der vier Brüder in diese Richtung gedeutet werden. Besonders der Hinweis auf das Singen der Messe und die Art der Inszenierung ermöglichen es, die Stelle als christlich überformt und Ausdrucksweise höfischer Laientheologie zu lesen.[19] Mittels einiger Hinweise wird bereits angedeutet, in welchem Kontext die weitere Erzählung zu rezipieren ist: Die Ausstattung der Brüder ist nicht mehr die von adeligen Rittern, sondern sie verweist in Spuren auf einen weiteren Anspielungshorizont, der seinerseits wiederum nicht durch eindeutige Bezugnahmen gekennzeichnet ist. Sowohl das Reiten auf den Mauleseln als auch die scharlachroten Hermelinmäntel schaffen einen christlichen Rezeptionsrahmen,

---

18 Vgl. zum Begriff der Hagiographisierung hinsichtlich der Rezeption französischer Heldenepik im deutschsprachigen Raum Bernd Bastert, Helden als Heilige. *Chanson de geste*-Rezeption im deutschsprachigen Raum, Tübingen, Basel 2010.

19 Ich orientiere mich in meinen Ausführungen an dem in der Bayreuther Forschungsgruppe entwickelten literaturwissenschaftlichen Ansatz zu höfischer Laientheologie, die keinesfalls die weitere Lektüre der Stelle bestimmen soll, aber als Form eines spezifisch adeligen Umgangs mit religiösen Motiven und Denkmustern mitgedacht wird. Nach dem Konzept höfischer Laientheologie liegen „in den laikalen Texten des Mittelalters [und der Frühen Neuzeit; Ergänzung durch d. Verfasserin] religiöse Zeugnisse vor, die dementsprechend auch anders verstanden werden können als unter der Perspektive eines klerikalen Einflusses: Höfische Texte entwerfen und diskutieren höfische Denkformen des Religiösen, sie sind Niederschlag einer höfischen Laientheologie, verstanden als Theologie von und für Laien. Als Laientheologie sind diese Denkformen insofern zu verstehen, als dass sie einen spezifisch religiösen Diskurs ausbilden, der sich von klerikalen Diskursen [...] unterscheiden lässt, ohne allerdings in diesen Unterschieden aufzugehen [...]." Susanne Knaeble, Silvan Wagner und Viola Wittmann, Gott und Tod in der höfischen Literatur des Mittelalters. Einleitung, in: Gott und Tod, Tod und Sterben in der höfischen Literatur des Mittelalters, hrsg. von dens., Berlin 2011, 9–32, hier: 24.

der den Blick für die nachfolgenden Ausführungen in spezifischer Weise lenkt.[20] Diese Rezeptionssignale stellen heraus, dass an dieser Stelle und im Folgenden der Interpretation von Zeichen besondere Aufmerksamkeit zuteilwerden soll.

Will man diese Aufmachung der Haymonskinder vor dieser Folie lesen, wird auch der Zusammenhang, dass genau acht Grafen mit ihnen reiten, heilsgeschichtlich interpretierbar. Die Zahl Zwölf verweist in einem biblischen Referenzrahmen zwar auf die zwölf Jünger, gleichzeitig wird aber auch deutlich, dass sich unter den Zwölfen der Verräter Christi, Judas Iskarioth, befindet. Diese Deutung ist v. a. vor dem Hintergrund des von Reynharts Brüdern vermuteten Verrats interessant, der im Folgenden erzählt wird.[21] Auch König Yon hatte sich, als er den Verrat an den Haymonskindern beschlossen hatte, mehrfach als „Judas"[22] bezeichnet, was eine Parallelgestaltung der Figuren Reynhart und Yon in Bezug auf das Verratshandeln unterstreicht.

Wichtig ist es an diesem Punkt festzuhalten, dass es Hinweise darauf gibt, die Stelle mit einer heilsgeschichtlichen Perspektive zu lesen, obwohl die verschiedenen Lesarten nicht schablonenartig übereinander passen und kein ‚rundes' Bild' ergeben.[23] Es macht gerade die Komplexität der Episode aus, dass abhängig von der Perspektive bzw. abhängig von den Wahrnehmungsmodi, die angelegt werden, verschiedene Deutungen der Figur möglich sind. Die Hinweise sind jedoch so deutlich im Text herausgearbeitet, dass die Stelle als christlich überformt gedeutet werden kann.

---

20 Im „Bienenkorb" Johann Fischarts findet sich beispielsweise eine ähnlich gestaltete Szene: „gleich wie Christus auf eim esel eingeritten, also müssen die cardinäl auch auf mauleseln reuten, welche fein mit rotem scharlach bisz auf die erden behengt seind." Johann Fischart, Bienenkorb dess Heil Röm Immenschwarms, seiner Hummelszellen, Hurnaussnäster, Brämengeschwürm unnd Wäspengetöss, Strassburg 1595, 148[b], zit. n. [Art.] Maulesel, in: DWB, Bd. 12, Leipzig 1885, 1803. M. E. erinnern die Mäntel, die die Haymonskinder tragen, auch an die *arma christi*: Das Gewand, das Jesus Christus trug, bezeichnen die Evangelisten Markus (Mc 15,17: purpuram) und Johannes (Io 19,5: purpureum) als purpurn, Matthäus nennt ihn dunkelrot (Mt 27,28: clamyden coccineam). Nach Woelk sind die Leidenswerkzeuge der Passion Christi in der Kunst gerade durch die Polarität ihrer Bedeutung geprägt, „einerseits als Triumph- und Majestätszeichen Christi in der Parusie [...], andererseits als Vergegenwärtigung seines Leidens bis z. Tod." Moritz Woelk, [Art.] Arma Christi, in: Lexikon für Theologie und Kirche, Bd. 1, Freiburg im Breisgau [3]2009, 993–94, hier: 994.

21 Ein Judas-Vergleich wird dann freilich nicht auserzählt, aber als mögliche Assoziation lässt sich dieser Schluss durchaus ziehen.

22 So z. B. Yon vor dem Verrat: *ich mag mich hinfürter wol Judas vergleichen* (175, 22 f.). Dass Verrat in den *Haymonskindern* ein Narrativ ist, an dem sich die Geschichte entlang hangelt, soll hier nur nebenbei erwähnt sein.

23 Sie stimmen nicht überein und schließen sich zum Teil sogar aus: Die Perspektive, Reynhart in Nachfolge Jesu zu betrachten, passt mit dem vermeintlichen Verrat, der später für seine Brüder ganz offensichtlich ist, nicht überein. Als Spezifikum der Textstelle ist hier zu vermerken, dass der heilsgeschichtliche Zusammenhang sowohl über den Judas- als auch den Christus-Bezug hergestellt wird – beides beinahe zugleich an der Figur Reynhart.

Augenfällig wird an dieser Stelle ebenfalls, dass es offenbar sowohl für die Figuren als auch für den Rezipienten auf das Erkennen der *zeychen* und auf deren Les- oder Nichtlesbarkeit ankommt. Dies zeigt sich zum einen an den häufigen Erzählerhinweisen zum Verrat des Königs Yon an den vier Brüdern, der von ihm im Vorfeld wiederholt symbolisch kommuniziert wird,[24] aber nicht zu einer Interpretation durch die Brüder führt. Zum anderen wird dies auch an der Erläuterung eines Schwanenvergleichs durch den Erzähler deutlich: Als die Brüder das Tal erreichen, beginnen Alardt, Gißhardt und Reichart, *all mit eynander* (183, 27)[25], ein Lied zu singen. Der Erzähler kommentiert:

> *Ach leyder was jamers ist das / die mánliche Ritter / also singendt zů jrem todt ritten / jnen was wie den Schwanen / die singen das jar daruor sie sterben sóllen.* (183, 29–31)

> Ach wie beklagenswert ist, dass die stattlichen Ritter auf diese Weise singend in den Tod ritten. Ihnen war wie den Schwänen zumute, die, das Jahr bevor sie sterben werden, singen.

Die Vorstellung, dass Schwäne singen, insbesondere wenn sie ihren Tod ahnen, reicht bis ins Altertum zurück.[26] Doch bereits an dieser Stelle der Episode wird eine Trennung markiert: Ungewöhnlich ist, dass offenbar nur Alardt, Gißhardt und Reichart wie Schwänen zumute ist. Reynhart ist vom Gesang ausgenommen, obwohl der Erzähler betont, dass weder Fiedel noch Harfe jemals solch schöne Töne von sich gegeben haben wie die vier Brüder, wenn sie gemeinsam singen. Später versucht Alardt Reynhart zum gemeinsamen Singen zu bewegen (vgl. 184, 19). Die Erzählung von Reynhart ist auch nicht – wie bei der Beschreibung des Gesangs von Alardt, Gißhardt und Reichart – vorrangig mit dem Kyknos-Mythos in Verbindung zu bringen, sondern es wird demgegenüber eine heilsgeschichtliche Lesart angeboten. Während die Brüder fröhlich singen und damit ihre Einheit betonen, sondert sich Reynhart mit gesenktem Kopf von der Gruppe ab:

---

24 So verweigert König Yon beispielsweise Reynhart arglistig den Begrüßungskuss, der *nach der gewonheyt* (175, 12) als Zeichen der gegenseitigen Wertschätzung und Anerkennung des Ranges ausgetauscht wird. Seine Begründung ist, dass er Zahnschmerzen hat (vgl.: 175, 14).

25 Durch die explizite Namensbezeichnung von Alardt, Gißhardt und Reichart und der Nennung *all mit eynander* ist deutlich markiert, dass Reynhart an dieser Stelle nicht mit seinen Brüdern singt.

26 Vgl.: Eduard Hoffmann-Krayer, [Art.] Schwan, in: Handwörterbuch des deutschen Aberglaubens, Bd. 7, Berlin, New York 2000, 1402–06, hier: 1402. Der Begriff ‚Schwanengesang' und die Vorstellung, dass Schwäne vor ihrem Tod mit trauriger Stimme ein letztes Lied singen, basiert auf dem griechischen Mythos, in dem Kyknos aus Trauer um den geliebten Freund Phaëton singt, bevor er selbst stirbt. Aus Mitleid verwandelt Apollon Kyknos in einen Schwan aus strahlenden Sternen. Sokrates erklärt in Platons *Phaidon* das Singen von Schwänen mit deren Wissen und Vorkenntnis der Unterwelt.

Reynhart reyt mit nider gesencktem haubt / als gedenckende / vnd seine brüder / die also
mit freuden ritten ansehende / sprach er: Lieber herr got / was Ritter seint meine brüder /
jr gleichen lebt in der welt von gütte vnd holdtseligkeyt nit / Vnd da er diß redt / er reycht
die handt gen hiemmel als weynendt vnd sprach: Ach herr Got / durch deinen gehey-
ligten namen / du den Daniel in der gruben / von den Löwen / vnd Jona auß des Visch
bauch / deßgleichen Petrum / da er vber das Meer ging zů dir / erlöset hast / vnnd Marie
Magdalene jr sünd vergeben / den blinden sehen gemacht / vnd für vns arme sünder /
den todt an dem stamm des heyligen Creutzes gelitten / vnd als Longinus dein seit
geöffnet daruon jm dein gebenedeit blůt in sein augen flosse / vnnd darduch erleuterung
seins gesichts befandt / durch dein Aufferstentnuß / behůt heut mein leib / wo es dir
gefellig ist / vor dem todt vnd gefengknuß / deßgleichen meine brüder / dann mir ist /
wohin wir reiten vnwissend / meins bedunckens aber ziehen wir in grosse geferligkeyt.
(183, 31–184, 6)

Reynhart ritt mit gesenktem Haupt, wie wenn er überlegen würde, und [dabei] seine
Brüder, die wie mit Freuden ritten, betrachtend, sagte er: ‚Lieber Herr Gott, was für
Ritter sind meine Brüder! Ihresgleichen gibt es in der Welt in Bezug auf Güte und
Holdseligkeit nicht wieder.‘ Und während er dies sprach, streckte er die Hand wie
weinend zum Himmel und sprach: ‚Ach, Herr Gott, durch deinen geheiligten Namen
hast du Daniel in der Grube von den Löwen, Jonas aus dem Fischbauch und ebenso
Petrus, als er über das Meer gegangen ist, erlöst und Maria Magdalena ihre Sünden
vergeben, den Blinden wieder sehend gemacht und bist für uns arme Sünder am Stamm
des heiligen Kreuzes gestorben. Und als Longinus deine Seite geöffnet hat, wovon ihm
dein gebenedeites Blut in seine Augen geflossen ist und er dadurch eine Reinwaschung
seines Angesichts erfuhr, und durch deine Auferstehung – behüte heute meinen Leib
vor dem Tod und vor Gefangenschaft, wenn es dir gefällt. Ebenso wie meine Brüder,
denn ich weiß nicht, wo wir hinreiten, aber nach meinem Dünken ziehen wir in große
Gefahr.‘

Die Thematisierung heilsgeschichtlicher Passagen im Zusammenhang mit der
vermuteten drohenden Gefahr, die den Söhnen Aymonts beim Aufeinandertreffen mit den Kaiserlichen droht, lässt eine Figurenzuschreibung Reynharts als
Ritter und *her* seiner Brüder an dieser Stelle nicht zu. Ganz entscheidend verändert sich der Rezeptionsrahmen in Bezug auf Reynhart. Im Folgenden beginnt
er sogar zu weinen:

Vnd da er diß gebet geendt / sein augen begunden durch mitleiden wesserig zů werden /
er besorgt seinen Brüdern würd vmb seinet willen ichts args zusteen / dann jnen was nit
gefellig / vngewappnet dahin zu reiten. (184, 6–9)

Und als er dieses Gebet beendet hatte, begonnen seine Augen durch mitleiden wässerig
zu werden. Er fürchtete, dass seinen Brüdern wegen seines Willens irgendetwas Böses
passieren könnte. Denn es war ihnen nicht gefällig, unbewaffnet dorthin zu reiten.

Es ist m. E. an dieser Stelle nicht eindeutig zu entscheiden, ob Reynharts *mit-*
leiden rein weltlich zu verstehen oder in Bezug auf seine Rede in einem heils-
wirksamen Kontext zu verorten ist. Denn das Lexem *mitleid* kann im Kontext des

Gebets gemeinsam mit der von Reynhart gezeigten Traurigkeit auch auf einen christlichen Zusammenhang verweisen. Während Mitleid erst ab dem 17. Jahrhundert als Moralprinzip[27] formuliert wird, kann *mitleiden* hier auch, verstanden als *compassio*, im Sinne eines spezifischen Umgangs mit dem Leiden Christi[28] gelesen werden. Reynhart artikuliert mit seinem *mitleiden* und seiner Trauer (*weinen*) also Emotionen, die auch auf ein christliches Bezugssystem verweisen können.

Die eben angedeutete Sichtweise auf Reynhart ist keine, die von den anderen Figuren in dieser Weise und zu diesem Zeitpunkt der *Haymonskinder*-Handlung geteilt wird. Das Weinen Reynharts führt nämlich zunächst dazu, dass sich die Brüder über dessen Verhalten wundern, was in der Rede Alardts deutlich wird:

> *Ha lieber brůder Reynhart / was gebrist euch / ich hab euch in manchen sorgen / vnd*
> *ångstlichen nőten gesehen / aber euch nie also vbel gehalten / als jr ytzundt thůn / ich*
> *hab euch diese zeit weynen vermerckt / des ich mich nit wenig verwunder / dann ich*
> *weyß des warlichen wol / jr weynet nit on grosse vrsach.* (184, 11–15)

,He, lieber Bruder Reynhart, an was mangelt Euch? Ich habe Euch [bereits] in einigen Sorgen und ängstlichen Nöten gesehen, aber Euch nie so böse erlebt, wie Ihr Euch jetzt gerade verhaltet. Ich habe gemerkt, dass Ihr weint, was mich nicht wenig wundert, denn ich weiß wahrlich gewiss, dass Ihr nicht ohne große Ursache weint.'

Reynhart geht darauf jedoch nicht ein, er entgegnet nur: *Lieber brůder* [...] *mir gebrist nichts* (184, 15). Anschließend überzeugt ihn Alardt gemeinsam mit seinen Brüdern zu singen, mit dem Hinweis, dass sie in ihren möglichen Tod reiten.[29]

Alardt liest die von Reynhart zur Schau getragene Trauer gänzlich anders als es dem Rezipienten durch die Rede Reynharts sowie die spezifische Aufmachung der Brüder möglich ist. Während der Erzähler eindeutig den Grund für Reynharts Weinen formuliert, *mitleiden* und *sorge* um die Brüder, bleibt Alardt diese

---

27 Vgl. Lothar Samson, [Art.] Mitleid, in: HWPh 5, Basel 1980, 1410–60, hier: 1410.

28 Vgl. für eine Diskussion des *compassio*-Begriffs z. B. Katharina Mertens Fleury, Leiden lesen. Bedeutungen von compassio um 1200 und die Poetik des Mit-Leidens im ,Parzival' Wolframs von Eschenbach, Berlin 2008; grundlegend zur Passion Christi in diachroner Betrachtung auch Ulrich Köpf, [Art.] Passionsfrömmigkeit, in: TRE 27, Berlin, New York 1997, 722–64.

29 *Bei dem eydt den ich euch schuldig bin / sprach Alardt: Jr weynet nit on groß vrsachen / ich bit*
    euch lieber brůder nit seit vnmůtig / vnnd last vns frölich sein / dieweil wir leben / dann wann
    der mensch stirbt / so mag er niemmer reden / ich bit euch lieber Brůder / singent mit vns /
    dann jr habent eyn als liebliche stimme / das eyn yglicher an ewerm singen / eyn gefallens hat.
    (184, 15–21; ,Bei dem Eid, der mich Euch verpflichtet,' sprach Alardt, ,Ihr weint nicht ohne
    ausreichende Gründe. Ich bitte Euch, lieber Bruder, seid nicht betrübt und lasst uns heiter
    sein, solange wir leben. Denn wenn der Mensch stirbt, so mag er nicht länger sprechen. Ich
    bitte Euch, lieber Bruder, singt mit uns, denn Ihr habt so eine liebliche Stimme, dass ein jeder
    an euerm Gesang Wohlgefallen hat.').

Interpretation hier verschlossen. Auch eine christlich konnotierte Lesart ist dieser Figur nicht möglich.

Viel eher interpretiert Alardt die Situation aus einer adeligen Perspektive. Öffentlich kommunizierte Trauer hatte in der Vormoderne eine wichtige Funktion, sie weist in einem höfisch-adeligen Kontext in erster Linie auf eine Trübung von Beziehungsverhältnissen hin:[30]

> Konkretisiert wurde sie [*tristitia*] durch die Verweigerung der heiterleutseligen Stimmung, mit der sich die Mitglieder einer Gruppe gegenseitig den guten Zustand ihrer Beziehung testierten.[31]

Verweigert sich Reynhart also dem fröhlichen Gesang der Brüder und weint in ihrer Gegenwart, verhält er sich nicht standesgemäß und stellt performativ die Gewaltgemeinschaft der Brüder in Frage.

Aus den Ausführungen lässt sich schließen, dass die Zeichen, die mit Reynharts Trauer zusammenhängen, hier uneindeutig sind. Reynharts öffentlich kommunizierte Trauer verweist auf unterschiedliche Zeichensysteme: Während dem Rezipienten eine vieldeutige (und eben auch christliche) Lesart möglich ist, ist augenscheinlich, dass die Brüder die an mehreren Stellen zur Schau getragene Trauer als Trübung der Beziehung bzw., was später zu zeigen sein wird, als Verrat an der Brüdergemeinschaft interpretieren.

Im weiteren Fortgang der Handlung erreichen die Brüder das Tal, in dem der Hinterhalt stattfinden soll: Als sie dort ankommen, finden sie weder den Kaiser noch seine zwölf Paladine für den Friedensschluss vor. Stattdessen wartet das Heer des Kaisers in einem Versteck auf die Ankunft der vier Brüder und der verräterischen Grafen. Als sie den Verrat endlich entdecken, beschließen die Brüder umzukehren. Reynhart, hier weniger ein Ritter, sondern reuiger Sünder, formuliert: *Ach gott wir arme súnder / was thún wir / ich sehen das wir heut sterben mússen* (186, 4f.). Nachdem Reynhart seine Brüder außerdem auf den heranreitenden, kampfbereiten Fock von Morillon hinweist, der ein treuer Anhänger Kaiser Karls ist und vom Erzähler immer wieder mit dem *geslecht* der Verräter (z.B. 42, 10f.) in Verbindung gebracht wird, zeigen Alardt, Gißhardt und Reichart großes Leid, das sich an ihren Körpern manifestiert:

> *Da Alardt das vername / es felt gar wenig / er were vor leydt zur erden gefallen / vnd gar von sinnen kommen. Vnd da Gißhardt vnd Reichardt das sahen / sie erzeygten eben als groß leydt / als Alardt / dann sie zerzerten jre angesichter / vnd raufften jre eygen har auß.* (186, 7–11)

---

30 „*Tristitia* oder gar *tristitia magna*, öffentlich gezeigt, signalisierte eine Trübung von Beziehungen, hatte die Funktion einer ernsten Warnung, die ausgesandt wurde, bevor man sich entfernte und zu den Waffen griff." Althoff (wie Anm. 10), 278.

31 Althoff (wie Anm. 10), 278.

Als Alardt dies vernahm, fehlte nicht wenig und er wäre vor Leid auf den Boden gefallen und von Sinnen gewesen. Und als Gißhardt und Reichart dies sahen, zeigten sie ebenso großes Leid wie Alardt, denn sie marterten ihr Angesicht und rauften sich ihre eigenen Haare aus.

Alardt zählt im Anschluss nur noch Gißhardt und Reichart zu seinen *liebe[n]* *brúder[n]* und artikuliert dann den vermeintlichen Verrat Reynharts:

> *Ach meine lieben brúder / Gißhardt vnd Reichardt / heut ist der tag kommen / das wir verráterlich sterben müssen / ich merck das Reynhardt vnns verraten hat / ich hets jm niemmer vertrawt / das eynige vnthat / in eyn als Edel hertz / als das sein ingangen were / Er hat vns her wider vnsern willen bracht / darumb acht ich / er hab der verráterei wol wissens gehabt. [...] Ach Reichart sprach Alart: Zucket auß euer schwert / dann der verráter soll mit vns sterben / billich ist es das er sterb / dieweil er die verráterei erdicht hat.* (186, 12–23)

> ‚Ach meine lieben Brüder Gißhardt und Reichart, heute ist der Tag gekommen, an dem wir durch Verrat sterben müssen. Ich erkenne, dass Reynhardt uns verraten hat. Ich hätte ihm nicht zugetraut, dass irgendeine Untat in ein edles Herz, wie seines eines ist, Einzug gehalten hätte. Er hat uns gegen unseren Willen hierher gebracht. Darum meine ich, er hat von dem Verrat gewusst.‘ [...] ‚Ach Reichart‘, sagte Alardt, ‚Zieht euer Schwert, denn der Verräter soll mit uns sterben. Rechtmäßig ist es, dass er stirbt, weil er sich den Verrat ausgedacht hat.‘

Daraufhin ziehen die drei ihre Schwerter und schicken sich an, Reynhart *wie grimmige Lówen* (186, 25) zu töten. Eine Begründung, warum Alardt vom Verrat Reynharts ausgeht, erfolgt an dieser Stelle nur über den Hinweis *ich merk das Reynhardt vnns verraten hat* (186, 14) und über die Erinnerung daran, dass sich die drei Brüder im Vorfeld geschlossen gegen die Versöhnung mit Karl im *thal Vacolúr* ausgesprochen hatten. Dies – zusammen mit der oben genannten Verweigerung Reynharts, an dem Gesang der Brüder teilzuhaben und sich stattdessen weinend von der Gruppe zu separieren – lässt das Handeln der Brüder nachvollziehbar werden.

Während Reynhart aus Alardts Sicht permanent das Nicht-Funktionieren der Gemeinschaft kommuniziert, indem er sich nicht so verhält, wie es für ihn als adeligen Ritter in dieser Situation angemessen wäre, spielt die Gewaltgemeinschaft der Brüder für Reynhart in diesem Moment kommunikativ überhaupt keine Rolle. So wehrt sich der sonst an unzähligen anderen Stellen der *Haymonskinder* kampfwütige Held dieses Mal auch nicht, als seine Brüder ihn angreifen. Statt sein Schwert ebenfalls zu ziehen, lacht er seine Brüder an:

> *Da sie Reynhardt kommen sahe / er thet dem vnngleich sich zuweren / sonder von grosser liebe / lachet er sie an. We mir sprach Reichardt: Was het ich mir vorgesetzt zuthůn / ich erstech meinen brúder nit / vmb aller der welt gůt / desselben gleichen thetten Alart vnd Gißhart / vnnd wardt sie all jr vornemens berawen / Sie begunden zuweynen / wurffen jre schwerdter von jnen / vnd kůsten Reynhardten all weynende / vnd Alart sprach: Ach*

mein lieber brůder Reynhart / warumb habt jr vns verraten / nů seindt wir doch weder Normander / Engellender / oder Flemminge / sonder all gebrůder / von eym Vatter / vnd eyner Můtter / wir haben vnd halten euch vor vnsern Herren vnnd meyster. (186, 26–36)

Als Reynhart sie kommen sah, begann er nicht sich zu wehren, sondern aus großer Liebe lachte er sie an. ,Weh mir,' sprach Reichart, ,was hatte ich mir zu tun vorgenommen? Für allen Besitz der Welt ersteche ich meinen Bruder nicht.' Dasselbe taten Alardt und Gißhardt und sie begannen ihr Vorhaben zu bereuen. Sie fingen an zu weinen, warfen ihre Schwerter von sich und küssten Reynhart alle weinend. Und Alardt sagte: ,Ach mein lieber Bruder Reynhart, warum habt Ihr uns verraten? Nun sind wir weder Normannen, Engländer oder Flamen, sondern alle Brüder von einem Vater und einer Mutter und wir betrachten euch als unseren Herren und Lehrer.'

Obwohl die Brüder dennoch Verrat vermuten, löst das Lachen Reynharts die brenzlige Situation auf und verhindert damit das Scheitern der Gewaltgemeinschaft der Söhne Aymonts. Die Gruppe ist ab diesem Zeitpunkt für den Moment wieder hergestellt.

Während also die Traurigkeit Reynharts aufgrund der Vieldeutigkeit der kommunizierten Zeichen einen Konflikt zwischen den Brüdern begünstigt, bewirkt das Lachen *von grosser liebe* (186, 28 f.) eine Gewaltreglementierung und löst den Konflikt fast gänzlich auf. Das Lachen verweist hier im Gegensatz zur Traurigkeit Reynharts nicht auf gänzlich voneinander unterschiedene Zeichensysteme, sondern stellt in Bezug auf die Zugehörigkeit zur Gewaltgemeinschaft und die Stellung Reynharts Eindeutigkeit her. Das Lachen macht hier soziale Zugehörigkeit performativ,[32] denn es kann von den Brüdern eindeutig interpretiert werden. M. E. aktualisiert Reynharts Lachen sogar eher die verwandtschaftliche Bindung der Brüder, da Reichart und später auch Alardt in der anschließenden Rede ihre Brüderschaft als Grund nennen, warum Reynhart nicht getötet werden kann. Für die Brüder stellt die von Reynhart kommunizierte Emotion Freude also dahingehend wieder Eindeutigkeit her.

Die literarische Konstruktion der Gewaltgemeinschaft der vier Brüder Reynhart, Alardt, Gißhardt und Reichart erfordert von allen Beteiligten permanent deren Aktualisierung mittels körperlicher symbolischer Kommunikation. Aktualisierung bedeutet dabei, dass zwar Verwandtschaft die Voraussetzung für die Gemeinschaft der Brüder ist, es jedoch immer wieder darauf

---

32 Vgl. Werner Röcke und Hans Rudolf Velten, Einleitung, in: Lachgemeinschaften. Kulturelle Inszenierungen und soziale Wirkungen von Gelächter im Mittelalter und der Frühen Neuzeit, hrsg. von dens., Berlin 2005, XI; der Zusammenhang von Lachen und Gewalt in feudalhöfischen und städtischen Gesellschaften des Mittelalters wird von Röcke und Velten auch in der Artikulation von Herrschaftsansprüchen gesehen, wobei Lachen sowohl konfliktfördernde als auch konfliktvermeidende Funktionen haben kann (ebd., XIX); zum wirklichkeitsstiftenden Potential von Lachen siehe Hans-Jürgen Bachorski, Werner Röcke, Hans Rudolf Velten und Frank Wittchow: Performativität und Lachkultur in Mittelalter und Früher Neuzeit, in: Theorien des Performativen (wie Anm. 15), 157–90.

ankommt, dass und in welcher Art und Weise die Zusammengehörigkeit kommuniziert wird. Damit werden in diesem Handlungsraum an die Figur Reynhart bestimmte Erwartungen herangetragen, die ein bestimmtes Verhalten vorgeben. Benimmt sich die Figur gemäß den Erwartungen, ist auch das Funktionieren der Gewaltgemeinschaft garantiert, wie sich im Fortgang der Handlung zeigt: Nachdem Reynhart eingesteht, dass er auf den Rat seiner Brüder hätte hören sollen,[33] agiert er wieder als ritterlicher Held, wenn er formuliert:

> *vnd denckt euch manlich zuweren / Habent keyn schewe vmb ewer eren willen zusterben / dann keyner ist sichher vor dem todt / er mag aber wol eer erwerben.* (187, 6–9)

,und denkt daran, tapfer zu kämpfen. Habt keine Angst davor, um Eurer Ehre willen zu sterben, denn keiner ist vor dem Tod sicher, er kann aber gewiss Ehre erwerben.'

Als Reynhart die von Yon mitgesandten Grafen auffordert, ihnen zu helfen, lehnen diese ab. Die Situation bedingt, dass Reynhart augenblicklich zornig über den Verrat der Grafen wird und einen der Verräter tötet:

> *Bei meim haubt sprach Reynhardt: Jr seindt all verråter / ich wird euch allen die heubter zerspalten. Brůder sprach Alart: Was verziehent jr / dester eher sóllen sie sterben / dieweil sie verråter seindt. Da Reynhart diß erhórt / er zuckt sein Schwerdt / vnnd schlug den Grauen von Angů durch den kopff / also / das er jn biß auf die zene zerspielt.* (187, 17–22)

,Bei meinem Haupt' sprach Reynhart, ,Ihr seid alle Verräter! Ich werde Euch allen die Häupter spalten.' ,Bruder,' sprach Alardt, ,Was zögert Ihr? Sie sollen aus dem Grund eher sterben, da sie Verräter sind.' Als Reynhart dies hörte, zog er sein Schwert und schlug den Grafen von Anjou durch den Kopf, geradeso, dass er jenen bis auf die Zähne spaltete.

Nichts erinnert an dieser Stelle mehr daran, dass Reynhart einige Augenblicke zuvor sein Leben als reuiger Sünder hätte beenden können. Sein Sprechen und die Tötung des Grafen machen bereits bei dieser kurzen Passage deutlich, dass die Gewaltgemeinschaft der vier Brüder wieder funktioniert. Im Folgenden stellen sie sich dem Heer des Kaisers gemeinsam.

Die Ausgangsthese, dass die Funktion der dargestellten Emotionen darin besteht, die Gefährdung der Gewaltgemeinschaft herbeizuführen und die Gemeinschaft im Anschluss für den Moment zu stabilisieren, ist noch zu differenzieren: Die mehrfache Lesbarkeit von Reynharts Trauer, im Sinne eines Verweises von Zeichen in unterschiedliche Bezugssysteme, stellt die auf Eindeutigkeit zielende adlige Kommunikation grundsätzlich in Frage. Sichtbare

---

33 *Jch hab grósser mitleiden mit euch / dann mit mir selber / dann ich hab euch wider ewern willen her gefúrt / het ich euch geuolgt / diß vnglück were vns nit zugestanden.* (187, 2–5; ,Ich leide mehr mit / wegen euch, als wegen mir selbst, denn ich habe Euch gegen Euern Willen hierher geführt. Wäre ich Euch [Euerm Rat] gefolgt, wäre uns dieses Unheil nicht passiert.').

Emotionen werden uneindeutig, weil gefühlte Emotionen (*mitleiden*) in ihnen für die Brüder gerade nicht sichtbar sind. *Mitleiden* kann von Reynhart jedoch nur durch Weinen ausgedrückt werden, was eine Art Vervielfachung von interpretierbaren Zeichen bewirkt.[34]

Darüber hinaus lassen sich die erzählten Verratshandlungen in den *Haymonskindern* zum Teil auch vor einer heilsgeschichtlichen Folie lesen. Reynhart wird damit gleichzeitig zu einer Figur, die an ihrem Körper christliches Wissen trägt und die an spezifische Qualitäten anschließen kann. Das Besondere der betrachteten Stelle ist, dass die Figur hier zwischen verschiedenen Polen changiert – zwischen einem ritterlichen Helden einerseits, der Teil einer durch gemeinsamen Kampf konstituierten Gewaltgemeinschaft ist, und einer christlich aufgeladenen Figur andererseits. Aber auch die Bezeichnung ,christlich aufgeladene Figur' stellt keine eindeutigen Bezugspunkte für den Rezipienten mehr dar, da an Reynhart zugleich Merkmale, die Christus und Judas auszeichnen, erkennbar werden. Gerade die Überlagerung von heilsgeschichtlichen Bezügen und die Umbesetzung von als eindeutig erscheinenden Zeichen macht hier die narrative Komplexität der Erzählung aus. Offenbar geht es in Bezug auf die Identität Reynharts in der untersuchten Episode auch um die Konstruktion eines kommunikativen und eines für die anderen Figuren (noch) nicht kommunizierbaren Figurenteils – die *Haymonskinder* enden wie bereits erwähnt damit, dass Reynhart, nachdem er wesentlich am Bau des Kölner Doms mitgewirkt hat, als Heiliger stirbt. Eine mögliche Art, die *Haymonskinder* zu lesen, ist, dass diese alternative Figurenidentität für Reynhart in der *Vacolûr*-Episode bereits vorbereitet und in Ansätzen als denkbare Identitätsalternative mitgedacht wird. Eine Funktion, die der Darstellung von Emotionen dabei zukommt, besteht in der Organisation der verschiedenen Identitätsangebote für die Figur: Zum einen wird hier bereits durch Reynharts Christusanalogie eine Möglichkeit entworfen, als reuiger Sünder sterben zu können, zum anderen agiert er für seine Brüder immer noch als Ritter und als ihr *her* innerhalb der Gewaltgemeinschaft. Die beiden Identitätskonzepte, die in der Figur aufeinanderprallen, hängen gleichzeitig mit der Zugehörigkeit zu bestimmten Gruppen zusammen. Die Alternative einer Vereinzelung Reynharts ist zu diesem Zeitpunkt der Handlung für die Brüder nicht denkbar. Die Traurigkeit Reynharts wird konsequenterweise von ihnen als Verrat interpretiert und lässt andere Deutungsmöglichkeiten an dieser Stelle der Handlung nicht zu. Die Gewaltgemeinschaft droht auseinanderzufallen.

---

34 Vgl. dazu auch die Begriffe Emotion und Expression von Eming, wobei „Emotionen [...] dem ,Inneren' zugeordnet [sind], wo sie allerdings eine eigene Wirklichkeit gewinnen [...]." Eming (wie Anm. 12), 307.

Schlussbemerkung

Um die Ausführungen abzuschließen, soll nochmals das Besondere, das die
Haymonskinder gegenüber anderen Texten der Frühen Neuzeit und v. a. gegenüber älteren Texten auszeichnet, akzentuiert werden. Es wurde bereits darauf
hingewiesen, dass sich im Verlauf des *Haymonskinder*-Textes die Figurenidentität Reynharts verändert. Die Differenz des Prosaromans zu älteren Texten
besteht v. a. dahingehend, dass hier, statt eines rein ritterlich-höfischen Daseins
(welches am Ende des Lebens mit dem Rückzug in ein Kloster oder die Ein-
siedelei vollendet wird) alternative Identitätsangebote einer Figur zur Verfügung
stehen, die zu dem ritterlich-heroischen Leben, wie es in den *Haymonskindern*
anhand der Reynhart-Figur entworfen wird, querstehen. Werner Wunderlich
argumentiert in eine ähnliche Richtung, wenn er schreibt:

> [Reynharts] nonkonformes, kompromißloses Verhalten stellt die fundamentalen Prä-
> missen der politisch-sozialen Ordnung in Frage und bedroht die Stabilität ihrer
> Strukturen. Für Reynhart ist in dieser neuen Welt kein Platz mehr. Er kehrt nicht in die
> ritterlich-höfische Gemeinschaft zurück, sondern erwirbt in der neuen Rolle des de-
> mütig büßenden miles christianus und reuigen Sünders Ehre und Ruhm, indem ihm
> Gottes Heil und Gnade als Märtyrer und Heiligem zuteil wird.[35]

Die Thematik, die den Text zentral durchzieht, geht über diese Feststellung
Wunderlichs aber noch hinaus, denn es gibt im Erzählen kein Nacheinander
alternativer Identitäten, sondern eine Gleichzeitigkeit permanent aufbrechender
Identitätsentwürfe, die eine auf Eindeutigkeit zielende adlige Kommunikation
derart stören, dass eben auch nicht mehr von eindeutigen Zugehörigkeiten
erzählt werden kann. Jederzeit können an Reynhart andere Identitätsmerkmale
sichtbar werden, das zeigt die Episode im *thal Vacolůr*.

   Mit Jan-Dirk Müller möchte ich diese Art des Erzählens mit dem Auftauchen
von „komplementären oder auch kompetitiven Teilwirklichkeiten"[36] in der
Frühen Neuzeit erklären. Mit der literarischen Ausgestaltung dieser konkurrierenden Teilwirklichkeiten werden jeweils unterschiedliche und einander
ausschließende Ansprüche an das Verhalten der Figuren gestellt und die be-
treffenden Figuren mit dem Problem konfrontiert, wie eine Figur bzw. Figu-

---

35 Werner Wunderlich, Tradition und Rezeption der Haymonskinder, in: Johann II. von Sim-
    mern, Die Haymonskinder (wie Anm. 1), 538.
36 Diese „komplementären oder auch kompetitiven Teilwirklichkeiten" in der Frühen Neuzeit
    erklärt Müller mit der Vermehrung und Vervielfältigung jener Repräsentationen von
    Wirklichkeit, die in einem Lebens- oder Kulturbereich bekannt, relevant und legitimati-
    onsfähig sind und dort verarbeitet und normativ bewertet werden müssen. Jan-Dirk Müller,
    Vorwort, in: Pluralisierungen. Konzepte zur Erfassung der Frühen Neuzeit, hrsg. von Jan-
    Dirk Müller, Wulf Oesterreicher und Friedrich Vollhardt, Berlin, New York 2010, V–XII, hier:
    VI.

rengruppe diesen konkurrierenden Anforderungen gerecht werden kann. Das Spezifische der Simmerner *Haymonskinder* ist außerdem, dass die Gewaltgemeinschaft der vier Brüder eine Identität generiert, die fragil und ständig gefährdet ist. Die Gefährdung betrifft aber nicht den Konflikt mit Kaiser Karl, dieser generiert ja ursächlich die Gewaltgemeinschaft; die Gefährdung geht vielmehr von Reynhart und einem ‚neuen Identitätsangebot' für diese Figur aus, das nicht mit der Gruppenidentität in Einklang gebracht werden kann.

Einer Verstetigung der Gewaltgemeinschaft steht potentiell nicht nur die Versöhnung mit Kaiser Karl, sondern auch die Vereinzelung entgegen, die auf Handlungsebene nur als Verrat Reynharts an der Gemeinschaft gelesen werden kann: Die Gefahr ist also eine interne, wenn eines der Mitglieder eben nicht mehr durch zeichenhaftes Handeln die Gruppe bestätigt. Fragen nach der Figurenidentität lassen sich also nicht nur über die Bestimmung von Inklusionsmerkmalen, z. B. adeligen Standeszeichen, erklären. Die Interpretation von Emotionen und damit die Frage nach der Identität Reynharts – Verräter, Sünder oder ritterlicher Krieger – wird nicht als eindeutig, sondern eher als abhängig von der Perspektive und einer damit einhergehenden jeweils unterschiedenen Wahrnehmung entworfen: Es entsteht erst durch einen Reiz im Sinne vervielfachter Anforderungen eine „zwiegespaltene"[37] Figur.

---

37 Dieser Begriff ist nicht psychologisch zu bewerten, sondern soll eine Aussage zur Figurengestaltung im Text darstellen.

Werner Röcke (Berlin)

Höllengelächter und Verlachen des Teufels. Inversionen von Lach- und Gewaltgemeinschaften im geistlichen Spiel des Spätmittelalters

Abstract. Hells are workshops, fields of experimentation and rehearsal stages of violence. They realize the most sophisticated forms of physical pain, even though violence constitutes also the most important medium of social order in hell. This order becomes particularly evident in the forms of communication between the devils. The central hypothesis of this article is that this violence both endangers and secures the community of devils. In a detailed text analysis of the devil plays in the *Redentiner Osterspiel* (around 1464) and a concluding comparison with the *Alsfelder Passionsspiel*, the patterns of communication of devils come to the fore; through the gleeful laughter and in the game with the violence, they constitute the community of devils each time anew. In the center is the claim to power of the supreme devil, Lucifer, who is anthropomorphized and lampooned, which, however, allows him to assert his power.

Die Annahme, dass menschliche Gemeinschaften auf Gewalt basieren oder – schlimmer noch – sogar durch Gewalt geschaffen sein könnten, ist uns – trotz entsprechender Forschergruppen, Workshops oder Tagungen – ein befremdlicher Gedanke. Der Grund dafür liegt im überkommenen Verständnis von Gemeinschaft und von Gewalt, die uns nicht kompatibel erscheinen.

Während Gewalt, so behauptet jedenfalls noch Heinrich Popitz in seinen *Phänomenen der Macht*, in der Regel dazu dient, „anderen in einer gegen sie gerichteten Aktion Schaden zuzufügen", sie zu verletzen oder zu töten,[1] ist der Begriff „Gemeinschaft" bis heute von der älteren soziologischen Theorie geprägt, die – ich zitiere das aktuelle ‚Wörterbuch der Soziologie' – Gemeinschaft als „sozialen Zustand der gefühlsmäßigen, teilweise sogar ethnisch und blutsmäßig bedingten Zusammengehörigkeit" oder als „Lebensform" definiert, „in der der Mensch sich ungesondert eins weiß mit anderen, beruhend auf Neigung, Vertrauen, Liebe, intime(n) Bande(n), ‚innerer' seelischer Verbundenheit."[2]

---

1 Heinrich Popitz, Phänomene der Macht, 2. stark erweiterte Aufl., Tübingen 1992, 43, 48.
2 Karl-Heinz Hillmann, Wörterbuch der Soziologie, 4. Aufl., Stuttgart 1994, 268.

Es war vor allem Ferdinand Tönnies, der in seinem Buch *Gemeinschaft und Gesellschaft*[3] zwei grundsätzlich verschiedene Formen menschlichen Zusammenlebens unterschied: während in der „Gemeinschaft" die Menschen „wesentlich verbunden seien" und ihr wechselseitiges Verständnis die Basis ihres Zusammenwirkens ausmache, seien sie in der „Gesellschaft" prinzipiell „getrennt" und die Grundlage ihres Zusammenwirkens ein Vertrag.[4] Es liegt auf der Hand, dass dieser einfache Dualismus von Gemeinschaft und Gesellschaft den sehr viel differenzierteren Ausprägungen menschlichen Zusammenlebens, insbesondere den verschiedenen Formen menschlicher „Vergemeinschaftung"[5], nicht genügt. Fraglich ist nur, wie Gemeinschaft anders denn als „gefühlsmäßige [...] Zusammengehörigkeit" oder als „organische Einheit"[6] verstanden werden kann.

Meine These dazu lautet, dass Gemeinschaften im Gegensatz zu Tönnies' Annahmen nicht durch ihre bloße Zusammengehörigkeit definiert werden können, sondern dass gerade Gewalt für ihren Bestand unverzichtbar ist, damit aber die Zusammengehörigkeit maßgeblich durch Gewalt bestimmt ist. Dieses wechselseitige Bedingungsverhältnis von Gemeinschaft und Gewalt wäre an den unterschiedlichsten Beispielen zu erörtern. Im Folgenden konzentriere ich mich auf den Gewaltraum *par excellence*: die Hölle, und schließe damit an Jörg Baberowskis und Gabriele Metzlers Funktionsbestimmung von Gewalträumen an, die spezifische Formen sozialer Ordnung generieren, aber auch ihrerseits von diesen generiert werden.[7]

Höllen sind Werkstätten, Experimentierfelder und Probebühnen der Gewalt. Das gilt zumindest für die Höllenvorstellungen des christlichen Mittelalters, die sich in dieser Hinsicht im Verlauf des Mittelalters zunehmend radikalisiert haben. Wolfgang Sofsky hat darauf hingewiesen, dass der Mensch sich dadurch auszeichnet, dass er in der Erfindung immer neuer Qualen, Torturen und Gewaltformen einen besonderen Einfallsreichtum an den Tag lege, da nur er sich dazu seiner Phantasie bedienen könne.[8] In der Hölle nehmen diese Gewaltphantasien materielle Gestalt an. Sie ermöglichen die raffiniertesten Formen körperlicher Schmerzen, höchst kunstvolle Strategien von Rache und Strafe, insbesondere der spiegelbildlichen Strafe (*ius talionis*), präsentieren sich als ein

---

3 Ferdinand Tönnies, Gemeinschaft und Gesellschaft, Leipzig 1887, letzte Aufl. Darmstadt 1991.
4 Cornelius Bickel, Ferdinand Tönnies, in: Hauptwerke der Soziologie, hrsg. von Dirk Kaesler und Ludgera Vogt, Stuttgart 2000, 424 (im Anschluss an Ferdinand Tönnies, Gemeinschaft und Gesellschaft, 1. Buch §§ 9, 22).
5 Max Weber, Wirtschaft und Gesellschaft, Tübingen 1922, II. Teil, Kap. II („Typen der Vergemeinschaftung und Vergesellschaftung"), 194–215.
6 Hillmann (wie Anm. 2), 268f.
7 Gewalträume – Soziale Ordnungen im Ausnahmezustand, hrsg. von Jörg Baberowski und Gabriele Metzler, Frankfurt a.M. 2013.
8 Wolfgang Sofsky, Traktat über die Gewalt, Frankfurt a.M. 1996, 83–100.

dorado der Gewalt, dem keine Grenzen gesetzt scheinen. Diesem technischen Aspekt des Gewaltraums Hölle entspricht die Gewalt als wichtigstes Medium sozialer Ordnung in der Hölle, wie sie insbesondere in den Kommunikationsformen der Teufel untereinander und mit den gequälten Seelen immer wieder zu Tage tritt. Dabei ist ihr grotesk-hässliches Aussehen – mit Bocksfüßen und Fledermausflügeln; langen spitzen Satyrohren, Hörnern und einem breiten Maul; mit einer zottligen Behaarung und einer Stimme, die dem Bellen eines Hundes oder dem Grunzen eines Schweins ähnlicher ist als der Stimme eines Menschen[9] – Ausdruck ihrer prinzipiellen Bösartigkeit, entsprechend der Grundannahme mittelalterlicher Ästhetik, dass Außen und Innen einer Gestalt einander entsprechen sollen. Der wichtigste Handlungsmodus dieser prinzipiellen Bösartigkeit der Teufel nun ist ihre Gewalt, der wichtigste Affekt, der sie antreibt, ihr Zorn.

Teufel sind zwanghaft zornig. Bereits der bloße Anblick eines Sünders genügt, um sie in rasende Wut zu versetzen, so dass sie sich am liebsten auf ihn stürzen würden. Sie kennen keine Selbstkontrolle; kein Sprechen, sondern nur Geschrei; keinen ruhigen Gang, sondern – getrieben von ihrem Zorn und ihrer Sucht nach Gewalt – nur hastiges Gerenne.

Zorn (lat. *ira*) ist ein zentrales Laster der mittelalterlich-christlichen Lasteroder Sünden-Reihe, er ist aber auch schon ein Affekt, der in der antiken Literatur und Philosophie beschrieben und reflektiert worden ist: die *Menis* (Zorn) des Achill ist das erste Wort von Homers *Ilias* (I,1)[10] und steht somit am Beginn einer europäischen Literatur; von Aristoteles ist der Zorn in seiner *Rhetorik* neben anderen Affekten – allerdings unter dem Begriff *orgê* – dann systematisch erörtert worden.[11]

Für die Teufel des christlichen Mittelalters ist der Zorn Ausgangspunkt und Motor ihrer Gewalttätigkeit. Dabei ist allerdings zu fragen – im Vorwort dieses Bandes ist das die erste Ebene der Problematisierung von Emotion und Gewalt – ob und inwieweit der Zorn und die aus ihm resultierende Gewalt für den Zusammenhalt der Teufel, d. h. für ihre Gemeinschaftsbildung, konstitutiv ist.

Im Folgenden möchte ich versuchen, das Regelsystem, gewissermaßen die „Grammatik", von Zorn, Gewalt und Gemeinschaft in der höllischen Gemein-

---

9 Marco Frenschkowski und Daniel Drascek, Teufel, in: Enzyklopädie des Märchens 13 (2008), 383–413. Vgl. dazu auch das Lexikon der christlichen Ikonographie 4 (1990), 295–300.

10 Homer, Ilias, übers. von Wolfgang Schadewaldt, Frankfurt a.M. 1975. Vgl. dazu den Beitrag von Titus Knäpper im vorliegenden Band.

11 Aristoteles, Rhetorik, 1378a 31–33 (Christoph Rapp, Aristoteles, Rhetorik. Übersetzung, Einleitung und Kommentar, 2 Bde, Berlin 2002). Zur Transformationsgeschichte des „Zorns" in der antiken Philosophie und Literatur vgl. Martin Harbsmeier und Sebastian Möckel, Antike Gefühle im Wandel. Eine Einleitung, in: Pathos, Affekt, Emotion. Transformationen der Antike, hrsg. von Martin Harbsmeier und Sebastian Möckel, Frankfurt a.M. 2009, 9–24.

schaft von Teufeln herauszuarbeiten. Dabei gilt es eine besonders markante Eigenschaft der mittelalterlichen Teufel zu berücksichtigen, die mir bei zornigen Figuren der Antike, wie z. B. Achill, nicht geläufig ist: ihr lautes Gelächter. Noch in Thomas Manns berühmter Höllenbeschreibung im 25. Kapitel des *Doktor Faustus* wird das „wiehernde" Teufelsgelächter hervorgehoben, das „Höllengejauchz" und „Schandgetriller" über die Verdammten, die neben ihrer Qual auch noch das Gelächter ihrer Peiniger zu ertragen haben.[12] Was ist das für ein Gelächter? Es ist ein Lachen des Hohns und des Spotts; ein Lachen der Freude über den Schmerz und die Qualen der Sünder, die in der Gewaltmaschinerie der Hölle gefoltert werden; ein Lachen der Lust am Schaden der Gepeinigten. Diese Schadenfreude ist – neben dem Zorn – die zweite signifikante Affektlage der Teufel. Sie ist der deutlichste Ausdruck ihres Zorns und ihrer Wut, aber auch ihrer schier unbeherrschbaren Gewalttätigkeit, die ihnen gleichwohl ihre teuflische Gemeinschaft zusammenhält.

Ich möchte diesen Zusammenhang von Zorn und Gelächter, Gewalt und Gemeinschaft an einem Geistlichen Spiel erörtern, das mir für diesen Zweck besonders geeignet scheint: dem *Redentiner Osterspiel* von 1465; andere geistliche Spiele, wie z. B. das *Alsfelder Passionsspiel*, ziehe ich ergänzend heran.

1.   Zorn und Gewalt der Teufel als Organon ihrer Gemeinschaft

Das *Redentiner Osterspiel* – benannt nach dem Ort Redentin, ca. 5 km nordöstlich von Wismar – gehört zum im Spätmittelalter weit verbreiteten Theatertypus der Osterspiele, unterscheidet sich zugleich aber auch auf höchst signifikante Weise von dessen üblicher Struktur. Den Kern des Osterspiels bildet traditionell der Besuch der drei Marien an Jesu Grab, die – in Gestalt eines Ostertropus – vom Engel erfahren, dass Jesus aus seinem Grabe auferstanden sei. In der weiteren Entwicklung des Spieltyps lagern sich an diese *visitatio sepulchri* durch die drei Marien weitere Szenen an, in denen einzelne der Marien ebenfalls im Mittelpunkt stehen: so z. B. die ‚Hortulanusszene': die Begegnung Maria Magdalenas mit Christus, der ihr zunächst als Gärtner, dann als Auferstandener erscheint; sodann die sog. ‚Krämerszene', in deren Verlauf die drei Marien *aromata* kaufen, um den Leichnam Christi einzubalsamieren u. a.

All diese Szenen sind konstitutiv für das Osterspiel des Spätmittelalters und fehlen in kaum einem zeitgenössischen Osterspiel. Umso stärker wiegt der Be-

---

12 Thomas Mann, Doktor Faustus. Das Leben des Tonsetzers Adrian Leverkühn erzählt von einem Freunde (Stockholmer Gesamtausgabe der Werke von Thomas Mann), Frankfurt a. M. 1965, 25. Kapitel, 327. Vgl. dazu auch Werner Röcke, Schadenfreude ist die schönste Freude. Formen aggressiven Gelächters in der Literatur der Antike und des Mittelalters, in: Pathos, Affekt, Emotion (wie Anm. 11), 277–96.

fund, dass sie im *Redentiner Osterspiel* in Gänze fehlen. An ihre Stelle treten Szenen, in denen die Teufel das Sagen haben: in denen sie herumrennen und sich anschreien; sich beschimpfen, weil sie Jesu *descensus ad inferos*, die Öffnung der Hölle und die Befreiung der Altväter, nicht verhindern können, schließlich aber – weil die Hölle fast geleert ist – neue Seelen fangen und in die Hölle treiben.

Das *Redentiner Osterspiel* ist in großen Teilen – in weit über der Hälfte des überlieferten Versbestandes – ein Teufelsspiel: mit Teufeln als maßgeblichen Akteuren, in Wut und Zorn, höhnischem Gelächter und in je neuen Gewaltattacken gegen Sterbliche, vor allem aber auch gegeneinander. Für unsere Ausgangsfrage nach dem Verhältnis von Zorn und Gelächter, Gewalt und Gemeinschaft sind diese Teufelsszenen von größtem Interesse. Folgende Punkte scheinen mir besonders bemerkenswert zu sein:

1. Die Gemeinschaft der Teufel ist zu keinem Zeitpunkt fest und gesichert, sondern muss je neu geschaffen werden. Zwar gilt Luzifer als Oberster der Hölle und als Fürst über die anderen Teufel. Zugleich aber ist seine Herrschaft keineswegs selbstverständlich, sondern bedarf der fortwährenden Erneuerung. Interessant ist, auf welche Weise diese Konsolidierung der Teufelsgemeinschaft erfolgt: Die Teufel beschimpfen und verfluchen einander, nicht zuletzt auch Luzifer, ihren Herrn. Sie drohen mit Gewalt und werden auch gewalttätig, werden aber in dem Maße, wie sie sich gegen Luzifer auflehnen, von ihm auch wieder unter seine Gewalt gezwungen. Damit aber ist die Gewalt eine Art *conditio sine qua non* dieser Form von Gemeinschaft. Zwar gefährdet sie deren Bestand, findet genau darin aber auch die Voraussetzung für deren Sicherung. Insofern sehe ich das Paradox der höllischen Gewaltgemeinschaft darin, dass sie fortwährend durch Gewalt bedroht wird, sich aber durch die ihrerseits gewalttätige Brechung dieser Gewalt konsolidiert.

2. Das Paradox der höllischen Gewaltgemeinschaft folgt einer performativen Logik. Denn es ist erst die aggressive Gewalt der Unterteufel gegen Luzifer, die dessen Gegengewalt hervorruft. Als performativ ist dieser Mechanismus aus dem Grunde anzusehen, da erst die aggressiven Sprechakte der Unterteufel, also die Beschimpfungen und Verhöhnungen Luzifers, und d. h. die Infragestellungen seiner Macht seine Gegengewalt hervorrufen und seine Macht – allerdings nur für den Moment dieser Reaktion – sichern.

3. Zorn und Schadenfreude sind integrale Bestandteile der Gewaltlogik der Teufel im *Redentiner Osterspiel*. – Ich diskutiere hier nicht die Frage, ob wir sie als Emotionen oder Affekte bezeichnen sollten. Wichtiger scheint mir beider Funktionsweise, die große Ähnlichkeit aufweist. – Ein schadenfroher Mensch oder Teufel ist sich seiner Sache gewiss. Er kommt gar nicht auf die Idee, dass er selbst zur Zielscheibe von Schadenfreude werden könnte, sondern freut sich lediglich an dem Umstand, dass es Anderen schlecht geht, und dies aus vollem Herzen, mit lauter Stimme und ohne jeden Skrupel.

Skrupel würden die Selbstgewissheit der Schadenfreude stören, im Extremfall sogar zerstören und sind ihr deshalb wesensfremd; eine zögerliche, sich selbst auf den Prüfstand stellende Schadenfreude ist nicht denkbar. Trotz ihrer Präreflexivität aber verweist die Schadenfreude keineswegs auf einen Kontrollverlust des Schadenfrohen, sondern ganz im Gegenteil auf ein hohes Maß an Souveränität. Auch die Teufel des *Redentiner Osterspiels* geraten in ihrer Schadenfreude über die betrügerischen Seelen, die sie in die Hölle schleppen, oder über Luzifer, ihren Herrn, den sie äußerst kraftlos erleben (dazu ausführlicher s. u.) keineswegs außer sich, sondern setzen ihre Schadenfreude sehr gezielt und überhaupt nicht unkontrolliert ein.

4. Mit dem Zorn der Teufel verhält es sich ähnlich. Zwar rennen sie wild durcheinander, schreien und gestikulieren, als ob sie von Sinnen wären. Dennoch ist das Gegenteil der Fall. Im *Redentiner Osterspiel* sind wir nicht Zeuge eines Kontrollverlusts der Teufel, einer Entgrenzung ihrer Affekte oder Emotionen, sondern eines wohl kalkulierten Zornesausbruchs, der sich aber seiner Wirkungen auf die erbeuteten Sünderseelen oder auf Luzifer, ihren Herrn, durchaus bewusst bleibt. Zorn und Schadenfreude, so kann man vielleicht formulieren, sind Instrumente der Gewalt, die – ebenso wie die Gewalt selbst – ihre Gewaltgemeinschaft konstituieren.

Das wird besonders an der inklusiven Wirkung deutlich, die Gewalt, Zorn und Schadenfreude der Teufel hier ermöglichen. Bei einer ersten Beurteilung würden wir körperlicher Gewalt, Zorn und Schadenfreude wohl eine apotropäische und damit eher exklusive als inklusive Wirkungen zusprechen: ebenso wie Schadenfreude die extremste Form des ‚Lachens über‘ andere darstellt, das sie verletzen und zurückstoßen soll, sind auch Zorn und Gewalt vor allem Mittel der Ausgrenzung und der Zerstörung, nicht der Schaffung von Gemeinschaft. Demgegenüber wirken sie in der Teufelsgemeinschaft trotz ihrer Radikalität inklusiv und nicht exklusiv, bestärken die Gemeinschaft, heben sie aber nicht auf. Wenn z. B. der Teufel Puk, ein Kobold in Bocksgestalt, aus lauter Wut darüber, dass Luzifer Jesu Eindringen in die Hölle und die Entführung der Altväter nicht verhindern konnte, seinen Herrn und Meister als Betrüger (*droghener*) und verkommenen Narren (*vordorven gok*, 649) beschimpft[13] und ihm sogar androht, ihn kopfunter an den Füßen in den Rauchfang zu hängen (*by den voten henghen in den rok*, 650), führen diese doch sehr aggressiven Phantasien keineswegs dazu, dass Puk aus der Gewaltgemeinschaft der Teufel ausgegrenzt oder – umgekehrt – Luzifer an Macht einbüßen würde, sondern lediglich dazu, die Gemeinschaft der Teufel unter der Oberhoheit Luzifers zu bestätigen. Zorn und Gewaltandrohung – so verstehe ich diesen Zusammenhang – gefährden nicht die

---

13 Das Redentiner Osterspiel, mhd. und nhd. Übers. und komm. von Brigitta Schottmann (RUB 9744), Stuttgart 1986.

Gemeinschaft der Teufel, sondern stärken sie, sind also für deren Bestand eine zentrale *conditio sine qua non*. Allerdings verweist Puks Drohung, ausgerechnet den mächtigsten Teufel an den Füßen kopfunter in den Rauchfang zu hängen, auf eine Besonderheit dieses Teufelsspiels, die in seinem Verlauf immer mehr verstärkt wird und schließlich in eine Verkehrung der Gewaltgemeinschaft der Teufel in eine Lachgemeinschaft der Zuschauer über die Teufel, damit aber auch zu deren – zumindest partieller – Entmachtung führt.

2. Von der Gewaltgemeinschaft der Teufel zur Lachgemeinschaft des Publikums über die Teufel

Dass die Teufel der spätmittelalterlichen geistlichen Spiele, insbesondere der Osterspiele, als komisch-groteske Figuren konzipiert sind und das Heilsgeschehen der Auferstehung Jesu auch in dieser Hinsicht kontrastieren, ist seit langem bekannt und bedarf keines weiteren Nachweises. Das gilt auch für das *Redentiner Osterspiel*. Interessant allerdings ist die Frage, welche Formen des Komischen hier verwendet werden; welche Funktionen ihnen im Spiel zukommen und auf welche Weise die Gewaltgemeinschaft der Teufel von ihnen geprägt wird.

Im *Redentiner Osterspiel* sehe ich zwei Formen des Komischen: einerseits eine Komik der Inversion oder Verkehrung, andererseits eine Komik höhnischen Spotts über den Teufelsfürsten Luzifer.

Die inversive Komik ist eine Komik der Gegenbildlichkeit, die Luzifer, den gefallenen Engel Gottes, auf sein Gegenbild, Gottvater selbst oder den Gottessohn Jesus Christus, bezieht und in diesem impliziten Vergleich in reiner Bösartigkeit, Hässlichkeit und Grausamkeit sichtbar *und* lächerlich macht. „Der komische Held", schreibt Hans Robert Jauß, „ist nicht an sich selbst, sondern vor einem Horizont bestimmter Erwartungen, mithin im Hinblick darauf komisch, daß er diese Erwartungen oder Normen negiert."[14] Eine solchermaßen „gegenbildliche Komik"[15] liegt z.B. dann vor, wenn der Luzifer des *Redentiner Osterspiels* vom siegreichen Christus zwar in Ketten gelegt worden ist, aber gleichwohl auf einem Fass reitend daherkommt, sich damit gegenbildlich auf Gottes himmlischen Thron bezieht und trotz seiner eingeschränkten Möglichkeiten die Herrschaft über seine Mitteufel beansprucht. Seinen deutlichsten Ausdruck findet dieser Machtanspruch in der Aussendung der Teufel in alle

---

14 Hans Robert Jauß, Über den Grund des Vergnügens am komischen Helden, in: Das Komische, hrsg. von Wolfgang Preisendanz und Rainer Warning (Poetik und Hermeneutik 7), München 1976, 105.
15 Jauß (wie Anm. 14), 107.

Welt, um neue Seelen in die Hölle zu holen, wobei sich Luzifer offensichtlich des Missionsbefehls Jesu an seine Jünger bedient, also ein zweites Beispiel gegenbildlicher Komik bietet:

> Sy scholen ju snelle van hennen heven
> Unde na mynen baden streven.
> De lude schole gy alzo leren,
> Dat se sik jo van gade keren.
> Beyde leyen unde papen,
> Herren, rittere unde knappen. (1088–93)

In der Übersetzung Brigitta Schottmanns:

> Begebt euch schnell hinweg und richtet euch nach meinen Geboten. Unterrichtet die Leute so, daß sie sich von Gott abkehren, sowohl Laien als auch Pfaffen, Herren, Ritter und Knappen.

Der gegenbildliche Bezug auf Jesu Missionsbefehl nach Mk 16,15 (Mt 28,19 f.) ist wohl deutlich genug:

> Gehet hin in alle Welt und predigt das Evangelium aller Kreatur. (Mk 16,15)

> Darum gehet hin und macht zu Jüngern alle Völker: Taufet sie auf den Namen des Vaters, und des Sohnes und des Heiligen Geistes und lehrt sie halten alles, was ich euch befohlen habe. (Mt 28,19 f.)

Die Komik von Luzifers Aussendungsbefehl erwächst erst aus dem Gegenbild zum Subtext des Jesuswortes, das Luzifers „Missionsbefehl" ebenso lächerlich macht, wie seinen Ritt auf dem Fass als dem Gegenbild zum Thron Gottes.

Der Anonymus des *Redentiner Osterspiels* bedient sich dieser gegenbildlichen Komik immer wieder, so z. B., wenn Luzifer dem Teufel Tutevillus, einer Verballhornung des Titels *diabolus*, als Dank dafür, dass er einen Schuhmacher in die Hölle verschleppt hat, zuruft: *Des hebe stank, myn leve kumpan* („Dafür habe Gestank, mein lieber Kumpan", 1389) oder wenn der Teufel Astaroth, da er einen betrügerischen Schneider anschleppt, vor Luzifer prahlt: *Leve here, ik bun de drudde. / Su, hir bringhe ik dat horrenkudde* („Lieber Herr, ich bin der Dritte. Sieh, hier bring ich das Hurenvieh.", 1421 f.).

Doch was ist ein *horrenkudde?* Es spielt auf alte sprichwörtliche Verhöhnungen des Schneiders als „Hornvieh" oder Ziegenbock an, die sehr viel später auch Wilhelm Busch noch in seinem *Max und Moritz* nutzt, wenn er den Schneider Böck, der ins Wasser gestürzt ist, von Max und Moritz verhöhnen lässt: „he heraus, du Ziegenböck / Schneider Schneider meck meck meck".[16] Erst aus der sprichwörtlichen Geilheit des Ziegenbocks ist dann auch noch die zweite

---

16 Zu dieser und anderen Spottbezeichnungen des Schneiders vgl. Lutz Röhrich, Lexikon der sprichwörtlichen Redensarten, Bd. 4, Freiburg u. a. 1999, 1385–88.

Bedeutung von *horre* als „Hure" und *horrenkudde* als „Hurenvieh" abgeleitet. Wir haben es also mit mehrfach geschichteten Bedeutungsebenen von *horren-kudde* zu tun, die man mithören muss, wenn man die Komik von Astaroths Schimpfereien verstehen will. Oder anderes gesagt: als Ausdruck seines Zorns und seiner Gewalttätigkeit dient ihm eine gegenbildliche Komik, welche seine aggressive Lust auf Gewalt keineswegs abschwächt, sondern ganz im Gegenteil entschieden verstärkt.

Ein zweiter Typ Komik in der teuflischen Gewaltgemeinschaft des *Redentiner Osterspiels* beschränkt sich nicht auf die Komik gegenbildlicher Verkehrung, sondern bedient sich höhnischen Spotts gegen den Teufelsfürsten Luzifer selbst. Dieser Komiktypus ist aus dem Grunde besonders interessant, da auf diese Weise die Grundkoordinaten des ganzen Spiels, und d. h. vor allem das Verhältnis von Gewalt und Gemeinschaft, Zorn und Gelächter verschoben, ja ins Gegenteil verkehrt werden.

Luzifer ist der oberste Machthaber der Teufel. Zwar opponieren die anderen Teufel gegen ihn, schreien ihn an, bedrohen ihn. Gleichwohl, so sahen wir, ist ihre Gewalt gegen Luzifer nicht nur destruktiv, sondern zugleich auch wesentliche Bedingung für Erhalt und Sicherung der höllischen Gewaltgemeinschaft.

Das ändert sich erst, wenn Luzifer offensichtlich immer deutlicher seiner Macht verlustig geht, und zwar dadurch, dass er vermenschlicht wird. Oder was soll man davon halten, wenn Luzifer allein beim Anblick eines Räubers, der in die Hölle geführt wird, vor Zorn Kopfschmerzen bekommt (1613) oder, da sein vertrautester Teufel Satan so lange ausbleibt, fürchtet, dass er von einer Seuche – Schottmann übersetzt „Schlagfluß", d. h. „plötzliche Lähmung" – befallen sei, so dass er sich nur noch wünscht: *Weste ik, we em dat glas beseghe* („Wüsste ich nur, wer ihm den Urin untersucht", 1697).

Der Teufel aber, der vor Zorn Kopfschmerzen bekommt, der das Bett hüten muss, von einer Lähmung niedergestreckt wird oder dessen Urin untersucht werden muss, wirkt komisch auf uns, weil damit zwei Darstellungsebenen miteinander verbunden werden, die prinzipiell inkompatibel sind. Luzifer ist der Oberste aller Teufel, er ist von erschreckender Hässlichkeit, durch und durch bösartig und von überwältigender Bedrohlichkeit, die nicht von dieser Welt ist. Wird dieses Schreckenswesen mit menschlichen Maßen von Krankheit und Gebrechlichkeit gemessen und auf diese Weise mit der Alltagswirklichkeit des Menschen verbunden, dann lässt das – darauf hat Hans-Robert Jauß eindringlich hingewiesen – „den Effekt des Grausigen in befreiende Komik umschlagen."[17] Wo aber über den Teufel gelacht werden kann, da hat er sein Bedro-

---

17 Hans Robert Jauß, Die klassische und die christliche Rechtfertigung des Hässlichen in mittelalterlicher Literatur, in: ders. Alterität und Modernität der mittelalterlichen Literatur. Gesammelte Aufsätze 1956–1976, München 1977, 396.

hungspotential und seinen dämonischen Schrecken verloren. Die Schlusssequenzen des *Redentiner Osterspiels* sind geprägt von diesem Bild Luzifers, der verlacht werden kann und sich nur noch in seiner Ohnmacht präsentiert. So wundert es dann nicht mehr, dass er schließlich seinen Aufstand gegen Gott bereut und seine Bußwilligkeit in körperliche Gewalt, nun aber nicht gegen andere, sondern gegen sich selbst kehrt:

> *Hir scholde en hoch bom stan,*
> *De scholde wesen alzo ghetan:*
> *Van afgrunde up gheleydet*
> *Unde myt scharpen schermessen ummecleydet,*
> *De scholden to beyden enden snyden,*
> *Den wolde ik up unde nedder riden*
> *Wente en den junghesten dach!* (1938–44)

Stünde hier ein hoher Baum, der so beschaffen wäre, dass er aus dem Höllenabgrund aufstiege und mit scharfen Messern umkleidet wäre, die auf beiden Seiten schnitten, so würde ich ihn rauf- und runterrutschen bis an den Jüngsten Tag.

Luzifers Gewaltpotential und Gewaltbereitschaft scheinen also ungebrochen, sie kehren sich nur gegen ihn selbst und lösen damit Gelächter aus. Es ist ein Lachen der Überlegenheit, das seine schönste Pointe daraus gewinnt, dass Luzifer in seiner Schwäche und Krankheit von den anderen Teufeln wie ein Mühlsack in die Hölle geschleppt werden muss: ein Bild des Jammers und des Erbarmens, wenn er darum bettelt, dass man ihm nicht wehtun möge: *O leven knechte, dot my jo nicht we* („O liebe Knechte, tut mir ja nicht weh", 1978).

Die Gewaltgemeinschaft des Teufels ist damit nicht nur ihres obersten Herrn, sondern auch ihres inneren Gleichgewichts beraubt. Denn die Gewalt der Teufel – so sagte ich einleitend – ist zwar desaströs, zugleich aber konstitutiv für den Bestand ihrer Gewaltgemeinschaft, weil nur gegen sie Luzifer, der Oberste der Teufel, seine Macht und d. h. den – wie Heinrich Popitz das nennt – „Teufelskreis der Gewaltbewältigung"[18] durch Gewalt je neu in Szene setzen kann. Denn – so Popitz weiter und hier wohl im Anschluss an Thomas Hobbes – „Gewalt ist die ordnungsstiftende Erfahrung schlechthin."[19] Ist diese Gewalt allerdings so entschieden geschwächt, wie wir es an Luzifer beobachten konnten, so entfällt der Gesichtspunkt der Ordnung der Gewalt durch Gewalt, und diese droht sich zu verselbständigen. Im *Redentiner Osterspiel* wird dieser Gedanke nicht mehr gedacht. Es endet damit, dass ein „Conclusor" das Teufelsfass besteigt, das Publikum um Nachsicht gegenüber den Schwächen des Stücks bittet und gemeinsam mit dem Publikum den alten Osterhymnus anstimmt: „Christ ist erstanden / von der Marter alle [...]" (2025).

---

18 Popitz (wie Anm. 1), 61.
19 Popitz (wie Anm. 1), 61.

Allerdings kommt dieser Schluss etwas unvermittelt. Zwar ist auch in diesem Spiel die Auferstehung Jesu – wie in jedem Osterspiel – erneut vollzogen und insofern der Grundbedingung dieses Spieltyps Genüge getan worden. Das ändert allerdings nichts daran, dass die ganze zweite Hälfte des Spiels, knapp 1000 Verse, den Teufeln, ihren Macht- und Gewaltspielen, den Verhöhnungen Luzifers und dem Gelächter über ihn gewidmet ist. Mit dem Heilsgeschehen der Auferstehung hat das wenig oder gar nichts zu tun. Zwar sind Teufelssequenzen immer auch Teil der Heilsgeschichte, weil sie den Sieg der Gnade Gottes über das Böse, den Tod und die Vergänglichkeit verdeutlichen. In den Teufelsszenen des *Redentiner Osterspiels* hingegen tritt dieser theologische Gedanke ganz zurück. Stattdessen verselbständigen sich die Macht- und Gewaltspiele der Teufel, welche das zeitgenössische, wie vielleicht auch das heutige Publikum – so vermute ich – mehr wegen ihrer Gewaltorgien, ihrer Komik und Schadenfreude als wegen ihres heilsgeschichtlichen Zwecks in ihren Bann ziehen.

In anderen geistlichen Spielen ist das keineswegs so. In der Regel bieten sie die ganze oder Teile der Heilsgeschichte, verbinden sie zwar mit Teufelsspielen oder Spielen der bösen Welt, lassen diese aber nicht so in den Vordergrund treten, wie das im *Redentiner Osterspiel* der Fall ist. Auch in diesen Spielen aber folgen die Teufelssequenzen einer ähnlichen Gewalt- und Vergemeinschaftungslogik wie im Redentiner Spiel, das allerdings besondere Akzente setzt. Ich möchte diesen Zusammenhang von Analogie und Differenz abschließend an einem weiteren Spieltyp des mittelalterlichen religiösen Theaters: dem Passionsspiel, zeigen, insbesondere am *Alsfelder Passionsspiel*.

3.   Epilog: Die Reduktion der Teufelsgewalt im *Alsfelder Passionsspiel*

Passionsspiele sind, zumindest soweit sie das Leiden und Sterben Jesu Christi darstellen, Gewaltspiele. Zwar sind sie in der Regel sehr viel weiter gefasst und beginnen bereits mit Jesu Geburt oder sogar schon mit Schöpfung und Sündenfall. Das Leiden und Sterben Jesu steht aber deutlich im Mittelpunkt und soll in jeder Aufführung je neu vollzogen werden. Das hat zur Folge, dass die Marterwerkzeuge mit aller Macht eingesetzt und ihre blutigen Folgen ohne Rücksicht demonstriert werden: die Dornenkrone also so auf den Kopf des Jesusdarstellers gedrückt wird, dass ihm das Blut herabfließt; die Geißelschläge scheinbar seinen Rücken zerreißen, ihm die Haare ausgerissen werden, er bespuckt und gequält wird. Es ist eine Orgie der Gewalt, die hier möglichst körpernah in Szene gesetzt wird, damit sie jedem Zuschauer – und dies im Wortsinne – möglichst hautnah eingebrannt wird.

Dieses Theater ist nicht – wie die spätere Guckkastenbühne – auf Distanz
zwischen Schauspielern und Publikum angelegt. Vielmehr sollen die Zuschauer
die Gewalt körperlich erfahren und mitleiden, die Jesus, dem Gottessohn und
Sündenbock, angetan wird. Denn *passio* und *compassio* der Gewalt entsprechen
einander und werden unmittelbar erlebbar. Für die Poetik der Gewalt im *Als-*
felder Passionsspiel hat das zur Folge, dass die Gewalt weitgehend auf die Qual
und Tortur Christi konzentriert bleibt, in den Teufelsszenen aber deutlich re-
duziert wird. Dabei beginnt dieses Spiel – ähnlich dem *Redentiner Osterspiel* –
mit einer Teufelsversammlung, in deren Verlauf Luzifer, (auch hier) der Oberste
der Teufel, beschimpft und geschlagen wird: Zwar hat zunächst Luzifer seinen
Mitteufeln Fieberkrämpfe an den Hals gewünscht (*das vch die ridde muß*
schiddenn, „dass euch das Fieber schüttele", 136),[20] doch revanchieren diese sich
dann damit, dass sie ihn in die tiefste Höllenglut wünschen und auf ihn ein-
schlagen. Ähnlich wie im *Redentiner Osterspiel* also stehen auch in der Teufelsversammlung des *Alsfelder Passionsspiels* Gewalt und Gegengewalt der Teufel
am Anfang. Im weiteren Verlauf der Teufelsversammlungen des Alsfelder Spiels
aber steht nicht die Dialektik von Gewalt und Gemeinschaft im Mittelpunkt,
nach der die Gewalt sich zugleich – wie ich am *Redentiner Osterspiel* zu zeigen
versuchte – als desaströs *und* konstitutiv für die Teufelsgemeinschaft erweist,
sondern die bloße Unterwerfung der Teufel unter Luzifer, die für ihre Leistungen
von ihm belohnt werden wollen. Ihre Gewalttätigkeit ist hier zur Rivalität untereinander um Luzifers Gunst verschoben. Für ihre Gemeinschaftsbildung
hingegen kommt ihr keine Funktion mehr zu. Das wiederum hat nicht zur Folge,
dass die Gewalt aus den Teufelsszenen des *Alsfelder Passionsspiels* verschwinden
würde. Sie wird aber – im Vergleich mit dem Redentiner Spiel – deutlich ab-
geschwächt und hat so ihre Bedeutung für ein genaues Verständnis von Aufbau
und Struktur der Teufelsgemeinschaft verloren.

Worin also liegt der Vorteil, sich zum Verständnis von Logik und Funktions-
regeln von Gewaltgemeinschaften ausgerechnet der Teufelsgemeinschaft zuzu-
wenden?
    Teufel, so sahen wir, kommunizieren ausschließlich über Gewalt. Sie ist ihr
Lebenselixier und die Ausdrucksform ihrer beiden Hauptaffekte: des Zorns und
der Schadenfreude, die ihren Bewegungsapparat, ihre Sprache und ihr Denken
steuern. In ihrer Schadenfreude, ihrem Zorn und in der Gewaltförmigkeit ihres
Handelns sind sie maßlos und absolut, d. h. nur zornig, nur schadenfroh und
gewaltverliebt. Teufel sind nur dies eine und kennen keine abweichenden Affekte
oder Handlungsmotive. Gerade in dieser Eindeutigkeit aber, die nicht von dieser

---

20 Alsfelder Passionsspiel, mit den Paralleltexten hrsg. von Horst Brunner (Die Hessische
   Passionsspielgruppe 2), Tübingen 2002.

Welt ist, liegt der Vorteil für das Verständnis von sozialen Gemeinschaften, die ihrerseits auf Gewalt fußen. Denn Menschen sind niemals, auch nicht, wenn sie gespielt werden, nur das eine, also nur zornig und schadenfroh, sondern gestatten sich Abweichungen. Teufel hingegen sind ausschließlich Exponenten der Gewalt, des Zorns und der Schadenfreude, damit aber auch in ihren Kommunikationsformen genau kalkulierbar. Für die Frage nach der Entstehung und Reproduktion von Gewaltgemeinschaften bietet das den Vorteil, dass die Wirkung von Gewalt und Gegengewalt, aber auch ihre Funktion für die Gewaltgemeinschaft der Teufel, genau beschreibbar ist. In meiner Untersuchung des *Redentiner Osterspiels* hatte ich festgestellt, dass die wechselseitige Gewalt der Teufel für ihre Gemeinschaft zwar desaströs, zugleich aber auch konstitutiv ist, da erst in Reaktion auf ihre Gewalt Luzifer seine Herrschaft gewaltsam durchsetzen und sichern kann. Dasselbe gilt für Zorn und Schadenfreude der Teufel, die einerseits exklusiv, andererseits aber auch inklusiv wirken und somit die Zugehörigkeit zur Gemeinschaft der Teufel stärken. Zwar schreien sie sich an, beschimpfen und bedrohen sich, bestätigen gerade über diese *hate speech* (J. Butler)[21] aber auch ihre Zusammengehörigkeit. Diese paradoxe Struktur der Gewaltgemeinschaft der Teufel zerbricht erst, wenn Luzifer vermenschlicht und entmachtet und somit zur komischen Figur, das Höllengelächter zum Lachen des Publikums über den Teufel wird. Ob und inwieweit dessen Macht damit tatsächlich gebrochen ist, müssen Zuschauer oder Leser selbst entscheiden. Das *Redentiner Osterspiel* jedenfalls gibt darauf keine Antwort.

---

21 Judith Butler, Hass spricht. Zur Politik des Performativen, Berlin 1998.

Cora Dietl (Gießen)

(Freuden-)Tanz und Gewalt. Die Leiden des Hl. Johannes im geistlichen Spiel und im Bibeldrama der Frühen Neuzeit

Abstract. Early modern drama displays an increasing interest in the martyrdom of John the Baptist. The emotions stirred by Salome's dance and the violence against John's body find numerous variations on stage. The paper presents three exemplary German play texts of the first half of the 16th century: the passage about John's death from the pre-Reformation *Alsfeld Passion Play*, the Lutheran *Tragoedia von Herode und Joanne dem Tauffer* by Johannes Krüginger, and the *Tragoedia Johannis des Täufers* by Johannes Aal, a strict opponent of the Swiss reformation. All three texts depict Herod as a tyrant and could be regarded as reflections of wrong rulership. At a closer sight, however, they also reflect theological discussions: The *Alsfeld Passion*, pointing at the typological role of St. John, confirms the audience in God's justice and the Salvation, and warns it of Satan's activities. Krüginger stresses the dangers that derive from strong emotions and pleads for a patient and active acceptance of all calamities that Christ's followers are confronted with. Aal exaggerates the violence against St. John and his head, and brings it into a close connection with the body of Christ in the Eucharist. Thereby he develops a new concept of *compassio*, which is mediated by the ideas of typology and transsubstantiation.

1. Gewalt und *compassio* im geistlichen Spiel – und auch im Bibeldrama?

Gewaltdarstellungen im geistlichen Spiel des Spätmittelalters werden oft mit dem Konzept der *compassio* gerechtfertigt. Demnach ziele insbesondere die Darstellung der Passion Christi im Spiel auf ein emotionales Gotteserlebnis. Durch das Mitleiden mit dem gepeinigten Leib Jesu werde, so die gängige Vorstellung, dem Menschen vor Augen geführt, welches Opfer Gott für die Erlösung der Menschheit auf sich genommen habe, und damit werde der gläubige Betrachter nicht nur emotional zu einer dankenden Verehrung Gottes angehalten, sondern er habe auch im Nachvollzug des aus seiner Zeitlichkeit herausgenommenen Opfertods Christi Teil an der Heilswirksamkeit desselben.[1] Die Forschung nach 1968 – stellvertretend sei hier auf Rainer Warning verwiesen[2] – hat dieses Konzept immer wieder hinterfragt. Im Kontext der Marienklagen wird zwar unmittelbar zur *compassio* aufgerufen,[3] in den Geißelungs- und Kreuzigungsszenen aber kommt nicht die mitleidende Mutter Gottes, sondern die grausame Gegenseite zu Wort und konfrontiert das Publikum mit ihrer Sicht. Jeder Zweifel am *compassio*-Gedanken ebenso wie jeder Zweifel an Warnings Vorstellung von einem gegenteilige Emotionen freisetzenden Sündenbock-Ritus muss sich der Problematik stellen, dass die tatsächlichen Reaktionen eines mittelalterlichen oder frühneuzeitlichen Publikums nicht mehr zugänglich sind und keine verlässlichen Rezeptionszeugnisse vorliegen. Zu identifizieren sind zum einen rhetorische oder dramaturgische Mittel, welche die Emotionen der Zuschauer lenken könnten; sie aber lassen in der Tat eher auf ein Bündel verschiedener möglicher Emotionen schließen;[4] zum anderen liegen Stellungnahmen zu einer intendierten Wirkung von Passions- und Gewaltdarstellung vor, zum Teil verbunden mit kritischen Aussagen zu einer falschen Rezeption derselben. Martin Luther etwa umreißt in seinem *Sermon von der Betrachtung des heyligen leydens Christi* die Idee einer gelungenen *compassio* mit folgenden Worten:[5]

> *[…] fast der nutz des leydens Christi gar daran gelegen ist, das der mensch zu seyns selb erkentniß kumme und fur yhm selbs erschrecke und zurschlagenn werde, Und wo der*

---

1 Christoph Petersen, Imaginierte Präsenz. Der Körper Christi und die Theatralität des geistlichen Spiels, in: Das Theater des Mittelalters und der Frühen Neuzeit als Ort und Medium sozialer und symbolischer Kommunikation, hrsg. von Christel Meier u. a. (Symbolische Kommunikation und gesellschaftliche Wertesysteme 4), Münster 2004, 45–61, hier 56. Vgl. u. a. auch: Joerg O. Fichte, Die Darstellung von Jesus Christus im Passionsgeschehen der englischen Fronleichnamszyklen und der spätmittelalterlichen deutschen Passionsspiele, in: Die Passion Christi in Literatur und Kunst des Spätmittelalters, hrsg. von Walter Haug und Burghart Wachinger (Fortuna vitrea 12), Tübingen 1993, 277–96, hier 280–84; Ursula Hennig, Jesus am Kreuz in der hessischen Passionsspieltradition. Text und Dramaturgie, in: Ritual und Inszenierung. Geistliches und weltliches Drama des Mittelalters und der Frühen Neuzeit, Tübingen 2004, 167–76.

2 Rainer Warning, Funktion und Struktur. Die Ambivalenzen des Geistlichen Spiels, München 1974.

3 Vgl. u. a. Ursula Schulze, Emotionalität im Geistlichen Spiel. Die Vermittlung von Schmerz und Trauer in der *Bordesholmer Marienklage* und verwandten Szenen, in: Ritual und Inszenierung (wie Anm. 1), 177–93; Petersen (wie Anm. 1), 53–57.

4 Vgl. Jutta Eming, Sprache und Gewalt im spätmittelalterlichen Passionsspiel, in: Blutige Worte. Internationales und interdisziplinäres Kolloquium zum Verhältnis von Sprache und Gewalt in Mittelalter und Früher Neuzeit (Berliner Mittelalter- und Frühneuzeitforschung 4), Göttingen 2008, 31–51, hier 38.

5 Luther, *Eyn Sermon von der Betrachtung des heyligen leydens Christi* (1519), in: WA 2 (1884), 136–42; vgl. Andrea Seidel, Joachim Greff und das protestantische Schauspiel. Diss. Halle 1994, 22.

mensch nit da hyn kommet, ist yhm das leyden Christi noch nit recht nutz worden, dan das eygene naturlich werck des leydens Christi ist, das es yhm den menschen gleych formig mache, das wie Christus am leyb unnd seel jamerlich in unsern sunden gemartert wirt, mussen wir auch ym nach alßo gemartet werden im gewissen von unßernn sunden (138,15–22).

[…] der Nutzen des Leidens Christi liegt insbesondere darin, dass der Mensch zur Selbsterkenntnis gelange und über sich selbst erschrecke und zu Boden geschmettert werde. Wenn der Mensch nicht dorthin gelangt, dann hat ihm das Leiden Christi noch nichts genützt, denn das eigentliche Werk der Leiden Christi ist, dass es den Menschen mit Christus gleichförmig macht, so dass wir, so wie Christus an Leib und Seele jämmerlich für unsere Sünden gemartert wird, in seiner Nachfolge ebenso gemartert werden durch das schlechte Gewissen, das wir wegen unserer Sünden haben.

Die Idee des Gleichförmigwerdens mit Christus zielt bei Luther nicht wie in vorreformatorischem Verständnis sofort auf die Teilhabe an der Erlösung, sondern primär auf die Erkenntnis der eigenen Sünde und auf das Leiden unter der eigenen (menschlichen) Sünde sowie für dieselbe, parallel zu Christi Leiden für die Sünden der Menschheit. Implizit ist damit aber auch der Sieg über die Sünde im Glauben mitgedacht. Für Luther ist wichtig, dass die Erkenntnis der eigenen Sünde in der Betrachtung der Leiden tatsächlich innerlich vollzogen werde; es helfe nicht, dass einer *alle passion höret adder alle messe leße* (141,33). Nun sei es eine aktuelle Unsitte, dass man die Leiden Christi nur äußerlich *mit worten und scheyn* (141,38) betrachte: *Wir haben das weßen yn eynen scheyn vorwandelt und des leyden Christi bedencken alleyn auff die brieff und an die wend gemalet* (142,6–8). Eine Absage an die Wirksamkeit der Passionsdarstellungen kann man nur indirekt aus dieser Aussage herauslesen; es ist jedenfalls eher eine Kritik an der Ausführung als an der Idee derselben. Deutlicher soll Luther seine Passionsspielkritik in einem Brief an Joachim Greff formuliert haben, der allerdings nur in der Paraphrase Greffs erhalten ist: Luther habe ihm auf die Frage hin, ob er die Passion dramatisieren solle, geantwortet, *das doch nichts anders / dan ein lecherey (wie man dann erfaren) daraus werden würde* (Aiij[r]).[6] Diese Aussage Luthers sieht Greff auf einer Ebene mit der Aussage Nikolaus Kaufmanns, dass man aus dem Leiden Christi wegen seiner Würde, seiner Schwere und seiner Bedeutung für die Welt kein Spiel machen dürfe (Aij[v]). Wie vertrauenswürdig nun dieser nur paraphrasierte (und zudem in einen funktionalen Kontext eingebundene) Hinweis sei, dass man es erlebt habe, dass die Peinigungen Christi im geistlichen Spiel eher zu unheiliger Freude, zu Spott

---

6 Joachim Greff, Ein Geistliches schönes newes spil / auff das heilige Osterfest gestellt […] [s.l., um 1540], Digitalisat des Exemplars der UB Leipzig: urn:nbn:de:bsz:15-0005–17016; Vgl. Bernd Neumann, Geistliches Schauspiel im Zeugnis der Zeit. Zur Aufführung mittelalterlicher religiöser Dramen im dt. Sprachgebiet, 2 Bde. München/Zürich 1987 (MTU 84f.), 893f.; Seidel (wie Anm. 5), 23.

und Gelächter führten als zur *compassio*, ist fragwürdig. Vertrauenswürdiger sind sicherlich die Begründung – die Würde und Außerordentlichkeit der Leiden Christi könne nicht angemessen dargestellt werden – und die daraus gezogene Konsequenz Greffs und zahlreicher anderer protestantischer Verfasser, auf eine Dramatisierung der Passion zu verzichten.[7]

Ein (weitgehender) Verzicht auf Dramatisierungen der Passion Christi bedeutet freilich nicht, dass generell auf Gewaltdarstellungen und die Möglichkeit einer *compassio* mit einem Opfer von Gewalt verzichtet würde.[8] Das protestantische Drama überträgt vielmehr den Gedanken einer Selbsterkenntnis durch die mitfühlende Identifikation mit dem für die Sache Gottes leidenden Körper auf vorbildliche menschliche Gestalten. Eine unmittelbare heilsvermittelnde Funktion der *compassio* steht damit außerhalb der Diskussion; es geht vielmehr um eine mittelbare Anleitung zum Heilsweg durch das Eingeständnis der eigenen Sünde und das Vertrauen auf den Beistand Gottes.

Eine prominente Gestalt für diese Form der in der szenischen Leidensdarstellung umgesetzten Heilsdidaktik ist insbesondere im 16. Jahrhundert Johannes der Täufer. Seine Hinrichtung selbst ist zwar in der Regel ein kurzer Akt; ihre Verbindung mit dem Gastmahl des Herodes und dem Tanz der Salome[9] aber erlaubt eine breite Ausgestaltung der Todesszene, deren Grausamkeit gerade im Kontrast zur Festfreude hervortritt. Im vorreformatorischen Fronleichnams- und Passionsspiel war die Funktion von Johannes' Tod deutlich typologisch bestimmt; in jeder Situation seines Lebens, bereits als ungeborenes Kind im Mutterleib, als Prediger in der Wüste und in seinem Tod verweist er auf Christi Leben, Wirken und Erlösungstod. Im selbstständigen (oft protestantischen) Johannesspiel der Frühen Neuzeit[10] weicht die typologische Funktion zum Teil

---

7   Zu protestantischen Darstellungen der Passion Christi vgl. u. a. Danielle Buschinger, Zum Verhältnis zwischen dem *Admonter Passionsspiel* und dem *Passionsspiel* des Hans Sachs [erscheint voraussichtlich in: Jahrbuch der Oswald-von-Wolkenstein-Gesellschaft 20 (2014/15)]; Manfred Knedlik, *Auff das jr nutz darauß empfangen*. Das protestantische Passions- und Osterspiel (1566) des Sebastian Wild, in: Museion Boicum oder bajuwarische Musengabe. Beiträge zur bayerischen Kultur und Geschichte. FS Hans Pörnbacher, hrsg. von Manfred Knedlik und Guillaume van Gemert, Amsterdam/Utrecht 2009, 31–56; Cora Dietl, Passionsspiele *sola scriptura?*, in: Ginkgo-Baum 15 (1997), 265–76.

8   Vgl. Nicole Lorenz, The Functional Shift of Violence in Reformation Theatre in Saxony, in: Power and Violence in Medieval and Early Modern Drama, hrsg. von Cora Dietl u. a., Göttingen 2014, 185–214.

9   Zum Tanz der Salome als Paradigma des sündhaften Tanzes vgl. die grundlegenden Arbeiten von Julia Zimmermann, Gestus histrionici. Zur Darstellung gauklerischer Tanzformen in Texten und Bildern des Mittelalters, in: Gestik. Figuren des Körpers in Text und Bild, hrsg. von Margret Egidi u. a., Tübingen 2000, 71–85 und Julia Zimmermann, Teufelsreigen – Engelstänze. Kontinuität und Wandel in mittelalterlichen Tanzdarstellungen. Frankfurt/M. u. a. 2007.

10 Einen Überblick über Johannesdramen und Johannesszenen in geistlichen Spielen hat Ludwig Gombert 1908 gegeben. Ludwig Gombert, Johannes Aals Spiel von Johannes dem

der didaktischen; er wird sowohl als Prediger und als Kritiker des Herodes als auch als standhaft für die Sache Christi Sterbender zum lehrhaften Vorbild. Es ist zu erwarten, dass unterschiedliche Funktionen der Figur und ihres Todes mit einer unterschiedlichen emotionalen Lenkung des Publikums korrespondieren; eine mögliche *compassio* mit einer Präfiguration Christi hat eine andere Qualität als das sich identifizierende Mitleid mit einer Vorbildfigur. Die theatralen Mittel der Emotionalisierung aber sind beschränkt, weshalb sich auf der Text- und Darstellungsebene durchaus Anklänge ans Passionsspiel finden lassen.

Selbst wenn sich, wie Gebhardt und Washof betonen,[11] keine unmittelbaren Textübernahmen zwischen Johannesszenen in vorreformatorischen geistlichen Spielen und Johannesdramen der Reformationszeit nachweisen lassen, ist kaum von einer klaren Trennung zwischen der Tradition der geistlichen Spiele des Mittelalters und dem frühneuzeitlichen Bibeldrama auszugehen. Im Drama der Reformationszeit lässt sich vielmehr ein Eklektizismus beobachten, der sich humanistischer ebenso wie mittelalterlicher Formen, Versatzstücke und Mittel bedient, um die Akzente der Spiele zu verschieben und neuen Zwecken zu dienen. Dies soll im Folgenden am Beispiel von drei exemplarischen Johannesszenen bzw. -dramen aus dem 16. Jh. gezeigt werden. Regina Toepfer hat in ihrem jüngst erschienenen Beitrag zu den Johannesdramen von Johannes Aal, Hans Sachs und Simon Gerengel primär das Verhältnis von Bibeltext und humanistischer Tragödie sowie die Paratexte betrachtet;[12] während es Washof in seiner Untersuchung der verschiedenen Johannes-Dramen v. a. um die Gestalt des Herodes und die Darstellung von gerechter und ungerechter Herrschaft geht.[13] Ich werde im Folgenden insbesondere auf die Darstellung des Tanzes der Salome und der Enthauptung des Johannes achten und auf die Frage, inwiefern mit einer an Emotionen appellierenden Publikumslenkung eine didaktische und/oder heilsvermittelnde Funktionalisierung des Todes des Täufers verknüpft ist.

Täufer und die älteren Johannesdramen. Nachdr. der Ausg. Breslau 1908, Hildesheim u. a. 1977, 1–29.

11 Simon Gerengel, Das Johannesspiel, hrsg. von Michael Gebhart, Innsbruck 2000, 42; Wolfram Washof, Die Bibel auf der Bühne. Exempelfiguren und protestantische Theologie im lateinischen und deutschen Bibeldrama der Reformationszeit, Münster 2005, 332.

12 Regina Toepfer, Biblische Tragödie. Die Enthauptung Johannes des Täufers in den Dramen Johannes Aals, Hans Sachs' und Simon Gerengels, in: Praktiken europäischer Traditionsbildung im Mittelalter. Missen, Literatur, Mythos, hrsg. von Manfred Eikelmann und Udo Friedrich, Berlin 2013, 161–86.

13 Washof (wie Anm. 11), 331–55.

2.   Rein typologische Funktion? Der Tod des Johannes im *Alsfelder Passionsspiel*

Im kurz nach 1500 entstandenen *Alsfelder Passionsspiel* und generell in der Hessischen Passionsspielgruppe nimmt die Figur des Johannes eine bemerkenswert breite Rolle ein. Johannes als Vorläufer und Verkünder Christi weist auf das Erlösungsbedürfnis der Welt hin. Er tadelt die Sündhaftigkeit der Ehe des Herodes und gerät dadurch in einen Konflikt mit Herodes bzw. Herodias, die von Synagoga unterstützt werden. Das Spiel nutzt die Simultanbühne, um die parallele Situation, in der Johannes und Christus stehen, räumlich zu verdeutlichen und um dem Publikum eine eigene Rolle zuzuweisen. So heißt es in der Regieanweisung, als die Jünger des Johannes von Christus zum gefangenen Johannes zurückkehren:

> *Discipuli Iohannis ibunt ad locum pristinum vel ad placitum manebunt stare timidi vsque ad decollacionem Iohannis, et discipuli portant eum ad sepulcrum. Hys omnibus hoc modo peractis Ihesus in loco suo manebit sedens, donec ordo iterum tangit eum* (877a)[14]

> Die Jünger des Johannes sollen zu dem vorherigen Platz zurückkehren oder ängstlich am Platz stehen bleiben, bis zur Enthauptung des Johannes. Dann tragen ihn die Jünger zum Grab. Während all das so durchgeführt wird, soll Jesus an seinem Platz sitzen bleiben, bis er wieder an der Reihe ist.

Zwei Beobachter des Geschehens werden hier beschrieben: der statisch verharrende Christus, der aufgrund göttlicher Providenz den Verlauf des Geschehens bereits kennt, und die als *timidi* gezeichneten Jünger, die nicht wissen, was geschehen wird, und die, was offensichtlich mimisch umgesetzt werden soll, emotional auf die Ereignisse reagieren. Das Publikum als zuschauendes sieht sich in beiden gespiegelt: Einerseits weiß es, wie das Geschehen ausgehen wird, andererseits steht es in einer Wie-Spannung und dürfte die Haltung der Jünger als ein deutliches Identifikationsangebot sehen, zumal sie ihm als Menschen, die durch das Geschehen bewegt werden, näher stehen als die in der Providenz ruhende Gottheit.

Vor den Augen nun aller drei das Geschehen verfolgenden Parteien entfaltet sich die Handlung: Zunächst haben die Zuschauer einen Einblick in den privaten Rahmen, in dem Herodes zusammen mit Herodias, Salome und dem Hofgesinde seinen Geburtstag feiert. Dieser gleichsam heimliche Einblick in Privates suggeriert dem Publikum, dass es privilegiert sei, hier ein Wissen zu erlangen, das auf der Handlungsebene nicht jedem vergönnt ist. Worin die

---

14 Alsfelder Passionsspiel, mit den Paralleltexten hrsg. von Horst Brunner (Die Hessische Passionsspielgruppe 2), Tübingen 2002.

‚Heimlichkeit' des Geschehens besteht, wird bald deutlich, als der Tisch für das Festmahl bereitet wird: *Et tunc preparant mensam. Et interim Iudei vel dyaboli corisant* (897a): Der Blick öffnet sich auf eine weitere, verborgene Zuschauergruppe: die Teufel oder die mit diesen als austauschbar angesehenen Juden (ein Ausdruck des für die Hessische Passionsspielgruppe charakteristischen Antijudaismus). Die Gruppe aber blickt nicht nur vorwissend bzw. in angstvoller Spannung auf das sich entwickelnde Geschehen, sondern sie bringt durch ihre Tanzbewegung symbolisch zum Ausdruck, dass sie ‚tätig' beobachtet und das Geschehen vorantreibt. Der Tanz symbolisiert die Umtriebe der Teufel bzw. der von den Teufeln betriebenen Juden im Hintergrund und dient damit für das ‚heimlich zuschauende' Publikum als negatives Vorzeichen. Es ist ein bedrohlicher Tanz, der die (mitleidende) Furcht der Beobachtenden zu steigern vermag.

Wenn Herodes bald darauf im Glück der Geburtstagsfeier meint, *ich hoffen, das vns tollig keyn leyt / hude von tage sille vbergan* (921 f.), ist dem Publikum, das den Fortgang des Geschehens kennt, die Spannung zwischen der Hoffnung des Herodes, dass *ihm* an diesem Tag kein Leid geschehe, und dem unmittelbar bevorstehenden Leid des Johannes bewusst. Sie wird ihm noch einmal klar vor Augen geführt, indem genau auf dieses Stichwort hin zunächst ein außerhalb der Handlung stehender Chor auf Latein die Sentenz singt, die das kommende Geschehen vorzeichnet, *Meretrix suadet* (923b), während im Hintergrund, nur für das Publikum sichtbar, *Sinagoga cantat* (923c) und an die teuflisch-jüdischen Umtriebe im Hintergrund erinnert. Die unterschiedliche Verteilung des Wissens zwischen den verschiedenen agierenden Figuren und dem Publikum wird schließlich mit dem Tanz auf die Spitze getrieben, zu dem Herodes seine Stieftochter Salome auffordert. Ihre Tanzbewegungen sind ausladend und zügellos (*dissolutis manibus modo subiungendo*, 937a) und sind begleitet von einem hochmütigen Lied der *stolcze[n] meyd* (938), die sich und ihren Körper ihrem Herrn anbietet. Für das Publikum ist dieser allen Normen eines höfischen Tanzes widersprechende Tanz nicht zuletzt aufgrund des Hinweises auf die Todsünde *superbia* und aufgrund der Parallele zum kurz zuvor gezeigten Teufelstanz sowie angesichts der bereits erfolgten Vorausdeutungen auf das kommende Geschehen klar als teuflisch inspirierter Verführungstanz erkenntlich. Später wird er, um die typologischen Verweisstrukturen im Stück zu betonen, in der Szene des Weltlebens der Maria Magdalena variiert wiederholt werden.[15] Diese Parallelen kann nur das Publikum, das die Teufelshandlung beobachtet hat, erkennen. So wird ein steiles Wissensgefälle zwischen dem blinden Gewaltherrscher und dem ständisch niedriger angesiedelten Publikum konstruiert und damit Herodes der Verachtung des Publikums, das sich auf der rechten Seite

---

15 Vgl. Cora Dietl, Dancing Devils and Singing Angels. The Disparate Qualities of Dances in Hessian Religious Plays, European Medieval Drama 14 (2010), 25–45.

weiß, preisgegeben. Sein Kommentar, der sehr freizügige Tanz habe ihm *alzu wol beheyt* (952), zeigt ihn als bereits der Sünde (und damit auch der widerholten Blutsünde) erlegen und muss als Warnung für das Publikum verstanden werden, dass es nicht so wie er reagieren und am Tanz Gefallen finden solle.

Nachdem Herodes sein Versprechen, Salome jeden Wunsch zu erfüllen, bestätigt hat, ist es zunächst der Teufel *in habitu prioris* (967a), d.h. für seine Umwelt nicht erkennbar, wohl aber für das besser informierte Publikum, der Salome berät (vergleichbar dem späteren Beratungsgespräch zwischen dem Teufel und der Frau des Pilatus, 4418–25), bevor die Mutter es tut. Als Grund für die Tötung des Johannes wird (vom Teufel) angegeben, dass die beiden Frauen sonst ihrer Herrschaft verlustig würden (978). Die Herrschaft des Herodes wird nicht erwähnt, vielmehr geht es um die Herrschaft der Frauen über den Mann, wie sie gerade im Verführungstanz vorgeführt wurde und wie sie das Publikum als verkehrte Herrschaft erkennen soll: Es ist eine Variante der Sünde Luzifers bzw. Evas, die hier zur Triebfeder der Ermordung des Johannes wird.

Nur mit einem kurzen traurigen Absenken des Kopfes (*hac peticione audita inclinans caput tristis incedat*, 999a) quittiert Herodes, der ebenso machtlos ist wie später Pilatus (4466–79), diesen Wunsch, bevor er ihn rasch gewährt und die Enthauptung anordnet. Diese wird vor den Augen der Zuschauer ausgeführt: *Hoc dicto Sreddel vadit ad carcerem, fingit se Johannem decollari* (1009a). Während der Enthauptungsszene bleibt Johannes stumm – ähnlich wie später Jesus vor Pilatus und den Hohenpriestern; allein Sreddel spricht, gibt indirekt Regieanweisungen und rechtfertigt aus seiner Sicht das Geschehen:

> *Wo bistu, her zeuberer?*
> *kom her vß vor dissen kerkener*
> *vnd mach es nyt langk.*
> *Ich muß der nemmen eyn sweres pandt:*
> *dyn leben sal nu eyn ende han,*
> *wan du must mer dyn heubt lan!*
> *nu knybe nidder, trogener, loß dyn got walden,*
> *ich wel der helffen gar balde,*
> *want du host myner herschaff gar ubbel gesprochen:*
> *das sal an der nu werden gerochen!* (1010–19)

Wo bist du? Komm her, Zauberer, komm vor diesen Kerker heraus und ziehe es nicht in die Länge. Ich muss dir ein schweres Pfand abnehmen. Dein Leben wird jetzt enden, denn du musst mir dein Haupt überlassen. Nun knie nieder, Betrüger, empfehle dich deinem Gott, ich werde dir rasch dorthin verhelfen, denn du hast sehr schlecht über meine Herren gesprochen. Das wird nun an dir gerächt.

Die Hinrichtung ist ein nüchterner und durch die euphemistische Wortwahl schon fast gewaltarm erscheinender Akt der Treue eines Dieners, der die Ehre seiner Herrschaft bewahrt und einen „Zauberer" und „Betrüger" für seine Worte bestraft. Der Vorwurf der Zauberei freilich deutet voraus auf ähnliche Vorwürfe, die Christus im Passionsgeschehen gemacht werden,[16] und die zynisch gemeinte Formulierung *loß dyn got walden* (1016) zeigt deutlich auf, wie unwissend der Henker ist, der Wahres spricht, ohne es zu erkennen. Die Kürze der Hinrichtungsszene unterstreicht, wie unreflektiert der uninformierte Henker seines Amtes waltet. Sreddel ist ähnlich wie Herodes ein blinder Exekutor der teuflischen Pläne der Herodias. Dem weit besser informierten Publikum wird so nicht nur die mit einer Ahnungslosigkeit verbundene Gefahr vor Augen geführt, sondern ihm wird spätestens hier deutlich gemacht, dass es sich aufgrund seines höheren Informationsstands nicht mit Herodes identifizieren kann. Es wird noch einmal auf die Perspektive derer festgelegt, die das göttlich vorherbestimmte Schicksal annehmen und in ruhiger Trauer den Torso des Johannes bestatten (*Et interim discipuli Johannis portant corpus ad sepulchrum*, 1019a). Auf ihre Art informiert und doch verblendet ist die Partei, die, durch den raschen Erfolg berauscht, den zu Beginn der Szene im Teufelstanz demonstrierten Aktivismus umsetzt. *Saltando et corizando* (1025a) singt Salome: *Nu wole mich, nu wole mich, / Iohannes heubet tragen ich!* (1026f.). Der sündhafte, widergöttliche Tanz ist hier auf die Spitze getrieben und wirkt insbesondere durch die auf der Simultanbühne sichtbare Gegenüberstellung mit dem stummen Trauerzug der Jünger abstoßend. Herodias greift schließlich nach dem Haupt:

> *nu lange mer das heubet here,*
> *dornach stunt al myn begere.*
> *gib mer es here yn myn hende,*
> *ich wel eß schigken vff eyn ende.*
> Et sic accipiens caput et reponat. (1037–39a)

Nun reiche mir das Haupt; das hatte ich vor allem begehrt. Gib es mir in meine Hände, ich will ihm ein Ende bereiten. *Sie nimmt das Haupt entgegen und legt es wieder ab.*

In welcher Weise Herodias dem Haupt ein Ende bereiten will, ist nicht gesagt. Ihr Griff nach dem Haupt genügt, um die Teufel auf den Plan zu rufen, die sich nun endgültig für alle (nicht nur für das Publikum) sichtbar als treibende Kraft der Johannes-Handlung entpuppen.

> *Tunc Sathanas, qui omnibus hys interfuit sub habitu vt prefertur, nunc se denudans clamat horribiliter in castro Herodis* (1039a)

Nun soll sich Satan, der bei allem, wie oben gesagt, in einem Habit dabei war, entkleiden und schreckenserregend im Haus des Herodes schreien.

---

16 Vgl. *Frankfurter Passionsspiel*, 2803–10. Frankfurter Dirigierrolle, Frankfurter Passionsspiel. Hrsg. von Johannes Janota, Tübingen 1996.

Mit dem Adverb *horribiliter* ist ein Hinweis auf die intendierte Wirkung seines anschließenden *Oho, oho*-Brüllens (1040) gegeben. Triumphierend holen sich die Teufel die klagenden Frauen Herodias und Salome, die ihr Werkzeug waren, in die Hölle, wieder mit dem durchdringenden Höllenruf *Ha ha ha ha ha ha!* (1105).[17] Der plötzliche Umschwung der Frauen von kaltherzigen Täterinnen zu klagenden Opfern einer unheimlichen, lauten Teufelsmasse, die sich und ihre Grausamkeiten dann durch einen Lauf in die Hölle dem Auge des Publikums entzieht, hat eine letzte die Zweifelnden warnende und die Standhaften bestätigende Wirkung. Die spektakuläre Bestrafung der Feinde Gottes schwankt so zwischen Schrecken und Freude über die göttliche Gerechtigkeit. Der Verdammnis derer, die die teuflische Handlung vorantreiben und mit den Teufeln tanzen, steht die Erlösungsgewissheit der ruhig verharrenden Gläubigen gegenüber, und so wird auch am Ende der Szene das Geschrei der abziehenden Teufel unmittelbar mit dem Gesang der Engel, die Christus in die Wüste begleiten, kontrastiert (1137a). Die warnende und zugleich Hoffnung stärkende Grundhaltung des Spiels, das massiv mit sicht- und hörbaren Kontrasten und dem Wissensgefälle zwischen den Figuren und dem Publikum sowie mit typologischen Vorausdeutungen arbeitet, ist offensichtlich. Der Aspekt der *compassio* tritt dabei in den Hintergrund. Nicht im Nachvollzug des die Erlösung bringenden Leids, sondern in der Erkenntnis und dem (durch die Konfrontation von *timor* und *horror* und von Freude und Leid emotional aufgeladenen) Erlebnis der göttlichen Gerechtigkeit und der damit verbundenen Bestätigung der typologisch mit Johannes' Martyrium verbundenen Erlösungstat Christi liegt der heilsvermittelnde Wert der Johannesszene.

3.   Lehrhafte Kontraste in Johannes Krügingers *Tragoedia*

Johannes Krüginger, genesio-lutherischer Lehrer und Pfarrer in Marienberg, brachte 1545 seine *Tragoedia von Herode vnd Joanne dem Tauffer* zum Druck.[18] Bereits nachweislich des Titels handelt es sich um eine Tragödie mit zwei Helden, wobei letzterer als ein Proto-Protestant, gezeichnet wird, dessen Predigttätigkeit, die auf Christi Wort und auf das Jüngste Gericht verweist, im Fokus der Dramenhandlung steht. Ersterer, König Herodes, entspricht dem Helden einer humanistischen Tyrannentragödie.[19] Seine Abhängigkeit von der bösen Frau

---

17 Zur Tradition des Höllengelächters im geistlichen Spiel des Spätmittelalters vgl. den Beitrag von Werner Röcke im vorliegenden Band.

18 *Tragoedia von Herode vnd Joanne dem Tauffer / in Deudsche Reymen verfasset / durch Joannem Krügingerum Vallensem.* Zwickau: Meyerpeck 1545 [Exemplar: Berlin StB Preußischer Kulturbesitz].

19 Vgl. Cora Dietl, Die Dramen Jacob Lochers und die frühe Humanistenbühne im süddeut-

tritt im Laufe der Handlung mehr und mehr zutage. Sein Geburtstagsfest, das ihn vor einer großen Zahl anwesender Fürsten inszenieren soll, wird von seiner Frau und seiner Tochter bestimmt, die hier auch Herodias genannt ist, wodurch die Gemeinschaft der beiden Frauen untereinander und ihr enger Bezug zu Herodes unterstrichen werden. Während den Prediger das Wort charakterisiert, ist die Gruppe um Herodes durch Emotionen geprägt. So bringt die Tochter Herodias bereits im Vorfeld des Gastmahls ihre Emotionen sehr deutlich zum Ausdruck. Aus überschäumender Freude bereitet sie einen Tanz auf dem Fest vor:

Mein hertz das freut sich mechtig sehr /
Wenn doch die zeit vorhanden wer /
Jch wil vorwar auch frölich sein
Mit hohen springen treten rein /
Nu mus ich inn den Spigel sehen
Ob mir die kleyder recht anstehn (C8ᵛ)

Mein Herz freut sich riesig, ach, wäre die Zeit doch schon gekommen! Ich will wahrlich fröhlich sein und mit hohen Sprüngen [in den Saal] hineintreten. Ich muss jetzt in den Spiegel schauen, ob mir die Kleider auch recht stehen.

Krüginger greift hier tief ins Repertoire der Emotionendarstellungen auf der Bühne, wie sie das geistliche Spiel vorgeprägt hat: Neben das Artikulieren von Gefühlen tritt der körperliche Ausdruck und die Umsetzung der Freude in Bewegung – hier im Springtanz, der als solcher bereits negativ konnotiert ist, als Ausdruck der nicht kontrollierten Emotionen und des Teuflischen.[20] Der Spiegel als Zeichen der Eitelkeit, aber durchaus auch als ein Requisit, das aus den Neidharttänzen oder aber aus dem Tanz der Maria Magdalena in den Spielen der Hessischen Passionsspielgruppe bekannt ist, markiert die *superbia* der Herodias, die sofort durch ein zusätzliches Requisit interpretiert wird: Am Tanzkleid hängen, wie eine Magd mit Entsetzen feststellt, schwarze Rabenfedern (D1ʳ). Der Todesvogel gibt dem geplanten Freudentanz den Beigeschmack eines teuflischen Totentanzes. Allerdings vermag nur der wissende Zuschauer dieses Zeichen zu deuten, während die Freude der Herodias ungetrübt bleibt.

---

schen Raum (Quellen und Forschungen zur Literatur- und Kulturgeschichte 37), Berlin u. a. 2005, 32f.

20 Vgl. Johannes Herolt, *De eruditione christifidelium* (1416), zit. in: Cora Dietl, Tanz und Teufel in der Neidharttradition: *Neidhart Fuchs* und *Großes Neidhartspiel*, in: ZfdPh 125 (2006), 390–414, hier 394f.; vgl. Johannes Chrysostomus, *Homilia in Matthaeum* 48,3, in: Patrologia Graeco-Latina (PGL) 58,491: Nicht für eitle Bewegungen, *ut iis turpiter utamur*, erklärt Chrysostomus, habe Gott uns Beine gegeben, sondern *ut recte gradiamur*; *non ut perinde atque cameli saltemus, sed ut cum angelis choreas agamus*. Mit dem Körper nämlich, *sic saltant daemones.*

Unaufgefordert führt die Tochter dann beim Gastmahl des Herodes einen Tanzreigen in den Saal (*Rex cum conuiuis assidet mensae / Filia autem Herodias intrat et ducit Choream*, D3ᵛ), wie sie selbst behauptet, aus einer plötzlichen Freude heraus, der man keinen argen Willen unterstellen solle (D4ʳ). Der Reigen (*chorea*) ist traditionell konnotiert mit einem Verehrungstanz, vergleichbar dem Tanz des Volkes Israel um das Heilige Kalb, und seit der frühen Kirche entsprechend kritisch gesehen, wie die oft Chrysostomus zugeschriebene Sentenz *Chorea est circulus rotundus cuius centrum est diabolus*[21] belegt. – Herodias nun betont gegenüber ihrem Vater, der Tanz sei zu seinem Lob (*ewern ehrn*, D4ʳ) veranstaltet, *Geschenckt an eines hoffrechts stat* (D4ʳ). Sie beteuert noch einmal ihre Freude, die für sie selbst unergründlich sei, *Weis nicht wie ich so frölich bin* (D4ʳ). Während der Zuschauer die Zusammenhänge schon lange erkannt hat, sieht sie immer noch nicht, dass sie vom Teufel getrieben ist. Ihre Freude ist eine verblendete, trügerische Freude. Es ist zwar in der Regieanweisung nicht angegeben, aber es ist davon auszugehen, dass bei der Aufführung freudige Musik diesen Überschwang der Emotion unterstützen sollte.

Der König, der diese Ehrung seiner Tochter erfährt, reagiert entsprechend geschmeichelt. Von Freude und *superbia* getrieben, verspricht er, ihr jeden Wunsch zu erfüllen. Während Vater und Tochter durch den Überschwung an Gefühlen geblendet sind, bewahrt hier die Mutter Herodias den kühlen Kopf und lenkt ihren in den früheren Szenen breit dargestellten Hass gegen Johannes in den Plan seiner Tötung um. Die bisher blind freudige Tochter wird in die Pläne der Mutter eingeweiht und wird nun zu einer mit den Gefühlen des Vaters kalkulierenden Schachspielerin. Spätestens in diesem Moment, als die Mutter der Tochter den Rat gibt, *Tantz widerrum fein keck vnd risch* (D5ᵛ), verliert der Tanz seinen Charakter als Ausdruck der (verblendeten) Freude. Er ist jetzt Mittel zum Zweck der Verführung, was dem Publikum endgültig eine emotionale Distanzierung von dem „Freudentanz" nahelegt. Dieser ist laut Angabe in der Regieanweisung wohl wieder ein Springtanz: *saltat* (D6ʳ). Der Verführungstanz erzielt den geplanten Zweck: Herodes wiederholt sein Angebot (D6ʳ) und kann, als die Tochter ihren Wunsch vorträgt, ihr diesen aufgrund der reichen Zahl von Zeugen im Raum nicht mehr verweigern (D6ᵛ–7ʳ). Die Emotion der Freude und des Stolzes ist so auch für Herodes – und exemplarisch warnend für das Publikum – endgültig als Gefahr aufgedeckt.

Krüginger lässt sich viel mehr Zeit als die älteren Johannesspiele, um die Folgen dieser Verblendung durch Freude und Stolz darzustellen. Sehr ausführlich schildert er das Martyrium des Johannes, dem eine ganze Szene (IV,2) gewidmet ist. Nicht ein getreuer Diener des Herodes wird mit der Tötung des

---

21 Theresa Berger, Liturgie und Tanz. Anthropologische Aspekte, historische Daten, theologische Perspektiven, St. Ottilien 1985, 25.

Johannes beauftragt, sondern ein professioneller Henker mit dem sprechenden Namen *Carnifex*. Er versichert, dass er sein Handwerk wohl beherrsche (D7ᵛ), und macht sich ans Werk, während Herodes die Fürsten vertröstet: *Jch bit jr Herrn seyt guter ding / Biss man die speis zu tische bring* (D7ᵛ). Krüginger spielt hier mit der Typologie: Indem Herodes menschenverachtend das abgeschlagene, auf einer Platte servierte Haupt des Johannes zur „Speise" erklärt, wird zwar einerseits durch das *ineptum* des Vergleichs die Grausamkeit der Tat betont, andererseits aber einem wissenden, christlichen Publikum die Parallele zwischen dem Martyrium des Johannes und dem Opfertod des *agnus Dei* Jesus Christus vermittelt. Die Darstellung beschränkt sich aber nicht auf diesen typologischen Bezug; vielmehr richtet sich nun das Augenmerk auf das Konvertieren des vorbildlichen Dieners Gottes in das Opferlamm. Mit einem Lockruf zieht der Carnifex Johannes aus dem Dunkel des Kerkers hervor:

> *Ey wo ist der gefangen man,*
> *Dem ich denn sol das haubt abschlan*
> *Trit doch erfür wo bistu denn*
> *Auff das ich dich zu letzt erkenn* (D7ᵛ)

Ei, wo ist der Gefangene, dem ich das Haupt abschlagen soll? Tritt doch hervor! Wo bist du denn? Lass mich dich endlich sehen!

Durch die direkte und scheinbar vertrauliche Anrede wirkt dieser Ruf besonders tückisch. Johannes ist hier kein hilflos passives Opfer, sondern er wird aufgefordert, sich aktiv dem Schlächter zu präsentieren. Anders als etwa im *Alsfelder Passionsspiel* entsteht ein Dialog zwischen Henker und zu Tötendem und damit ist die Möglichkeit der Identifikation des Publikums mit Johannes grundsätzlich gegeben. Der Zuschauer, ,Parteigänger' des Johannes und in der Wie-Spannung des nun folgenden Geschehens gefangen, kann den ins Dunkle hineingerufenen Appell, sich dem Leid auszuliefern, auch als Aufruf an sich selbst, aktiv aus der Finsternis herauszutreten und sich für die Christusnachfolge zu entscheiden, verstehen. Carnifex, der den Tötungsbefehl des Königs nicht hinterfragt, erklärt Johannes, dass er ein *edles lebn* hergeben müsse; *es kan vnd mag nicht anders sein* (D8ʳ). Kein Verblendeter ist hier der Henker des Heiligen, sondern ein professioneller Schlächter, der genau weiß, was er tut. – Johannes spricht hier die Kreuzesworte Christi: *So geb ich dir O Herre Gott / Mein seel in deine gnedig hend / Beschere mir ein seligs end* (D8ʳ). Sie werden später zur klassischen Formel von Heiligen, die in Christusnachfolge sterben, werden. Öffentlich will Johannes im Tod seinen Glauben bewähren. Doch hier ändert die Tochter des Herodes rasch noch einmal die Regie und zögert den Tod hinaus:

Halt inn hôr was ich dir nu sag
Richt jn nicht hausen an dem tag
Damit das volck nicht werde in
Er wird vns sonst genomen hin (D8^r)

Stopp. Hör, was ich dir sage: Richte ihn nicht hier draußen im Tageslicht hin, damit das Volk es nicht sehe. Er wird sonst befreit.

Im Geheimen, im dunklen Kerker, solle Johannes hingerichtet werden, nicht in der Öffentlichkeit, weil man ihn sonst befreien könnte. Anders als im *Alsfelder Passionspiel* ist bei Krüginger nicht gesagt, dass die Anhängerschaft des Johannes auf der Bühne stehe, zudem ist nicht von den Jüngern, sondern vom *volck* die Rede. Dieses ist auf der Bühne nicht vertreten und scheint eher die Rolle zu sein, die den Zuschauern zugewiesen ist. Sie werden hier als Anhängerschaft des Johannes definiert, deren Einflussmöglichkeit als Gefahr gesehen wird. Spätestens durch diese Rollenzuweisung ist die Parteilichkeit des Publikums, das Johannes als einen aus seiner Mitte verstehen soll, in das Spiel eingeschrieben.

Carnifex entscheidet sich dafür, dem Befehl der Heimlichkeit nur halb zu folgen: An der Schwelle des Kerkers, am Rande zwischen Heimlichkeit und Öffentlichkeit, zumindest für das Publikum sichtbar, enthauptet er ihn (*Do leg dich vbr die schwell heraus / So wil ichs mit dir machen aus*, D8^r). Wenn im Anschluss die Tochter des Herodes und Herodias das Haupt des Johannes wegen seines zu Fall gebrachten „Hochmuts" schmähen, während Herodes bereits sein eigenes Geburtstagsfest verlassen hat, wird das Unrecht dieser Hinrichtung deutlich. Das Publikum muss sich in der Dienerschaft, die gleich anschließend Herodes Vorwürfe macht, bestätigt sehen: Der nun einsetzende Sturz des Tyrannen kann nur begrüßt werden.

Nachdem Mors die schöne Tochter Herodias geholt und nachdem der Kaiser den Herodes seines Königsamts enthoben hat, tötet sich Herodes, emotional zerrüttet, selbst, bevor ihm sein *hertz vor not thut brechen* (E4^r). Auf ihren ausdrücklichen Wunsch hin wird dann auch Herodias von Mors abgeholt. Der Tod zuerst des Gerechten, dann seiner Peiniger, prägt Akt IV und V des Dramas, das damit Märtyrerdrama und Tyrannentragödie verbindet und den Tod als Folge der in Gewalt umschlagenden hochmütigen Freude ins Zentrum stellt. Auf der Grundlage des frühhumanistischen, auf Seneca aufruhenden Tragödienverständnisses ist Krügingers *Herodes* damit eine Warnung vor Emotionen und eine Anempfehlung eines ruhigen, standfesten Glaubens, wie ihn Johannes vorführt, der Leid und kaltherzige Verfolgung in rechter, aktiv bekennender Christusnachfolge geduldig erträgt und, zum Proto-Protestanten stilisiert, zur nachzuahmenden Vorbildfigur für das Publikum wird.

4. Nachvollzug des Abendmahlopfers in Johannes Aals *Tragedia Johannis des Täufers*

Laut Angabe in der Druckausgabe des Textes wurde Johannes Aals *Tragedia Johannis des Täufers* 1549 in Solothurn aufgeführt.[22] Es konnte dort an eine reiche Spieltradition anknüpfen. Johannes Aal gehört zu den entschiedenen Reformationsgegnern der Schweiz. Er kam als Reformationsflüchtling von Bremgarten nach Solothurn, wo er als Stadtprediger[23] zwischen 1539 und 1551 eine Reihe von Schulspielaufführungen bewerkstelligte.[24] In seinem *Johannes* mischen sich mittelalterliche, humanistische und protestantische Einflüsse. Nach dem Vorbild spätmittelalterlicher Spiele erstreckt sich die Aufführung über zwei Tage. Der Spieltext jedes Tags wird nicht nur von einem Herold, sondern auch, in Anlehnung an die spätmittelalterlichen und frühhumanistischen Terenzausgaben,[25] von Calliopius als Argumentsprecher eingeleitet. Die Handlung jedes Tags unterteilt sich in je vier Akte. Die Spannung steigert sich jeweils bis zum vierten Akt, der dann abrupt mit einer ‚Katastrophe' endet: mit der Gefangennahme bzw. der Hinrichtung des Johannes. Die Szene der Gefangennahme ist sehr deutlich mit der Ölbergszene in Passionsspielen parallel gesetzt (3653–732). Die Parallele wird in der Aufführung gerade durch den zeitlichen Einschnitt nach dieser Szene noch einmal unterstrichen, da einige Passionsspiele hier die Zäsur zwischen den Spieltagen setzen. Die Bühnenform dagegen scheint eine humanistische zu sein: mit einem großen Proszenium und verschiedenen Türen in der *scena* für Auf- und Abtritte.

Der ganze dritte und vierte Akt des zweiten Tags sind dem Gastmahl des Herodes gewidmet. Dieses steht in der Perspektive der Herodias von Anfang an unter dem Ziel, *Das wir den Künig vberfierend / Damit vns ab kum der schelmßhals.* (5984 f.). Mit Essen, viel Wein, Musik und Tanz wird dem König und seinen Gästen aufgewartet; nach einem Fechtturnier treten Salome und ihre Zofen auf, begleitet von den dringenden Wünschen der Herodias *O glück nun kum, yl schnell vnd bhendt / din hilf und trost vns trülich send* (6280 f.). Dieser Wunsch steigert die Erwartung an den Tanz, der bald darauf beginnt. In den Tanz – es handelt sich offensichtlich um einen höfischen Schreittanz, die tanzenden Edelfräulein *trettend der Tochter nach* (6279a) – ist die Hofgesellschaft integriert; Salome aber sticht mit ihrer besonderen Tanzkunst aus der Gruppe der Tanzenden heraus. Ihre Bewegungen, von Herodes als *gwaltigs dentzlin* (6300)

---

22 Johannes Aal, Tragoedia Johannis des Täufers, hrsg. von Ernst Meyer (Neudrucke dt. Literaturwerke des 16. und 17. Jahrhunderts 263–67). Halle 1929.
23 Gombert (wie Anm. 10), 33.
24 Gombert (wie Anm. 10), 35.
25 Vgl. Dietl (wie Anm. 19), 23 u. ö.

beschrieben, werden vom Hofkanzler in höchsten Tönen gelobt: *Des glichen hab ich nit vil gsehen / Mit zier* (6304f.). Das bringt Herodias ihrem Ziel ein Stück näher:

> *Jch hoff min sach die wöll sich glücken*
> *Min Tochter werd den küng verstricken*
> *Ich gsichs jm an / an wiß vnd berden.* (6307–09)

> Ich hoffe, mein Plan werde wohl gelingen und meine Tochter werde den König verstricken. Ich sehe es ihm an seiner Haltung und seinen Gebärden an.

Nicht nur die Lobesworte, sondern auch die beobachtbaren lobenden Gebärden des Herodes unterstreichen, wie beeindruckend der Tanz ist. Es ist davon auszugehen, dass die Anmut des Tanzes wie auch der vom *Pfiffer* (6296) gestalteten Tanzmusik auch auf das Publikum wirken möchte. Der bezaubernde Tanz steht allerdings dem Wissen der Zuschauer gegenüber, dass dieser Tanz Teil des Plans der Herodias ist (6310). Wie bei Krüginger wird der Tanz gedoppelt. Dies wird von einem anonymen Tänzer im Namen aller begrüßt: *Darzů ist lustig jedermann* (6316). Auch den zweiten Tanz (6320b) lobt Herodes und ein Fürst stimmt ihm zu, er könne sich nicht *wunderen gnůg* (6324) über diesen schönen, höfischen Tanz. Mitten in diesen Genuss des Tanzes bricht der Gewaltwunsch der Salome herein. Herodes reagiert zunächst entsetzt:

> *Was b'gerst du da? Botz blůtgen darm /*
> *Beger das nit / min tochter / nit /*
> *Uns bschisse alle dry der ritt.* (6413–15)

> Was begehrst du da? Potz blutiger Darm! Begehre das nicht, meine Tochter, nicht dass uns alle drei dieser Streich in Schmutz und Elend ziehe.

Im spontan gebildeten Fluch *Botz blůtgen darm* spiegelt sich die Gewalt, mit der Herodes plötzlich konfrontiert ist. Sein Entsetzen über das Anliegen der Tochter lässt ihn im Sprachstil deutlich absinken. Das Höfische wird damit als Fassade entblößt, ebenso die bisher noch geübte Affektkontrolle. Herodes zeigt nun deutlich emotionale Regungen: *Der angstlich schweiß der gat mir vß* (6328), erklärt er, denn so etwas habe er nicht bedacht, so klagt er: *Ach / ach / was han ich gredt vnd gmacht* (6430). Die Emotionalität seiner Reaktion unterstreicht der Narr an seinem Hof, der nun lästert:

> *Lieber küng / thůs nit verschmåhen /*
> *Så da / iß das Imber würtzlin*
> *Das dir vor angst nit entwüsch ein fürtzlin.*
> *Old witt du lieber någlin küwen?* (6440–43)

> Lieber König, verschmähe meinen Rat nicht: Siehe da, iss Ingwer, damit dir nicht vor Angst ein Fürzlein entfährt. Oder willst du lieber Nelken kauen?

Der Narr bringt mit diesen Worten die Angst des Königs mit allen ihren möglichen körperlichen Symptomen – Blähungen und Durchfall – drastisch zum
Ausdruck. Freilich ist dies kein Mitleid des Königs mit dem Unschuldigen,
sondern primär Angst vor den Folgen einer Hinrichtung dessen, der viele Anhänger hat. Schließlich muss er die Gefahr, das hinter Johannes stehende Volk
gegen sich aufzubringen, mit der, als eidbrüchiger König seine Glaubwürdigkeit
und letztlich seine Herrschaft zu verlieren (6464–71) miteinander abwägen –
und gewährt Salome ihre Bitte. Er erteilt dem Scharfrichter mit dem sprechenden Namen Wolf Wüterich den Auftrag, den Gefangenen zu enthaupten,
mit der Auflage: *Lůg / daß kein menschen sust zů gschouwen* (6504). Die Hinrichtung soll im vierten Akt durchgeführt werden – heimlich. Der eben durch
seine körperlich-emotionale Reaktion an den Rand der Lächerlichkeit geführte
König, verliert mit diesem auf *superbia* beruhenden und gegen das zuschauende
„Volk", zu dem auch das Publikum zählt, gerichteten Tötungsbefehl endgültig
die Sympathie der Zuschauer.

Die Aufmerksamkeit richtet sich nun auf das, was verheimlicht werden soll
und an der Schwelle zum Sichtbaren dargestellt wird. Der Scharfrichter und sein
Diener kommen zum Turm und der Scharfrichter ruft hinein:

Wo bistu schelm / kum / laß dich hôren,
Was gilts ich wil dich predigen leeren (6521 f.)

Wo bist du, Schelm, lass dich hören. Was soll's? Ich werde dich lehren zu predigen.

Ganz anders als Krügingers Carnifex begegnet hier der Scharfrichter dem Johannes schmähend. Aus dem Kerker heraus ruft Johannes, er sei dazu bereit, für
Christus zu sterben. Er erinnert dabei an seine Rolle im Leben wie im Tod: *Bin*
sin vorlôuffer gsin vff erden / Jetz wil ichs in der vorhell werden (6535 f.). Damit
gemahnt Johannes an die aus Passions- und Fronleichnamsspielen vertraute
Szene der Höllenfahrt Christi, in der ihm eine bedeutende Rolle zukommt. Mit
dem effektiven Ruf aus dem Kerker wird diese seine Rolle bereits vorwegge-
nommen. Schon vor seinem Martyrium scheint er im Jenseits zu stehen.

Dies wird im Folgenden auch durch die gänzlich misslingende Kommunikation verdeutlicht: Während Henker und Henkersknecht ihn schmähen und
darauf hinweisen, dass es hier nicht ums Predigen, sondern um seinen bevorstehenden Tod gehe, prallt der Diesseitsbezug ihrer Rede geradezu an ihm ab; er
empfiehlt seine Seele Gott und richtet ein langes Gebet an den Herrn, in dem er
nochmals seine Bereitschaft, ein Blutzeugnis abzulegen und mit *andern heiligen*
vättern frummen (6618) in der Vorhölle auf die Erlösungstat Christi zu warten,
betont. Nur kurz richtet er dann das Wort an den Scharfrichter, er sollte tun, was
ihm befohlen sei. Die deutliche Jenseitsorientierung des Johannes nimmt der im
Folgenden darzustellenden Tötung einen Teil ihrer Grausamkeit, da jede Be-

drohlichkeit von Gewalt bereits in der heilsgeschichtlichen Funktion des Todes aufgefangen ist. Die Unsichtbarkeit neben der Jenseitigkeit verhindert bis zu diesem Punkt weitgehend eine *compassio* mit dem Täufer.

Mit einem durchaus komischen Einfall lässt Aal die diesseitige Realität kurz darauf wieder deutlichen Einzug ins Geschehen nehmen: Henker und Henkersknecht, die zu Johannes in den Kerker getreten sind, stellen fest, dass dieser so eng ist, dass man da nicht genügend ausholen kann, um einen ordentlichen Schlag auszuführen. In der vollen Überzeugung, dass es doch egal sei, wo der *tropff* (6638) getötet werde, beschließen sie ihn herauszuholen, ja, weil er sich *grad wie ain[] saw im stall* (6647) vor dem Metzger verberge, in die Enge zu treiben und an den Haaren herauszuziehen (6650). Die Entmenschlichung und die verbale Artikulation von (im finsteren Kerker nicht sichtbarer) roher Gewalt lösen die jenseitige Aura um Johannes jäh auf – und in dem Moment, als ein Mitleid der Zuschauer mit ihm gefördert wird, tritt er aus der Unsichtbarkeit heraus. Unter Schmähungen, dass sein Schweigen ihn ja als Bösewicht entlarve (6655 f.), wird er auf die Vorbühne gezerrt und enthauptet und das Haupt wird Salome mit dem Hinweis übergeben, dass der ehemalige Widersacher ihrer Mutter nun nicht mehr sei als *fütter* (6672). Salome entgegnet, ihre Mutter werde sich über dieses *schowessen* (6675) freuen, worauf der Henkermeister erwidert:

> *Ja haissend sey nur frôlich singen /*
> *Will sy gern so fresse dise tracht*
> *Die ich jr warm hab grüst vnd gmacht.*
> *Jch wôlt mir deren wünschen nit /*
> *Fleisch row fressen / ist nit mein sitt.* (6677–81)

Ja, sagt ihr, sie solle nur fröhlich singen. Wenn sie möchte, dann fresse sie dieses Gericht, das ich ihr warm gerichtet und gemacht habe. Ich wollte ja nicht, ihrem Wunsch entsprechend, Fleisch roh essen. Das ist nicht meine Gewohnheit.

Noch mehr als in der unmittelbaren Enthauptungsszene ist Johannes im Tod sehr drastisch in die Körperlichkeit zurückgeholt. Er wird komplett entmenschlicht und der fragmentierte Körper entwürdigt. Hinter dieser grausamen Darstellung steht wie bei Krüginger der typologische Bezug zwischen dem Tod des Johannes und Christi Opfertod, d.h. zwischen dem Haupt des Johannes beim Gastmahl des Herodes und dem *agnus Dei* beim Abendmahl; der Bezug ist hier aber übersteigert. Der Schauer, der mit diesem auf die Spitze getriebenen Vergleich zwischen dem Opfertod des Johannes und dem Leib Christi, den er präfiguriert, verbunden ist, wird noch gesteigert, wenn Salome ihrer Mutter das Haupt reicht mit den Worten, es sei *Dins findts kopff / der frûsch noch blûtet* (6691); sie könne sicher sein, dass er jetzt nicht mehr gegen sie wüte, *Sich zû / wie zam vnd still er lit* (6693). Wütend flucht nun Herodias und schmäht das Haupt *Hâ bistu da / du schelm / verrâtter?* (6709). Sie steigert sich mit ihren Worten so weit in ihren Hass hinein, dass sie schließlich in Blutrausch gerät und mit einem Messer in den Kopf des Johannes sticht (6725a), mit den Worten: *Så / hab dir das von mir zu letze / Das ich mich dins todts gnůg ergetze* (6726f.). Der gewaltsame Tod des Johannes wird zum Gegenstand eines Ergötzens seiner Gegnerin, die ähnlich wie ihr Mann und ihre Tochter jede Fassade des Höfischen abbröckeln lässt. Ihre Hassrede verkehrt sich so ins Grotesk-Abstoßende, dass alle Sympathie auf die Seite des toten Johannes und seine Jünger gezogen wird. Diese beklagen in der gesamten nächsten Szene den Tod des Johannes und unterstellen sich dann demütig dem Willen Gottes, auf dessen Gerechtigkeit sie vertrauen.

Im Epilog des Herold/Calliopius wird schließlich die Geschichte der Reliquien des Heiligen Johannes berichtet (6879–955), unter Berufung auf Autoritäten wie Eusebius und Cyprian. Das Grab und das Haupt des Johannes waren demnach Objekt der Aggression von ‚Heiden‘ und ‚abtrünnigen Christen‘ sowie Gegenstand christlicher Verehrung. Das noch immer unverweste Haupt des Johannes bestätige nicht nur die Wahrheit der hier dargestellten Geschichte, sondern auch, *Wie Gott der sinen heilgen acht / Vnd jre lyb vnd bein bhůte* (6952f.). Ein zweiter Epilog erklärt die Lehrhaftigkeit des Spiels: Man lerne daraus ein gottgefälliges Leben zu führen und *Sünd / schand / boßheit vnd laster myden* (6991), und dazu gehöre es auch, dass man sündhaften Tanz meide und sich nicht wie Herodes von Frau und Tochter zur Sünde verführen lasse (7025–29). Neben die offensichtliche Didaktik, die aus dem warnenden und als durch die in die Gegenwart hineinreichende Reliquie (und nicht nur durch die Heilige Schrift) als wahr bestätigten Negativexempel hervorgeht, tritt eine Wirkung von Aals Spiel, die gerade auch durch den Gegenwartsbezug der Reliquie, v. a. aber durch die starke Betonung der Typologie erzielt wird: Die Gewalt gegenüber Johannes und gegenüber seinem Haupt, gepaart mit der gemeinschaftlichen Freude der Frauen an der Gewalt, drängt die Zuschauer in eine Opfergemeinschaft, die eine Gemeinschaft mit eben jenem Haupt ist, das den Opfertod Christi und die Eucharistie, welche die Erlösung der Menschen und die christliche Gemeinschaft mit Gott begründet, präfiguriert. Neben der im Epilog für das Stück beanspruchten Moraldidaktik kann Aals Tragödie damit auch eine heilsvermittelnde Funktion beanspruchen, die über ein abgewandeltes Konzept der *compassio* erfolgt.

5. Fazit

Die Frühe Neuzeit zeigt ein wachsendes Interesse am Tod des Johannes; die Tötungsszene in Johannesspielen und -dramen und die Gewalt am fragmentierten Körper finden immer breitere literarische und theatrale Ausgestaltung, zunächst unabhängig vom konfessionellen Kontext. Sie bieten breite Möglichkeiten einer Publikumslenkung und einer Funktionalisierung des dargestellten Geschehens, die je unterschiedlich genutzt werden. Dies wurde hier an drei exemplarischen Vertretern der vorreformatorischen, der lutherischen und der katholischen Spiele bzw. Johannesdramen vorgeführt.

Die in den größeren heilsgeschichtlichen Kontext eingebettete Johannes-Passage im *Alsfelder Passionsspiel* betont die typologischen Bezüge zwischen dem Tod des Johannes und der Passion Christi. Das Spiel deckt die Umtriebe der Teufel auf, warnt vor ihnen wie vor mangelnder Einsicht, da der Ahnungslose leicht zum Spielball des Bösen werden kann, und lässt seine Zuschauer die Gerechtigkeit Gottes, Teil seines Erlösungswerks, das auch der Gewalt einen Sinn verleiht, im (emotional unterstützten) Nachvollzug erfahren. Die Johannes-Passage ist damit insofern heilsvermittelnd, als sie ihre Zuschauer von der Seite der Teufel abhalten und in die heilsbringende Gemeinschaft der Kirche integrieren und so der Erlösung versichern will.

Im Gegensatz hierzu verfolgt das lutherische Johannesdrama eher eine heilsdidaktische Funktion. Die Teufel treten hier in den Hintergrund; im Vordergrund stehen das Negativexempel des durch die Emotionen Freude und Stolz gelenkten Tyrannen, dessen Emotionalität Gewalt erlaubt und nach sich zieht, und das Positivexempel des ruhigen Verkünders des Wortes Gottes, der sich geduldig der Gewalt der Widersacher Gottes aussetzt. Das Drama ruft dazu auf, sich mit Johannes zu identifizieren, mit ihm den Schritt aus dem Dunkel heraus ins Martyrium zu wagen, um damit das Wort Gottes zu bezeugen, was durchaus als ein Appell zum mutigen Eintreten für die lutherische Lehre verstanden werden darf. Zugleich rät das Drama dringend zur Affektkontrolle und führt vor, wie die von Emotionen Getriebenen erst zur Gewalt greifen, um dann selbst Opfer teuflischer Gewalt zu werden und schmählich unterzugehen. Dies ist allerdings primär eine individuell tropologische Lehre, die von der Heilsfunktion der Institution der Kirche absieht, und daher ist der Gebrauch der Typologie bei Krüginger deutlich zurückhaltender als im *Alsfelder Passionsspiel*. Zur Typologie greift er v. a. dann, wenn es darum geht, die menschenverachtende Grausamkeit und die Verblendung der Feinde Gottes zu unterstreichen.

Der katholische Autor Johannes Aal macht in seinem Johannesdrama die Typologie wieder stark, zudem führt er auf weitem Feld Emotionen in das Spiel ein, die nicht so schnell in positive oder negative Emotionen zu kategorisieren sind. Der Tanz der Salome verbindet zunächst Publikum und Herodes in einem ästhetischen Genuss, wenn auch das Publikum um die hinter dem Tanz stehenden Pläne weiß. An den Tanzgenuss schließt sich ein Wechselbad von Emotionen an, von der übertriebenen Angst des Herodes um seine Stellung bis hin zum extremen Hass der Herodias. Die extremen Emotionen führen zu drastisch dargestellter, grotesker Gewalt, die von Anfang an eine Positionierung der Zuschauenden gegen diese Gestalt und die Bildung einer ggf. aufbegehrenden Opfergemeinschaft mitdenkt. Die Überblendung schließlich des Haupts des Johannes mit dem Leib Christi im Abendmahl leitet von der Bildung einer Opfergemeinschaft über zur eucharistischen Gemeinschaft, die im Mitleid mit Johannes bzw. dem misshandelten Haupt des Johannes Teil hat an der Erlösung. Damit entwickelt Aal ein neues *compassio*-Konzept, das auf einer im Kampf gegen den Protestantismus und v.a. die reformierte Kirche aktualisierten Transsubstantiationslehre aufsetzt.

Über die Darstellung der Gewalt gegen den Heiligen und die Reflektion der Rolle der Emotionen gelingt es den Johannesspielen damit, mehr zu leisten als eine reine Diskussion von rechter und unrechter Herrschaft;[26] sie sind auch Träger von konfessionell theologischen Positionen und zielen darauf, die jeweils eigene religiöse Gemeinschaft zu stärken.

---

26 Washof (wie Anm. 11), 331.